2025年度版

熊本県・熊本市の
小学校教諭

過去問

協同教育研究会 編

協同出版

本書には，熊本県・熊本市の教員採用試験の過去問題を収録しています。各問題ごとに，以下のように5段階表記で，難易度，頻出度を示しています。

難　易　度

非常に難しい	☆☆☆☆☆
やや難しい	☆☆☆☆
普通の難易度	☆☆☆
やや易しい	☆☆
非常に易しい	☆

頻　出　度

◎	ほとんど出題されない
◎◎	あまり出題されない
◎◎◎	普通の頻出度
◎◎◎◎	よく出題される
◎◎◎◎◎	非常によく出題される

※本書の過去問題における資料，法令文等の取り扱いについて

本書の過去問題で使用されている資料や法令文の表記や基準は，出題された当時の内容に準拠しているため，解答・解説も当時のものを使用しています。ご了承ください。

はじめに～「過去問」シリーズ利用に際して～

教育を取り巻く環境は変化しつつあり，日本の公教育そのものも，教員免許更新制の廃止やGIGAスクール構想の実現などの改革が進められています。また，現行の学習指導要領では「主体的・対話的で深い学び」を実現するため，指導方法や指導体制の工夫改善により，「個に応じた指導」の充実を図るとともに，コンピュータや情報通信ネットワーク等の情報手段を活用するために必要な環境を整えることが示されています。

一方で，いじめや体罰，不登校，暴力行為など，教育現場の問題もあいかわらず取り沙汰されており，教員に求められるスキルは，今後さらに高いものになっていくことが予想されます。

本書の基本構成としては，出題傾向と対策，過去5年間の出題傾向分析表，過去問題，解答および解説を掲載しています。各自治体や教科によって掲載年数をはじめ，「チェックテスト」や「問題演習」を掲載するなど，内容が異なります。

また原則的には一般受験を対象としております。特別選考等については対応していない場合があります。なお，実際に配布された問題の順番や構成を，編集の都合上，変更している場合があります。あらかじめご了承ください。

最後に，この「過去問」シリーズは，「参考書」シリーズとの併用を前提に編集されております。参考書で要点整理を行い，過去問で実力試しを行う，セットでの活用をおすすめいたします。

みなさまが，この書籍を徹底的に活用し，教員採用試験の合格を勝ち取って，教壇に立っていただければ，それはわたくしたちにとって最上の喜びです。

協同教育研究会

C O N T E N T S

第１部

熊本県・熊本市の
小学校教諭
出題傾向分析

熊本県・熊本市の小学校教諭　傾向と対策

熊本県の2024年度の一次試験は，特別の教科　道徳からの出題が加わった。小問が計50問で，内訳は国語6問，社会6問，算数6問，理科6問，音楽4問，図画工作4問，家庭4問，体育4問，外国語・外国語活動6問，総合的な学習の時間2問，道徳2問であり，4科目と外国語・外国語活動に重点が置かれている。全問とも選択問題であり，学習指導要領関連の問題は必出である。

二次試験は，「全教科共通の評価の観点」を踏まえ，国語，社会，算数，理科，音楽，図画工作，家庭，体育の具体的指導法(指導方法，指導のポイントや展開例，授業の流れや指導事項など)に関する記述問題が出題され，その中から1問を選択して解答する。学習指導要領，同解説を中心に，しっかりと対策しておく必要がある。

熊本市では，小問が計31問で，内訳は国語4問，社会4問，算数4問，理科4問，生活1問，音楽2問，図画工作2問，家庭2問，体育2問，外国語・外国語活動3問，道徳1問，総合的な学習の時間1問，特別活動1問であった。全問とも選択問題(5択または6択)である。学習指導要領関連の問題は必出であり，目標，各学年の内容，指導計画の作成と内容の取扱い，内容の取扱い(配慮事項)を中心に学習することが必要である。

【国語】

熊本県では，物語文と説明文の現代文読解は頻出である。問題文が公開されていないため，問いから考えると，段落要旨や文意を的確に読み取る力が求められている。説明文や評論文等に数多く接しておくことが望まれる。学習指導要領関連からも必出で，特に目標内容から多く出題されている。

熊本市では，説明文の現代文読解が頻出である。また，学習指導要領からは，学年ごとの目標と内容の出題が多いため，学年ごとに整理をすることが必要である。

【社会】

熊本県では，2024年は九州や熊本県に関する地理，歴史について，2023年度は阿蘇地域のユネスコ世界ジオパーク認定や新阿蘇大橋などについて，2022年度は熊本県に関係する世界遺産と絡めて明治初期の社会状況に関する問題が出題されている。このように，例年，ご当地問題が出題される傾向があるので，要注意である。また，歴史分野では日本史は頻出である。地理分野では，2023年度に日本や世界各国の発電に関する問題，2022年度は農業産出額の上位の都道府県について出題された。公民分野では，2024年度は国会に関する問題，2023年度は日本の経済に関する問題，2022年度はSDGsなどに関する問題が出題された。最新の社会情勢にもアンテナを広げておきたい。学習指導要領関連については，各学年の目標のキーワードを中心に勉強しておくことが必要である。

熊本市については，2024年度は，歴史分野では，第二次世界大戦後の日本の出来事が出題された。どの時代であっても，年表を中心にした勉強が重要である。過去には，ご当地問題も頻出で，熊本市の歴史的，地理的な特色のポイントからの出題もあった。公民分野の出題もあるので，時事問題を含めた基本的な事項を確認しておくとよい。学習指導要領関連は必出であり，2024年度は，学習指導要領解説からの出題であった。

【算数】

熊本県では，計算，関数，図形，変化と関係・データの活用，確率の問題は頻出，方程式の問題がやや頻出である。難易度は高くなく，公式等の基本的な内容を理解しておけば解ける問題が多い。また，学習指導要領関連の問題も必出であり，教科の目標や内容は確実に押さえておく必要がある。

熊本市では，方程式，変化と関係・データの活用からの出題が多い。難易度は高くなく，基礎的な公式の理解や計算ができれば解ける問題が多い。また，学習指導要領関連の出題は頻出であり，2024年度は，学習指導要領解説の「目標について」から出題された。学習指導要領解説を中心に学習しておく必要がある。

【理科】

熊本県では，物理，化学，生物，地学と出題される分野にはあまり偏りがない。基本的なことは，偏りなく確認しておくとよい。観察や実験についての問題も頻出である。学習指導要領関連については頻出である。理科の見方については領域ごとに特徴的な視点が整理され，理科の考え方及び問題解決の力については学年ごとに整理されており，これらを確実に押さえて，目標及び内容を把握しておくことが重要である。熊本市では，学習指導要領関連の問題が必出であるほか，例年，2～3分野から出題され，2024年度は，化学，地学分野からの出題であった。その他の出題として，顕微鏡の扱い方についての問題があった。難易度は高くない。

【生活】

熊本市では毎年，学習指導要領関連の問題が出題されている。2024年度は，指導計画の作成と内容の取扱いから出題された。熊本県では出題されていない。

【音楽】

熊本県では，音楽の基礎，共通教材に関する問題は頻出であり，各学年の共通教材を楽譜も含めてまとめることが大切である。また，ソプラノリコーダーなどの運指などの指導法も押さえておきたい。学習指導要領関連の問題も頻出である。特に，目標及び内容からの出題が多くなっている。キーワードは押さえ，まとめておく必要がある。

熊本市では，学習指導要領関連の問題が必出であるほか，音楽の基礎と共通教材の出題は頻出であり，各学年の共通教材を楽譜も含めてまとめることが大切である。

【図画工作】

熊本県では毎年，図画工作の基礎と学習指導要領関連に関する問題がメインとなっている。2024年度は，木版画について出題されているので，具体的な場面を想定し，学習指導要領解説と教科書にも目を通しておくことが必要である。

熊本市では，2023年度は，刃物を扱うときの留意点について，2022年度は図画工作科で使う材料や用具についての問題が出題され，図画工作の基礎からの出題がやや頻出である。基本的なことを，学習指導要領解説や教科書等で確認しておくとよい。

【家庭】

熊本県では，2024年度は衣生活，食生活，消費生活が出題された。調理実習からの出題が多い。教科書を中心に勉強することのほか，実際に調理を体験しておくとよい。また，学習指導要領からの問題は頻出であり，目標や内容のポイントを押さえておきたい。

熊本市では，毎年，B衣食住の生活分野の内容からの出題があり，特に調理実習からの出題が多い。学習指導要領関連からは，目標や各学年の内容が頻出であり，学年ごとに整理するとともに，学習指導要領解説や教科書で確認しておくことが重要である。

【体育】

熊本県では，学習指導要領関連からの問題は頻出である。2024年度は，学習指導要領解説の内容をもとに，各学年の具体的な内容が問われる問題となっている。このため，具体的な指導場面を想定しておく必要がある。保健の内容からの出題もあり，保健分野も合わせて学習が必要である。

熊本市も，学習指導要領関連は必出である。2024年度は，水泳運動系と保健(病気の予防)についての出題であった。今後，保健分野からの出題が予想されるので，確認しておくことが望まれる。

【外国語・外国語活動】

熊本県では，会話文，英文解釈と学習指導要領からの出題が頻出である。毎年，英語版の学習指導案が出題されている。学習指導要領からは，教科の目標の出題が続いているので，確実に押さえておく必要がある。

熊本市についても，例年通り学習指導要領関連からと会話文，英文解釈が出題された。学習指導要領解説からの出題については，キーワードを確認しておく必要がある。英文解釈と会話文は，問いから考えると難易度は高くないので，基本的な構文，熟語，単語を確実に押さえておくこと。

【特別の教科　道徳】

2024年度は，これまで出題されていなかった熊本県で出題された。学習指導要領の目標と内容からの出題である。

熊本市では，毎年，学習指導要領関連の問題が出題されている。2024年度は，学習指導要領解説から道徳教育の目標に関わる問題が出題された。要注意である。

【総合的な学習の時間】

熊本県では，ここ数年，学習指導要領の目標から必ず出題されている。このため，目標については，確実に押さえておくことが大切である。

熊本市についても，毎年，学習指導要領関連の問題が出題されている。2024年度は，学習指導要領解説から目標に関わる問題が出題された。

【特別活動】

熊本市では，2024年度，学習指導要領から指導計画の作成と内容の取扱いから出題された。熊本県では出題されていない。

過去5年間の出題傾向分析

※●＝熊本県　◎＝熊本市

①国語

分類	主な出題事項	2020年度	2021年度	2022年度	2023年度	2024年度
ことば	漢字の読み・書き	◎				
	同音異義語・同訓漢字の読み・書き					
	四字熟語の読み・書き・意味					
	格言・ことわざ・熟語の意味					
文法	熟語の構成，対義語，部首，画数，各種品詞			◎		
敬語	尊敬語，謙譲語，丁寧語					
現代文読解	空欄補充，内容理解，要旨，作品に対する意見論述	● ◎	● ◎	● ◎	● ◎	● ◎
詩	内容理解，作品に対する感想					
短歌	表現技法，作品に対する感想					
俳句	季語・季節，切れ字，内容理解					
古文読解	内容理解，文法（枕詞，係り結び）					
漢文	書き下し文，意味，押韻					
日本文学史	古典（作者名，作品名，成立年代，冒頭部分）					
	近・現代（作者名，作品名，冒頭部分）					
その他	辞書の引き方，文章・手紙の書き方など					
学習指導要領・学習指導要領解説	目標		●		◎	
	内容		◎	● ◎	●	● ◎
	内容の取扱い					
	指導計画の作成と各学年にわたる内容の取扱い					
指導法	具体的指導法	●	●	●	●	●

②社会

分　類	主な出題事項	2020年度	2021年度	2022年度	2023年度	2024年度
古代・中世史	四大文明，古代ギリシア・ローマ，古代中国					
ヨーロッパ中世・近世史	封建社会，十字軍，ルネサンス，宗教改革，大航海時代					
ヨーロッパ近代史	清教徒革命，名誉革命，フランス革命，産業革命					
アメリカ史～19世紀	独立戦争，南北戦争					
東洋史～19世紀	唐，明，清，イスラム諸国					
第一次世界大戦	辛亥革命，ロシア革命，ベルサイユ条約					
第二次世界大戦	世界恐慌，大西洋憲章					
世界の現代史	冷戦，中東問題，軍縮問題，ヨーロッパ統合，イラク戦争					
日本原始・古代史	縄文，弥生，邪馬台国					
日本史：飛鳥時代	聖徳太子，大化の改新，大宝律令					
日本史：奈良時代	平城京，荘園，聖武天皇	●	●			
日本史：平安時代	平安京，摂関政治，院政，日宋貿易	●				
日本史：鎌倉時代	御成敗式目，元寇，守護・地頭，執権政治，仏教	●	◎		●	
日本史：室町時代	勘合貿易，応仁の乱，鉄砲伝来，キリスト教伝来	●			●	●
日本史：安土桃山	楽市楽座，太閤検地		●◎		●	●
日本史：江戸時代	鎖国，武家諸法度，三大改革，元禄・化政文化，開国	●	●◎	◎	●◎	●
日本史：明治時代	明治維新，日清・日露戦争，条約改正		●◎	●	◎	●
日本史：大正時代	第一次世界大戦，大正デモクラシー		●			
日本史：昭和時代	世界恐慌，サンフランシスコ平和条約，高度経済成長	◎	●			◎
地図	地図記号，等高線，縮尺，距離，面積，図法，緯度経度					
気候	雨温図，気候区分，気候の特色					
世界の地域：その他	世界の河川・山，首都・都市，人口，時差，宗教	●◎				
日本の自然	国土，地形，平野，山地，気候，海岸，海流	●		●	●	●

分　類	主な出題事項	2020年度	2021年度	2022年度	2023年度	2024年度
日本のくらし	諸地域の産業・資源・都市・人口などの特徴		●	●◎	●◎	●
日本の産業・資源：農業	農産物の生産，農業形態，輸出入品，自給率	●	●	●		●
日本の産業・資源：林業	森林分布，森林資源，土地利用					
日本の産業・資源：水産業	漁業の形式，水産資源					
日本の産業・資源：鉱工業	鉱物資源，石油，エネルギー				●	
日本の貿易	輸出入品と輸出入相手国，貿易のしくみ	●				
アジア	自然・産業・資源などの特徴		◎		●	
アフリカ	自然・産業・資源などの特徴					◎
ヨーロッパ	自然・産業・資源などの特徴				●	◎
南北アメリカ	自然・産業・資源などの特徴				●	◎
オセアニア・南極	自然・産業・資源などの特徴					
環境問題	環境破壊（温暖化，公害），環境保護（京都議定書，ラムサール条約，リサイクル）	●			●	
世界遺産	世界遺産		●	●		
民主政治	選挙，三権分立		◎			◎
日本国憲法	憲法の三原則，基本的人権，自由権，社会権	◎		●◎		
国会	立法権，二院制，衆議院の優越，内閣不信任の決議					●
内閣	行政権，衆議院の解散・総辞職，行政組織・改革		●			
裁判所	司法権，三審制，違憲立法審査権，裁判員制度					
地方自治	直接請求権，財源		●			
国際政治	国際連合（安全保障理事会，専門機関）	●		●	●	
政治用語	NGO，NPO，ODA，PKO，オンブズマンなど	●		●	●	
経済の仕組み	経済活動，為替相場，市場，企業，景気循環				◎	
金融	日本銀行，通貨制度				◎	

分　類	主な出題事項	2020年度	2021年度	2022年度	2023年度	2024年度
財政	予算，租税				◎	
国際経済	アジア太平洋経済協力会議，WTO					
学習指導要領・学習指導要領解説	目標	●	●◎	●	●◎	●
	内容	◎		●◎		◎
	内容の取扱い					
	指導計画の作成と各学年にわたる内容の取扱い					
指導法	具体的指導法	●	●	●	●	●

③算数

分　類	主な出題事項	2020年度	2021年度	2022年度	2023年度	2024年度
数の計算	約数と倍数，自然数，整数，無理数，進法	●◎	●	●◎	●	●
式の計算	因数分解，式の値，分数式		●			
方程式と不等式	一次方程式，二次方程式，不等式	●◎		●◎	●◎	●◎
関数とグラフ	一次関数			●	●	◎
	二次関数	●	●	●	●◎	●
図形	平面図形（角の大きさ，円・辺の長さ，面積）	◎	●◎	◎	◎	◎
	空間図形（表面積，体積，切り口，展開図）	●	◎	●	●	●
数列	等差数列					
確率	場合の数，順列・組み合わせ	●◎	●◎	●	●	●
変化と関係・データの活用	表・グラフ，割合，単位量あたり，平均，比例	●◎	●	●◎	●◎	●◎
その他	証明，作図，命題，問題作成など					
学習指導要領・学習指導要領解説	目標	◎		●		●◎
	内容		●	◎	●	
	内容の取扱い					

分　類	主な出題事項	2020年度	2021年度	2022年度	2023年度	2024年度
学習指導要領・学習指導要領解説	指導計画の作成と各学年にわたる内容の取扱い		◎			
指導法	具体的指導法	●	●	●	●	●

④理科

分　類	主な出題事項	2020年度	2021年度	2022年度	2023年度	2024年度
生物体のエネルギー	光合成，呼吸	◎		●		
遺伝と発生	遺伝，細胞分裂		●		◎	●
恒常性の維持と調節	血液，ホルモン，神経系，消化，酵素			◎	●	
生態系	食物連鎖，生態系					
生物の種類	動植物の種類・特徴	●		●		●
地表の変化	地震（マグニチュード，初期微動，P波とS波）	●	◎		●	●
	火山（火山岩，火山活動）				●	●
気象	気温，湿度，天気図，高・低気圧			●	● ◎	●
太陽系と宇宙	太陽，月，星座，地球の自転・公転		●		●	● ◎
地層と化石	地層，地形，化石				●	●
力	つり合い，圧力，浮力，重力		◎	●		
運動	運動方程式，慣性	●				
仕事とエネルギー	仕事，仕事率			●		●
波動	熱と温度，エネルギー保存の法則					
	波の性質，音，光			◎	◎	●
電磁気	電流，抵抗，電力，磁界	◎	● ◎		●	●
物質の構造	物質の種類・特徴，原子の構造，化学式	●	◎	●		◎
物質の状態：三態	気化，昇華					
物質の状態：溶液	溶解，溶液の濃度			● ◎		

分　類	主な出題事項	2020年度	2021年度	2022年度	2023年度	2024年度
物質の変化：反応	化学反応式		●			●
物質の変化：酸塩基	中和反応			◎	●	
物質の変化：酸化	酸化・還元，電気分解	◎	●			●
その他	顕微鏡・ガスバーナー・てんびん等の取扱い，薬品の種類と取扱い，実験の方法	●	●	●	●	●◎
学習指導要領・学習指導要領解説	目標	◎	●	●◎		●
	内容					
	内容の取扱い					
	指導計画の作成と各学年にわたる内容の取扱い		◎			◎
指導法	具体的指導法	●	●	●	●	●

⑤生活

分　類	主な出題事項	2020年度	2021年度	2022年度	2023年度	2024年度
学科教養	地域の自然や産業					
学習指導要領・学習指導要領解説	目標			◎	◎	
	内容					
	指導計画の作成と各学年にわたる内容の取扱い		◎			◎
指導法	具体的指導法など					

⑥音楽

分　類	主な出題事項	2020年度	2021年度	2022年度	2023年度	2024年度
音楽の基礎	音楽記号，楽譜の読み取り，楽器の名称・使い方，旋律の挿入	●◎	●◎	●◎	●◎	●◎
日本音楽：飛鳥～奈良時代	雅楽					
日本音楽：鎌倉～江戸時代	平曲，能楽，三味線，箏，尺八					
日本音楽：明治～	滝廉太郎，山田耕作，宮城道雄					
	歌唱共通教材，文部省唱歌など	●◎	●◎	●◎	●◎	●◎

分　類	主な出題事項	2020年度	2021年度	2022年度	2023年度	2024年度
西洋音楽：～18世紀	バロック，古典派					●
西洋音楽：19世紀	前期ロマン派，後期ロマン派，国民楽派		●			
西洋音楽：20世紀	印象派，現代音楽			●		
その他	民謡，民族音楽					
学習指導要領・学習指導要領解説	目標	●	●◎	●	●◎	
	内容	◎		●◎		●◎
	指導計画の作成と各学年にわたる内容の取扱い					
指導法	具体的指導法	●	●	●	●	●

⑦図画工作

分　類	主な出題事項	2020年度	2021年度	2022年度	2023年度	2024年度
図画工作の基礎	表現技法，版画，彫刻，色彩，用具の取扱い	●◎	●◎	●◎	●◎	●
日本の美術・芸術	江戸，明治，大正，昭和					
西洋の美術・芸術：15～18世紀	ルネサンス，バロック，ロココ					
西洋の美術・芸術：19世紀	古典主義，ロマン主義，写実主義，印象派，後期印象派					
西洋の美術・芸術：20世紀	野獣派，立体派，超現実主義，表現派，抽象派					
その他	実技など					
学習指導要領・学習指導要領解説	目標	●◎	●	◎	●	●
	内容		◎	●	◎	●◎
	指導計画の作成と各学年にわたる内容の取扱い	●	●	●		●◎
指導法	具体的指導法	●	●	●	●◎	●

⑧家庭

分　類	主な出題事項	2020年度	2021年度	2022年度	2023年度	2024年度
食物	栄養・栄養素，ビタミンの役割		◎		●◎	●◎
	食品，調理法，食品衛生，食中毒	●◎	●◎	●◎	●	
被服	布・繊維の特徴，裁縫，洗濯	●	●◎		●◎	●◎
その他	照明，住まい，掃除，消費生活，エコマーク，保育	●◎	●◎	●◎	●◎	●◎
学習指導要領・学習指導要領解説	目標	●◎			●	
	内容		◎	●◎	◎	●◎
	指導計画の作成と各学年にわたる内容の取扱い			●		
指導法	具体的指導法	●	●	●	●	●

⑨体育

分　類	主な出題事項	2020年度	2021年度	2022年度	2023年度	2024年度
保健	応急措置，薬の処方					
	生活習慣病，感染症，喫煙，薬物乱用			◎		
	その他（健康問題，死亡原因，病原菌）			●		
体育	体力，運動技能の上達		●	●		
	スポーツの種類・ルール，練習法	●◎				
学習指導要領・学習指導要領解説	総則					
	目標			●		
	内容		●◎	●	●	●◎
	指導計画の作成と各学年にわたる内容の取扱い		◎			
指導法	具体的指導法	●	●	●	●	●

⑩外国語・外国語活動

分　類	主な出題事項	2020年度	2021年度	2022年度	2023年度	2024年度
リスニング・単語	音声，聞き取り，解釈，発音，語句					
英文法	英熟語，正誤文訂正，同意語					●
対話文	空欄補充，内容理解	●◎	●◎	●◎	●◎	●◎
英文解釈	長文，短文	◎	●◎	◎	●◎	●◎
学習指導要領・学習指導要領解説	目標・内容・指導計画の作成と内容の取扱い	●	●◎	●◎	●	●◎
指導法	具体的指導法		●	●		

⑪総合的な学習の時間

分　類	主な出題事項	2020年度	2021年度	2022年度	2023年度	2024年度
学習指導要領・学習指導要領解説		●◎	●◎	●◎	●◎	●◎
具体的指導法						

⑫その他

分　類	主な出題事項	2020年度	2021年度	2022年度	2023年度	2024年度
特別の教科　道徳	学習指導要領，学習指導要領解説	◎	◎	◎	◎	●◎
特別活動	学習指導要領，学習指導要領解説				◎	◎

第2部

熊本県・熊本市の教員採用試験実施問題

2024年度　実施問題

熊　本　県

【一次試験】

【１】次の文章を読んで，以下の1，2の各問いに答えなさい。

小学五年生の「ぼく」と親友の「裕太」は，よくケンカと仲直りを繰り返していた。普段ならすぐ仲直りをするのだが，今回のケンカはタイミングが悪く，そのまま冬休みに入ってしまい，迷った結果，仲直りの年賀状も出さなかった。そんな時，同級生から裕太が北海道に引っ越す話を聞いたのだった。

(文章略)

(重松清「あいつの年賀状」より)

1　下線部から，このときの「ぼく」の気持ちとして最も適当だと考えられるものを，次の①～⑤から1つ選び，番号で答えなさい。

①　この後，裕太と顔を合わせたときに，先に謝ってくれるかどうかを考えて緊張している。

②　せっかく家まで会いに来たのに，なかなか出てこない裕太にいらいらしている。

③　もしかしたら，裕太にはもう会えないのではないかという寂しさがこみあげてきている。

④　自分は裕太とのケンカを悩んでいるのに，そのことに気づいていない裕太にあきれている。

⑤　なぜか急に裕太と仲直りができそうな予感がして，気分が高まっている。

2　波線部にある「二つのタコ」の描写が表しているものとして，最も適当だと考えられるものを，次の①～⑤から1つ選び，番号で答えなさい。

① 空高く浮かぶタコのように，二人には明るい未来が待っていることを暗示している。

② 本音では相手のことを思っているものの，言葉では強がってしまう二人の関係性を表している。

③ 「あいつの年賀状」という題名につながるように，今が正月であるということを強調している。

④ 仲直りできずに気まずい思いでいる二人の気持ちを，タコの動きと重ねている。

⑤ もう二度とケンカをしないという二人の強いきずなを表している。

(☆☆☆◎◎◎)

【2】次の文章を読んで，以下の1～3の各問いに答えなさい。

(文章略)

(川瀬真「先生のための入門書　著作権教育の第一歩」より)

1 下線部の「これ」が指すものとして最も適当なものを，次の①～⑤から1つ選び，番号で答えなさい。

① 法律規定を子細に調べ，規定されている条文を追うこと

② 法律やきまりについて，「意義」を考えさせ，理解させること

③ 著作権の権利や義務について，著作者の権利を考え，理解させること

④ 法律について，一つ一つの条項をミクロな視点で学習させること

⑤ 法律やきまりの背景や経緯が，なぜ規定されているのかを考えさせること

2 [　　]に当てはまる最も適当な語句を，次の①～⑤から1つ選び，番号で答えなさい。

① 普遍的　② 多角的　③ 人為的　④ 公益的
⑤ 持続的

3 初等中等教育段階における著作権教育について，筆者の考えと異なる内容のものを，次の①～⑤から1つ選び，番号で答えなさい。

① 法律やきまりによって，どのようなことを実現しようとしているのかを考えさせたい。
② なぜ法律やきまりがあるのか，背景や経緯を考え，理解させることは重要である。
③ 法律の条文一つ一つをミクロな視点で学習するのは，決して効率的とは言えない。
④ すべての子どもたちに共通に理解させる内容は，ポイントとなる重要な事柄に絞るほうがよい。
⑤ 多くの生徒が主体的に課題を設定し専門的な内容を探究することを奨励すべきである。

(☆☆☆◎◎◎)

【3】次のア～オは，「小学校学習指導要領(平成29年告示)解説　国語編」の「第2章　国語科の目標及び内容」の「第2節　国語科の内容」の「3〔思考力，判断力，表現力等〕の内容」の「C　読むこと」の指導事項を示したものである。それぞれに該当する学年を正しく示した組合せを，以下の①～⑤から1つ選び，番号で答えなさい。

ア　事実と感想，意見などとの関係を叙述を基に押さえ，文章全体の構成を捉えて要旨を把握すること。 イ　場面の様子や登場人物の行動など，内容の大体を捉えること。 ウ　目的を意識して，中心となる語や文を見付けて要約すること。 エ　場面の様子に着目して，登場人物の行動を具体的に想像すること。 オ　文章を読んで理解したことに基づいて，自分の考えをまとめること。

	ア	イ	ウ	エ	オ
①	(5・6年)	(3・4年)	(3・4年)	(1・2年)	(3・4年)
②	(3・4年)	(3・4年)	(5・6年)	(5・6年)	(1・2年)
③	(3・4年)	(1・2年)	(5・6年)	(3・4年)	(3・4年)
④	(5・6年)	(1・2年)	(3・4年)	(1・2年)	(5・6年)
⑤	(3・4年)	(1・2年)	(3・4年)	(3・4年)	(5・6年)

(☆☆☆◎◎◎)

【4】次の文章は，「小学校学習指導要領(平成29年告示)解説　社会編」の「第3章　第4節　1　第6学年の目標」である。次の文章中の[　A　]～[　C　]に入る語句a～iの組合せとして適当なものを，あとの①～⑨から1つ選び，番号で答えなさい。

社会的事象の見方・考え方を働かせ，学習の問題を追究・解決する活動を通して，次のとおり資質・能力を育成することを目指す。

(1)　我が国の政治の考え方と仕組みや働き，国家及び社会の発展に大きな働きをした先人の業績や優れた文化遺産，我が国と関係の深い国の生活やグローバル化する国際社会における我が国の役割について理解するとともに，地図帳や地球儀，統計や[　A　]などの各種の基礎的資料を通して，情報を適切に調べまとめる技能を身に付けるようにする。

(2)　社会的事象の特色や相互の関連，意味を[　B　]に考える力，社会に見られる課題を把握して，その解決に向けて社会への関わり方を選択・判断する力，考えたことや選択・判断したことを説明したり，それらを基に議論したりする力を養う。

(3)　社会的事象について，主体的に学習の問題を解決しようとする態度や，よりよい社会を考え学習したことを社会生活に生かそうとする態度を養うとともに，[　B　]な思考や理解を通して，我が国の[　C　]を大切にして国を愛する心情，我が

国の将来を担う国民としての自覚や平齪aを願う日本人として世界の国々の人々と共に生きることの大切さについての自覚を養う。

a　写真　　b　年表　　c　文化財
d　総合的　　e　多面的　　f　多角的
g　歴史や習慣　　h　歴史や伝統　　i　歴史や文化

	①	②	③	④	⑤	⑥	⑦	⑧	⑨
A	a	b	c	a	b	c	a	b	c
B	f	e	d	e	d	f	d	f	e
C	g	h	h	i	i	g	i	h	g

(☆☆☆◎◎◎)

【5】我が国の立法や国会について説明した次の①～⑤の文章の中で，誤っているものを1つ選び，番号で答えなさい。

① 国会は唯一の立法機関であり，国会以外のどの機関も法律を定めることはできない。

② 国会議員は，18歳以上の全ての国民が投票できる選挙で選ばれた，国民全体の代表である。

③ 国会は，国会議員の中から内閣総理大臣と，国務大臣を指名する役割がある。

④ 日本の国会は，衆議院と参議院からなる二院制をとっていて，両院とも，国民の直接選挙で選ばれた議員によって構成される。

⑤ 国会には毎年1回1月に召集される常会(通常国会)と，必要に応じて開かれる臨時会(臨時国会)，特別会(特別国会)がある。

(☆☆☆◎◎◎)

【6】九州は地理的に大陸に近く，古くから外交の舞台となってきた。室町時代から江戸時代初期にかけての日本の外交について説明した次の①～⑤の文章の中で，誤っているものを1つ選び，番号で答えなさい。

① 足利義政は正式な貿易船に，明から与えられた勘合という証明書

を持たせ，朝貢の形の日明貿易を始めた。

② 16世紀なかば以降，ポルトガルやスペインの商船が九州の港に来航し，貿易が盛んに行われた。ポルトガル人やスペイン人との貿易を南蛮貿易という。

③ 豊臣秀吉は明の征服を目指し，2度にわたり大軍を朝鮮へ派遣した。日本の軍勢は苦戦し，秀吉が病死したのをきっかけに，全軍が引きあげた。

④ 徳川家康は貿易を望む大名や豪商に，東南アジアへの渡航を許可する朱印状を発行した。

⑤ 徳川家光はポルトガル船の来航を禁止し，オランダ商館を出島に移した。キリスト教を布教しない国だけが長崎で貿易を許された。

(☆☆☆◎◎◎)

【7】明治時代の文化について説明した次の①～⑤の文章の中で，誤っているものを1つ選び，番号で答えなさい。

① 短歌の与謝野晶子，小説の樋口一葉など女性の文学者が活躍した。

② 日本画の横山大観や彫刻の高村光雲などが，欧米の美術の手法を取り入れた近代の日本美術を切り開いた。

③ 音楽では，滝廉太郎が「荒城の月」や「花」などを作曲して，洋楽の道を開いた。

④ 夏目漱石は「坊ちゃん」，森鷗外は「舞姫」など，欧米の文化に向き合う知識人の視点から小説を発表した。

⑤ 細菌学の北里柴三郎や野口英世，物理学の黒田清輝など，世界的に最先端の研究を行う科学者が現れた。

(☆☆☆◎◎◎)

【8】次の資料は，農産物A～Eの全国の収穫量における上位5つの府県の占める割合(%)を表したものである。A～Eの組合せとして適当なものを以下の①～⑤から1つ選び，番号で答えなさい。

	A		B		C		D		E	
1位	静岡県	40.5	高知県	13.2	茨城県	22.5	茨城県	24.2	長野県	32.7
2位	鹿児島県	38.4	熊本県	11.2	宮崎県	18.0	熊本県	14.1	茨城県	15.9
3位	三重県	7.7	群馬県	9.2	鹿児島県	9.0	愛媛県	8.3	群馬県	10.0
4位	宮崎県	4.3	茨城県	6.1	高知県	8.8	岐阜県	4.4	長崎県	6.4
5位	京都府	3.5	福岡県	6.0	岩手県	5.9	埼玉県	3.7	兵庫県	4.7

(収穫量は「令和3年農林水産統計」による)

① A　茶　　B　ピーマン　　C　くり　　D　なす　　E　レタス

② A　くり　　B　なす　　C　ピーマン　　D　レタス　　E　茶

③ A　レタス　　B　ピーマン　　C　くり　　D　なす　　E　茶

④ A　茶　　B　なす　　C　ピーマン　　D　くり　　E　レタス

⑤ A　ピーマン　　B　レタス　　C　なす　　D　茶　　E　くり

(☆☆☆◎◎◎)

【9】次の文章は，熊本県の地勢・地理について説明したものである。文章中の[　A　]～[　E　]に当てはまる語句の組合せとして適当なものを以下の①～⑤から1つ選び，番号で答えなさい。

熊本県は九州の中央部に位置している。北部は比較的緩やかな山地，東から南にかけては標高1000m級の山々に囲まれており，北東部は世界有数のカルデラを持つ[　A　]がそびえる。

西部には平野部が広がる。北西部で熊本平野が[　B　]に，南西部で八代平野が八代海にそれぞれ面しており，その間から[　C　]が突き出し，天草五橋により天草諸島へと続いている。南東部には山地に囲まれた人吉盆地があり，九州山地を隔てて[　D　]と接している。

水系は，阿蘇を源とする菊池川・白川，九州山地を源とする緑川が有明海に，同じく九州山地に端を発する[　E　]が八代海に，それぞれ注いでいる。「令和2年7月豪雨」では[　E　]が氾濫し，大きな被害をもたらした。

① A 阿蘇山 B 東シナ海 C 宇土半島 D 鹿児島県
E 球磨川

② A 市房山 B 有明海 C 島原半島 D 宮崎県
E 筑後川

③ A 阿蘇山 B 有明海 C 宇土半島 D 宮崎県
E 球磨川

④ A 阿蘇山 B 有明海 C 島原半島 D 鹿児島県
E 球磨川

⑤ A 市房山 B 東シナ海 C 宇土半島 D 鹿児島県
E 筑後川

(☆☆☆◎◎◎)

【10】A，B，C，D，Eの5人の中から，くじ引きで2人を選ぶとき，Cが選ばれない確率を次の①～⑤から1つ選び，番号で答えなさい。

① $\frac{2}{5}$ ② $\frac{3}{5}$ ③ $\frac{4}{5}$ ④ $\frac{9}{25}$ ⑤ $\frac{16}{25}$

(☆☆☆◎◎◎)

【11】$\sqrt{10}$ の小数部分をaとするとき，$a(a+6)$の値を，次の①～⑤から1つ選び，番号で答えなさい。

① 1 ② 2 ③ 8 ④ 16 ⑤ 27

(☆☆☆◎◎◎)

【12】次図のような展開図を組み立てたときの立体の体積を，以下の①～⑤から1つ選び，番号で答えなさい。

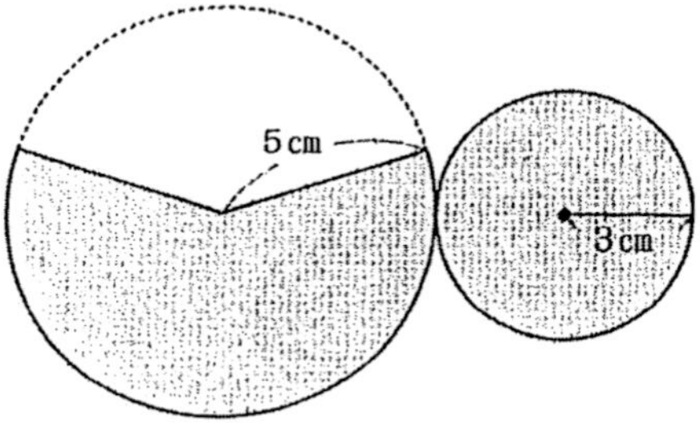

①　12π cm³　　②　15π cm³　　③　18π cm³　　④　24π cm³
⑤　36π cm³

(☆☆☆◎◎◎)

【13】関数$y=ax^2$は，xの変域$-1\leqq x\leqq 3$におけるyの最小値が-3である。この関数において，$x=-2$のときのyの値を求め，次の①～⑤から1つ選び，番号で答えなさい。

①　-12　　②　$-\frac{1}{3}$　　③　0　　④　$-\frac{4}{3}$　　⑤　12

(☆☆☆◎◎◎)

【14】A，Bのかごにミニトマトがx個ずつ入っている。いま，Aのかごのミニトマトa個をBのかごに移したら，AのかごとBのかごのミニトマトの個数の比は3：5になった。移したミニトマトの個数aの値を，次の①～⑤から1つ選び，番号で答えなさい。ただし，$x>a$とする。

①　$\frac{1}{2}x$　　②　$\frac{1}{3}x$　　③　$\frac{1}{4}x$　　④　$\frac{1}{5}x$　　⑤　$\frac{1}{8}x$

(☆☆☆◎◎◎)

【15】次の文章は「小学校学習指導要領(平成29年告示)」の「第2章　第3節　算数」に示された「第1　目標」である。[　ア　]～[　ウ　]にあてはまる語句の組合せとして正しいものを，以下の①～⑤から1つ選び，番号で答えなさい。

> 数学的な見方・考え方を働かせ，数学的活動を通して，数学的に考える資質・能力を次のとおり育成することを目指す。
> (1) [　ア　]や図形などについての基礎的・基本的な概念や性質などを理解するとともに，日常の事象を数理的に処理する技能を身に付けるようにする。
> (2) 日常の事象を数理的に捉え見通しをもち筋道を立てて考察する力，基礎的・基本的な[　ア　]や図形の性質などを見いだし[　イ　]・発展的に考察する力，数学的な表現を用いて事象を簡潔・明瞭・的確に表したり目的に応じて柔軟に表したりする力を養う。
> (3) 数学的活動の楽しさや数学のよさに気付き，学習を振り返ってよりよく問題解決しようとする態度，算数で学んだことを[　ウ　]に活用しようとする態度を養う。

①　ア　数量　　　イ　論理的　　ウ　生活や学習
②　ア　数量関係　イ　論理的　　ウ　日常の生活
③　ア　数量　　　イ　論理的　　ウ　日常の生活
④　ア　数量関係　イ　統合的　　ウ　日常の生活
⑤　ア　数量　　　イ　統合的　　ウ　生活や学習

(☆☆☆◎◎◎)

【16】次のア～オは，「エネルギー」領域の学習内容について述べたものである。正しい記述の組合せを以下の①～⑤から1つ選び，番号で答えなさい。

ア　凸レンズ(虫眼鏡やルーペなど)を通して物体を見るとき，物体と凸レンズの距離が，焦点距離より近いと，実像が見える。

イ　ギターなど弦を張った楽器では，指で弦を押さえるなど弦の長さを変えることで音の高さを変えている。音の高さが変わるのは，弦の振幅が変わるからである。

ウ　雷が落ちる現象を放電現象として説明するとき，雲の下の方がマイナスに，地面がプラスに帯電していると説明できる。

エ　地球を大きな磁石と見なしたとき，およそ北極がN極，南極がS極であるといえる。

オ　てこを使って物体を持ち上げるとき，支点から力点までの距離を支点から作用点までの距離の2倍にすれば，物体の重さの2分の1の力で持ち上げることができるが，物体を直接，同じ高さまで持ち上げるときと，仕事の大きさは変わらない。

①　アとウ　　②　アとエ　　③　イとエ　　④　イとオ

⑤　ウとオ

(☆☆☆◎◎◎)

【17】次のア～エは，「粒子」領域の学習内容について述べたものである。正しい記述の組合せを以下の①～⑤から1つ選び，番号で答えなさい。

ア　製鉄所では，炭素からできているコークスを鉄鉱石(酸化鉄)に加え，溶鉱炉で加熱し，鉄をとり出している。このような，酸化物が酸素を失う化学変化を還元という。

イ　メタン(有機物)が燃焼すると，二酸化炭素と水ができる。このことから，メタン(有機物)には炭素原子と酸素原子が含まれていると考えられる。

ウ　黒色の酸化銀を加熱すると，気体を発生しながらしだいに白くなる。この気体を集めた集気びんの中に火のついた線香を入れると，線香が炎を出して燃えた。したがって，発生したこの気体は二酸化炭素であると考えられる。

エ　鉄と硫黄の混合物を少量とり，うすい塩酸を2～3滴加えると無臭の気体が発生する。しかし，鉄と硫黄の混合物を加熱したときにできた化合物を少量とり，うすい塩酸を2～3滴加えると，においのある気体が発生する。

①　アとイ　　②　アとエ　　③　イとウ　　④　イとエ

⑤　ウとエ

(☆☆☆◎◎◎)

【18】次のア～エは，「生命」領域の学習内容について述べたものである。正しい記述の組合せを以下の①～⑤から1つ選び，番号で答えなさい。

ア　体細胞分裂では，分裂前後の細胞にある染色体の数は同じであるが，減数分裂では，分裂によってつくられた生殖細胞の染色体の数はもとの細胞の2倍になる。

イ　対になっている親の代の遺伝子が，減数分裂によって染色体とともに移動し，それぞれ別の生殖細胞に入ることを分離の法則という。

ウ　脊椎動物の骨格を調べると，ヒトの手と腕にあたる部分は，カエルの前あしやスズメの翼，クジラの胸びれの部分と，もとは同じものから変化したと考えられる。そのような器官を相似器官という。

エ　有性生殖では異なる2つの生殖細胞から受精卵がつくられるため，両親のどちらとも異なる細胞で体がつくられる。一方，無性生殖では，親の細胞と新しくできた子の細胞は同じである。

①　アとイ　　②　アとウ　　③　イとウ　　④　イとエ
⑤　ウとエ

(☆☆☆◎◎◎)

【19】次のア～オは，「地球」領域の学習内容について述べたものである。正しい記述の組合せを以下の①～⑤から1つ選び，番号で答えなさい。

ア　火山砕せつ物を，粒(塊)の大きさにより分類したとき，直径2mm以下のものを火山灰，直径2mm～64mmのものを火山礫，それ以上のものを火山岩と呼ぶ。

イ　地震そのものの規模を表すマグニチュードに対して，各地の揺れの程度を表すものを震度という。1つの地震に対して，マグニチュードは1つの数値しかない。

ウ　7月9日午後9時には，熊本県ではオリオン座を見ることができない。これは，地球から見て太陽と反対側にオリオン座があるためである。

エ　日本では，一般に寒冷前線の通過後は，南寄りの風向きに変わり，気温が上がる。

オ　凝灰岩は，軽石などの火山岩のかけらを多く含んでいるが，堆積岩として分類される。

①　アとウ　　②　イとエ　　③　イとオ　　④　ウとエ
⑤　ウとオ

(☆☆☆◎◎◎)

【20】次のア～オは，「観察・実験の注意事項」について説明したものである。正しい記述の組合せを以下の①～⑤から1つ選び，番号で答えなさい。

ア　ろ過をするときは，ろうとの足の先をビーカーの内側につけないようにして行う。

イ　虫めがねで観察をする際，目を傷めるので，虫めがねで太陽を見てはいけない。

ウ　温度計で気温を測るときは，風通しのよい地上およそ1.5mの高さに感温部を置き，直射日光が当たるようにして測る。

エ　顕微鏡で見ると，見るものの上と下，左と右が逆に見える。また，顕微鏡の倍率は，接眼レンズの倍率と対物レンズの倍率を足した倍率になる。

オ　双眼実体顕微鏡は，小さいものを大きくして見ることができる。また，厚みのあるものを立体的に観察するときに適している。

①　アとウ　　②　アとオ　　③　イとウ　　④　イとオ
⑤　ウとエ

(☆☆☆◎◎◎)

【21】次のア～エは，「小学校学習指導要領(平成29年告示)解説　理科編」の「第3章　各学年の目標及び内容」について示されたものである。正しい記述の組合せを以下の①～⑤から1つ選び，番号で答えなさい。

ア　[第3学年]　物の性質，風とゴムの力の働き，光と音の性質，磁石の性質及び電気の回路について追究する中で，主に差異点や共通点を基に，問題を見いだす力を養う。

イ　[第4学年]　身の回りの生物，太陽と地面の様子について追究する中で，主に既習の内容や生活経験を基に，根拠のある予想や仮説を発想する力を養う。

ウ　[第5学年]　水溶液の性質，てこの規則性及び電気の性質や働きについて追究する中で，主に予想や仮説を基に，解決の方法を発想する力を養う。

エ　[第6学年]　生物の体のつくりと働き，生物と環境との関わり，土地のつくりと変化，月の形の見え方と太陽との位置関係について追究する中で，主にそれらの働きや関わり，変化及び関係について，より妥当な考えをつくりだす力を養う。

①　アとウ　　②　アとエ　　③　イとウ　　④　イとエ
⑤　ウとエ

(☆☆☆◎◎◎◎◎)

【22】次の文章は，「小学校学習指導要領(平成29年告示)」の「第2章　第6節　音楽」に示された「第2　各学年の目標及び内容〔第3学年及び第4学年〕　2　内容　A　表現」の一部である。[　A　]～[　E　]に入る言葉の組合せとして正しいものを，以下の①～⑤から1つ選び，番号で答えなさい。

(1)　歌唱の活動を通して，次の事項を身に付けることができるよう指導する。

ア　歌唱表現についての知識や技能を得たり生かしたりしながら，曲の特徴を捉えた表現を工夫し，どのように歌うかについて[　A　]をもつこと。

イ　曲想と音楽の構造や[　B　]との関わりについて気付くこと。

ウ　思いや意図に合った表現をするために必要な次の(ア)から(ウ)までの技能を身に付けること。

(ア)　範唱を聴いたり，[　C　]の楽譜を見たりして歌う技能

(イ)　呼吸及び発音の仕方に気を付けて，[　D　]歌い方で歌う技能

(ウ)　互いの歌声や[　E　]，伴奏を聴いて，声を合わせて歌う技能

	A	B	C	D	E
①	思いや意図	歌詞の表す情景	ハ長調及びイ短調	響きのある	副次的な旋律
②	思い	歌詞の表す情景	ハ長調及びイ短調	自然で無理のない	全体の響き
③	思いや意図	歌詞の内容	ハ長調	自然で無理のない	副次的な旋律
④	思いや意図	歌詞の内容	ハ長調	自然で無理のない	全体の響き
⑤	思い	歌詞の内容	ハ長調	響きのある	副次的な旋律

(☆☆☆◎◎◎◎◎)

【23】次の楽譜は，共通教材「とんび」の一部である。この楽譜を鍵盤楽器で演奏する時，ⓐ～ⓓの音は，以下の鍵盤の㋐～㋛のどこの鍵盤を押さえればよいか，あとの①～⑤から1つ選び，番号で答えなさい。

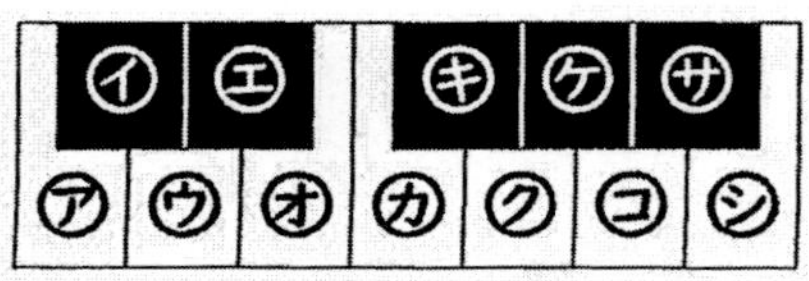

	ⓐ	ⓑ	ⓒ	ⓓ
①	カ	ウ	コ	オ
②	ア	ク	カ	ウ
③	シ	ウ	ク	オ
④	ア	ク	オ	ウ
⑤	カ	ク	オ	ア

(☆☆◎◎◎)

【24】次の楽譜は，共通教材「スキーの歌」の最初の8小節である。空欄 A ～ C の部分に当てはまる楽譜の組合せとして正しいものを，あとの①～⑤から1つ選び，番号で答えなさい。

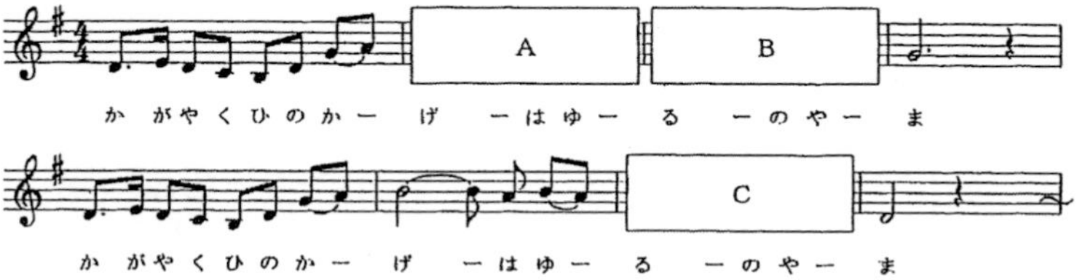

	A	B	C
①	イ	ウ	エ
②	ア	カ	オ
③	イ	ア	ウ
④	ア	イ	カ
⑤	ア	カ	イ

(☆☆☆☆◎◎◎◎◎)

【25】次の楽譜は，「トルコ行進曲」の楽譜である。この曲の作曲者と拍子の組合せが正しいものを以下の①～⑤から1つ選び，番号で答えなさい。

	作曲者	拍子
①	ベートーベン	4分の2拍子
②	モーツァルト	4分の2拍子
③	ベートーベン	4分の4拍子
④	ブラームス	4分の4拍子
⑤	モーツァルト	4分の3拍子

(☆☆☆☆◎◎◎)

【26】次の文章は，「小学校学習指導要領(平成29年告示)」の「第2章　第7節　図画工作」に示された「第2　各学年の目標及び内容」の一部である。空欄[　ア　]～[　エ　]にあてはまる語句の組合せを，以下の①～⑥から1つ選び，番号で答えなさい。

〔[　ア　]〕
1　目標
(1)　対象や事象を捉える造形的な視点について自分の感覚や行為を通して[　イ　]とともに，材料や用具を活用し，表し方などを工夫して，創造的につくったり表したりすることができるようにする。
(2)　造形的な[　ウ　]，表したいこと，表し方などについて考え，創造的に発想や構想をしたり，親しみのある作品などから自分の見方や感じ方を深めたりすることができるようにする。
(3)　[　エ　]表現したり鑑賞したりする活動に取り組み，つくりだす喜びを味わうとともに，形や色などに関わり楽しく豊かな生活を創造しようとする態度を養う。

	ア	イ	ウ	エ
①	第5学年及び第6学年	理解する	面白さや美しさ	意欲的に
②	第1学年及び第2学年	分かる	よさや美しさ	進んで
③	第3学年及び第4学年	分かる	よさや楽しさ	楽しく
④	第3学年及び第4学年	気付く	よさや面白さ	主体的に
⑤	第5学年及び第6学年	理解する	よさや美しさ	主体的に
⑥	第1学年及び第2学年	気付く	楽しさや美しさ	楽しく

(☆☆☆◎◎◎)

【27】次の①～⑤は，「小学校学習指導要領(平成29年告示)解説　図画工作編」の「第4章　指導計画の作成と内容の取扱い」に示された，各学年で取り扱う材料や用具についての記述である。正しいものを次の①～⑤から1つ選び，番号で答えなさい。

① 第1学年及び第2学年においては，指導に当たり，材料や用具の準備について，児童のそれまでの経験に配慮するとともに，題材の内容や指導のねらいによって，種類や範囲，数量を変えるなどして，児童が基本的な扱い方に関心をもつようにする必要がある。

② 第1学年及び第2学年においては，児童が形や色を表すために適した用具として水彩絵の具があり，色を重ねて塗ったり，混ぜたり，にじませたり，ぼかしたりして，いろいろな形や色をつくることができるが，クレヨンやパスなどとの併用はしない。

③ 第3学年及び第4学年においては，小刀は，児童一人ででも，扱いに慣れるようにすることが必要である。その他に板材を曲線に切ったり，切り抜いたりするなど，切断が思いのままにできるので，児童の発想や構想などに幅ができるものとして糸のこぎりなどが考えられる。

④ 第3学年及び第4学年においては，児童がそれぞれ材料や用具の特徴を捉えながら，表したいことに合わせて扱うことのできるものを示しており，木，枝，根っこ，木片，石材などは，切ってつないだり，組み合わせたりするのに適切な材料として示している。

⑤ 第5学年及び第6学年においては，この時期の児童が，板材などの丈夫な材料を使って表したり，しっかり固定したりできるようになることから，針金，ノミ，カンナを使用する。なお，集める材料の種類や使い終わった材料の処理などについては，ゴミの分別や環境に対する配慮が必要である。

(☆☆☆◎◎◎)

【28】次の①～⑤は，「小学校学習指導要領(平成29年告示)解説　図画工作編」の「第3章　第1節」に示された第1学年及び第2学年の目標と内

容のうち，〔共通事項〕に関する記述である。〔共通事項〕の指導について，適当でないものを以下の①～⑤から1つ選び，番号で答えなさい。

第1学年及び第2学年〔共通事項〕(1)

> (1) 「A表現」及び「B鑑賞」の指導を通して，次の事項を身に付けることができるよう指導する。
> ア　自分の感覚や行為を通して，形や色などに気付くこと。
> イ　形や色などを基に，自分のイメージをもつこと。

① アの指導に当たっては，学習活動において児童が関心をもっている形や色などを指導に反映する必要がある。繰り返し用いている形は何か，こだわっている色は何かなどを教師が見付けて，児童が自分の形や色で活動できるように指導を工夫することが大切である。

② アの指導に当たっては，児童が感覚や行為を通して，自分がこの形や色などをつくりだしたのだという実感や満足感をもつようにする。新たにつくりつつある形や色などに対しては，教師が児童に寄り添い，細やかに方向性や方法を示しながら技能を指導することが重要である。

③ イの指導に当たっては，児童がもっているイメージを捉え，具体的に把握し指導に生かすことが大切である。例えば，児童が自然に発する言葉に着目したり，児童がかいた絵などから読み取ったりするなどが考えられる。

④ イの指導に当たっては，豊かなイメージにつながるような体験を設定することも重要である。イメージは，生まれてからこれまでの経験と深く関わっており，児童は，そのときの感情や気持ちとともに，自分のイメージを心の中に浮かび上がらせている。このことに留意し，学習活動全体を考えることも重要である。

⑤ アとイの事項は，アから引き続いてイが発揮されたり，イを基に形や色などに気付いたりするなど，相互に関連し合う関係にある。そこでアとイの関連を図り，アとイの事項それぞれが発揮されるよ

うな指導計画の作成が必要である。

(☆☆☆◎◎◎)

【29】「A表現」の絵や立体，工作に表す活動で，彫刻刀を使った木版画による表現を行う。作り方や活動に関する説明のうち，適当でないものを次の①～⑤から1つ選び，番号で答えなさい。

① 版木には，彫った跡が分かりやすくなるように，薄墨を塗っておく。最初から色の付いた版木を準備してもよい。

② 彫刻刀を使うとき，刃の前に手を置かないよう注意する。刃は手前から奥に向かって動かし，彫る向きが変わるときは版木を回転させ，常に前に向かって彫る。

③ インクを練るときは，練り版の上でローラーを使う。ローラーにインクをムラなく付けるためには，縦・横とも一方向だけに動かして練る。

④ 刷るときはばれんを使う。ばれんは版を傷付けないように手先で軽く動かす。また，ばれんは，紙がずれないようにするため円を描くようには動かさず，最初は縦方向，次に横方向に直線的に動かして刷る。

⑤ 試し刷りを行い，刷り上がった作品を見ながら彫り足りない部分や彫りの浅い部分を確認する。必要な部分について再度彫り直しを行いながら完成を目指す。

(☆☆☆◎◎◎)

【30】次の文章は，「小学校学習指導要領(平成29年告示)」の「第2章　第8節　家庭」の「第2　各学年の内容」の一部である。空欄[　ア　]～[　オ　]にあてはまる語句の組合せを以下の①～⑤から1つ選び，番号で答えなさい。

B　衣食住の生活
(2)　調理の基礎
ア　次のような知識及び技能を身に付けること。
(ア)　調理に必要な材料の分量や手順が分かり，[　ア　]について理解すること。
(イ)　調理に必要な用具や食器の安全で[　イ　]な取扱い及び加熱用調理器具の安全な取扱いについて理解し，適切に使用できること。
(ウ)　材料に応じた[　ウ　]，調理に適した切り方，味の付け方，盛り付け，配膳及び後片付けを理解し，適切にできること。
(エ)　材料に適したゆで方，[　エ　]を理解し，適切にできること。
(オ)　伝統的な[　オ　]である米飯及びみそ汁の調理の仕方を理解し，適切にできること。
イ　おいしく食べるために[　ア　]を考え，調理の仕方を工夫すること。

	ア	イ	ウ	エ	オ
①	実習計画	効率的	洗い方	焼き方	日本食
②	調理計画	衛生的	洗い方	いため方	日常食
③	実習計画	衛生的	選び方	煮方	日本食
④	調理計画	衛生的	洗い方	焼き方	和食
⑤	調理計画	効率的	選び方	いため方	日常食

(☆☆◎◎◎◎◎)

【31】次の①～⑤の手縫いの際に使う道具や手順の説明として，誤っているものを1つ選び，番号で答えなさい。

①　布を裁つときに使う裁ちばさみは，刃がいたむので布以外のものを切らない。

② 布を縫う時は，針に糸を通し糸の端に玉結びをしてから始め，縫い終わりに玉どめをする。

③ かがり縫いは，スカートやズボンの裾上げの時に使う縫い方である。

④ 2枚以上の布を丈夫に縫い合わせる時に使う縫い方に，返し縫いがある。

⑤ 指ぬきは，長く続けて縫う時や布が厚い時に針を押して楽に作業するために使う。

(☆☆◎◎◎◎◎)

【32】次の①～⑤は，商品の選択に役立つ表示やマークについて説明したものである。それぞれの説明として誤っているものを1つ選び，番号で答えなさい。

①	②	③	④	⑤
(略)	(略)	(略)	(略)	(略)

① 国家規格である「日本産業規格」に適合した製品に付けられる。

② 日本玩具協会が定める安全基準に合格した製品に付けられる。

③ 特定の保健効果(例：お腹の調子を整える，骨の健康に役立つ等)が期待できる食品に付けられる。

④ 地域の原材料のよさを活かしてつくられた特産品に付けられる。

⑤ 「消費者基本法」に定める基準に適合している製品に付けられる。

(☆☆☆◎◎◎◎◎)

【33】次の表は，食品を体内での主な働きにより「黄・赤・緑」の3つのグループに分けたものである。表中の［ ア ］～［ オ ］にあてはまる語句の組合せを以下の①～⑤から1つ選び，番号で答えなさい。

<table>
<tr><td>グループ</td><td colspan="2">黄グループ</td><td colspan="2">赤グループ</td><td colspan="2">緑グループ</td></tr>
<tr><td>体内での主な働き</td><td colspan="2">主に[ア]もとになる食品</td><td colspan="2">主に[イ]もとになる食品</td><td colspan="2">主に体の調子を整えるもとになる食品</td></tr>
<tr><td>食品</td><td>米・パン・めん類・[ウ]・砂糖 など</td><td>油・バター・マヨネーズ など</td><td>魚・肉・[エ]・豆・豆製品 など</td><td>小魚・牛乳・乳製品・海藻 など</td><td>色のこい野菜</td><td>その他の野菜・きのこ・果物 など</td></tr>
<tr><td>多くふくまれる栄養素</td><td>炭水化物</td><td>脂質</td><td>たんぱく質</td><td>無機質(カルシウム)</td><td colspan="2">ビタミン・[オ]</td></tr>
</table>

	ア	イ	ウ	エ	オ
①	エネルギーの	体をつくる	卵	練りもの	食物繊維
②	体をつくる	エネルギーの	いも類	肉加工品	食物繊維
③	体をつくる	エネルギーの	卵	練りもの	アミノ酸
④	エネルギーの	栄養を完全にする	とうもろこし	卵	無機質
⑤	エネルギーの	体をつくる	いも類	卵	無機質

(☆◎◎◎◎◎)

【34】次の文章は，「小学校学習指導要領(平成29年告示)解説　体育編」の「第2章　第2節　各学年の目標及び内容」，「第1学年及び第2学年」の「A　体つくりの運動遊び」の一部である。空欄[　a　]，[　b　]に当てはまる語句の組合せを，以下の①～⑤から1つ選び，番号で答えなさい。

> (1)　次の運動遊びの楽しさに触れ，その行い方を知るとともに，体を動かす心地よさを味わったり，基本的な動きを身に付けたりすること。
> ア　体ほぐしの運動遊びでは，[　a　]な運動遊びを行い，心と体の変化に気付いたり，みんなで関わり合ったりすること。
> イ　多様な動きをつくる運動遊びでは，体のバランスをとる動き，体を移動する動き，用具を操作する動き，[　b　]の動きをすること。

①　a　身近　　b　力試し　　②　a　手軽　　b　模倣

③ a 手軽 b 力試し ④ a 簡単 b 模倣
⑤ a 簡単 b 力試し

(☆☆☆◎◎◎)

【35】次の文章は,「小学校学習指導要領(平成29年告示)解説 体育編」の「第2章 第2節 各学年の目標及び内容」,「第3学年及び第4学年」の「F 表現運動」の一部である。空欄[a],[b]にあてはまる語句の組合せを,以下の①～⑤から1つ選び,番号で答えなさい。

(1) 次の運動の楽しさや喜びに触れ,その行い方を知るとともに,表したい感じを表現したりリズムに乗ったりして踊ること。 ア 表現では,身近な生活などの題材からその主な特徴を捉え,表したい感じを[a]で踊ること。 イ リズムダンスでは,[b]リズムに乗って全身で踊ること。

① a ひと流れの動き b 軽快な
② a ひとまとまりの動き b サンバの
③ a ひと流れの動き b ロックの
④ a 二人組 b 曲の
⑤ a ひとまとまりの動き b 軽快な

(☆☆☆◎◎◎)

【36】「小学校学習指導要領(平成29年告示)解説 体育編」の「第2章 第2節 各学年の目標及び内容」,「第5学年及び第6学年」,「C 陸上運動」において,例示されていないものを,次の①～⑤から1つ選び,番号で答えなさい。

① 40～60m程度の短距離走
② 40～50m程度のハードル走
③ 無理のない速さで8～10分程度の持久走
④ リズミカルな助走からの走り幅跳び

⑤　リズミカルな助走からの走り高跳び

(☆☆☆◎◎◎)

【37】「小学校学習指導要領(平成29年告示)解説　体育編」の「第2章　第2節　各学年の目標及び内容」，「第5学年及び第6学年」，「G　保健」において，「(3)　病気の予防」で取り扱う内容を，次の①～⑤から1つ選び，番号で答えなさい。

①　けがの手当　　②　心の発達
③　不安や悩みへの対処　　④　喫煙，飲酒，薬物乱用と健康
⑤　心と体との密接な関係

(☆☆☆◎◎◎)

【38】次の1，2の各問いに答えなさい。

1　次の文章は，「小学校学習指導要領(平成29年告示)」の「第5章　総合的な学習の時間」に示された「第1　目標」の一部である。[　ア　]にあてはまる語句を以下の①～⑤から1つ選び，番号で答えなさい。

> 探究的な見方・考え方を働かせ，横断的・総合的な学習を行うことを通して，よりよく課題を解決し，自己の生き方を考えていくための資質・能力を次のとおり育成することを目指す。
> (1)　[　ア　]の過程において，課題の解決に必要な知識及び技能を身に付け，課題に関わる概念を形成し，[　ア　]のよさを理解するようにする。

①　探究的な学習　　②　横断的な学習　　③　総合的な学習
④　問題解決的な学習　　⑤　対話的な学習

2　次の文章は，「小学校学習指導要領(平成29年告示)」の「第5章　総合的な学習の時間」に示された「第2　各学校において定める目標及び内容」の「3　各学校において定める目標及び内容の取扱い」の一部である。[　イ　]に当てはまる語句を以下の①～⑤から1つ選

び，番号で答えなさい。

目標を実現するにふさわしい探究課題及び探究課題の解決を通して育成を目指す具体的な資質・能力については，教科等を越えた[　イ　]の基盤となる資質・能力が育まれ，活用されるものとなるよう配慮すること。

① 社会生活　② 学校生活　③ 特別活動　④ 道徳教育
⑤ 全ての学習

(☆☆☆◎◎◎◎)

【39】次の1，2の各問いに答えなさい。

1 次の文章は，「小学校学習指導要領(平成29年告示)」の「第3章　特別の教科　道徳」に示された「第1　目標」の一部である。[　ア　]にあてはまる語句を以下の①～⑤から1つ選び，番号で答えなさい。

よりよく生きるための基盤となる道徳性を養うため，道徳的諸価値についての理解を基に，自己を見つめ，物事を多面的・多角的に考え，自己の生き方についての考えを深める学習を通して，道徳的な判断力，心情，[　ア　]を育てる。

① 実践力と態度　② 実践意欲と態度　③ 実践意欲と行為
④ 実践力と人間性　⑤ 実践力と思考力

2 「小学校学習指導要領(平成29年告示)」の「第3章　特別の教科　道徳」に示された「第2　内容」において，「B　主として人との関わりに関すること」の第1学年及び第2学年の項目として示されていないものを次の①～⑤から1つ選び，番号で答えなさい。

① 身近にいる人に温かい心で接し，親切にすること。
② 家族など日頃世話になっている人々に感謝すること。
③ 自分の考えや意見を相手に伝えるとともに，相手のことを理解し，自分と異なる意見も大切にすること。
④ 気持ちのよい挨拶，言葉遣い，動作などに心掛けて，明るく接すること。

⑤　友達と仲よくし，助け合うこと。

(☆☆☆◎◎◎◎)

【40】次の文章は，「小学校学習指導要領(平成29年告示)」の「第2章　第10節　外国語」からの抜粋である。文中の[　A　]，[　B　]にあてはまる語句を以下の①～⑤からそれぞれ1つずつ選び，番号で答えなさい。

> 第2　各言語の目標及び内容等
> 英語
> 1　目標
> (1)・(2)　(略)
> (3)　話すこと[やり取り]
> ア　基本的な表現を用いて[　A　]，依頼をしたり，それらに応じたりすることができるようにする。
> イ　日常生活に関する身近で簡単な事柄について，自分の考えや気持ちなどを，簡単な語句や基本的な表現を用いて伝え合うことができるようにする。
> ウ　自分や相手のこと及び身の回りの物に関する事柄について，簡単な語句や基本的な表現を用いて[　B　]質問をしたり質問に答えたりして，伝え合うことができるようにする。
> (4)・(5)　(略)

A	①　命令　②　質問　③　感謝　④　挨拶　⑤　指示
B	①　即興で　②　その場で　③　相手に応じて ④　サポートを受けて　⑤　準備した上で

(☆☆☆◎◎◎)

【41】次の表は，外国語活動の学習指導案の一部である。文中の［　ア　］に当てはまる最も適当な英語を以下の①～⑤から1つ選び，番号で答えなさい。

目標：To become familiar with the names of common school items.

児童の活動	指導者の活動
Guess what's in the bag (1) Answer the instructor's questions.	(1) Put a pencil case, notebook, book, textbook, stapler, magnet, calendar, handkerchief, clock, key and any other things in the bag in advance, and ask the students what they think are inside. While [ア] to the answers and tweets, take them out of the bag one by one and introduce them.
(2) Count what the students have.	(2)　(略)

① remembering　② according　③ recording　④ coming
⑤ responding

(☆☆☆◎◎◎)

【42】次の英文は，外国語科の授業における指導者，ALT(外国語指導助手)及び児童との会話である。文中の[　ア　]，[　イ　]，[　ウ　]にあてはまる最も適当な英語を以下の①～⑨からそれぞれ1つずつ選び，番号で答えなさい。

Mr.Suzuki : Welcome to Japan. We have been looking forward to meeting you.
[　ア　]

Ms.Silva : OK. Hello, everyone. I'm Sophia Silva. Nice to meet you. I came to Japan last month. I'm from Brazil. Do you know about Brazil?
We have a carnival in Rio de Janeiro. You can enjoy dancing.
You can see beautiful costumes, too. It's very exciting!

Mr.Suzuki : Wow! Brazil sounds nice. I want to go to Brazil one day.
By the way, I heard that this is your first visit to Kumamoto.
Have you visited any famous places in Kumamoto yet?

Ms.Silva : [　イ　] Please tell me some good places in Kumamoto.

Mr.Suzuki : Aso is very nice. It has one of the largest calderas in the world.

You can also see the beautiful view.

Ms.Silva : [ウ] Do you know any other places, everyone?

Kenji : Amakusa! We can enjoy swimming. The beach is beautiful.

Ms.Silva : I see. Can I fish there, too? I want to try fishing.

Kaori : Of course. I sometimes go fishing with my family. Please try it.

Mr.Suzuki : Good job, everyone. Now, let's talk about nice places in Kumamoto.

① I want to introduce myself.

② No, thank you.

③ Yes. I've visited many places in my country.

④ I still don't know much about Kumamoto.

⑤ I'm just looking.

⑥ That sounds nice.

⑦ Repeat what I say.

⑧ I don't like to take pictures.

⑨ Could you introduce yourself?

(☆☆☆◎◎◎)

【二次試験】

下記の【1】～【8】から1つ選んで解答する。

【１】話の内容が明確になるように，事実と感想，意見とを区別するなど，話の構成を考える力を育てる指導をどのようにするか，指導計画の概要を示し，本時の展開が分かるように具体的に述べなさい。 (国語)

(☆☆☆◎◎◎)

【２】自然災害から人々を守る活動についての学習を通して，どのような事項を身に付けさせるか述べなさい。また，学習の進め方及び育成する態度等も含めて述べなさい。 (社会)

(☆☆☆◎◎◎)

【3】A，B，C，Dの4つのチームでバスケットボールの試合をするとき，どんな対戦があるか順序よく整理して調べることができるようにしたい。どのように指導するか，具体的に述べなさい。 (算数)

(☆☆☆◎◎◎)

【4】地面は太陽によって暖められ，日なたと日陰では地面の暖かさや湿り気に違いがあることをとらえさせる指導方法について述べなさい。

(理科)

(☆☆☆☆◎◎◎◎◎)

【5】「音色や響きに気を付けて，旋律楽器及び打楽器を演奏する技能」について指導のポイントや展開例を具体的に述べなさい。 (音楽)

(☆☆☆☆☆◎◎◎◎◎)

【6】高学年における絵や立体，工作に表す活動では，表現方法に応じて材料や用具を活用するよう指導を工夫する必要がある。表現方法と材料や用具の特徴を児童自身が照らし合わせて用いることができるように，どのような授業の構成を行ったらよいか，授業の流れや指導事項を述べなさい。 (図画工作)

(☆☆☆◎◎◎)

【7】「小学校学習指導要領」「第9節　体育」「第2　各学年の目標及び内容」〔第3学年及び第4学年〕「2　内容」の「D　水泳運動」において，「イ　もぐる・浮く運動」について授業を行う際，どのようなことに留意して指導すればよいか，具体的に述べなさい。 (体育)

(☆☆◎◎◎◎)

【8】「小学校学習指導要領」「第8節　家庭」「第2　各学年の内容」〔第5学年及び第6学年〕「1　内容」の「B　衣食住の生活」において，「(6)快適な住まい方」についてどのように指導するか，指導内容・方法と

そのポイントを具体的に述べなさい。　(家庭)

(☆☆☆◎◎◎)

熊本市

【1】

〔問1〕 次の表は,「小学校学習指導要領(平成29年告示)解説　国語編」の「第2章　第2節　(3)我が国の言語文化に関する事項」に示された内容の系統表である。(　A　)～(　D　)に当てはまる語句の組合せとして正しいものを,あとの①～⑥から一つ選び,番号で答えなさい。なお,(省略)は,設問の都合上省略を表す。

	第１学年及び第２学年	第３学年及び第４学年	第５学年及び第６学年
伝統的な言語文化	ア　昔話や神話・伝承などの読み聞かせを聞くなどして,我が国の伝統的な言語文化に親しむこと。 イ　長く親しまれている言葉遊びを通して,言葉の(　A　)に気付くこと。	ア　易しい文語調の短歌や俳句を音読したり暗唱したりするなどして,言葉の響きやリズムに親しむこと。 イ　長い間使われてきたことわざや慣用句,故事成語などの意味を知り,使うこと。	ア　親しみやすい古文や漢文,近代以降の文語調の文章を音読するなどして,言葉の響きやリズムに親しむこと。 イ　古典について解説した文章を読んだり作品の内容の大体を知ったりすることを通して,昔の人のものの見方や(　B　)を知ること。
言葉の由来や変化		ウ　(省略)	ウ　(省略)
書写	ウ　書写に関する次の事項を理解し使うこと。 (ｱ)　姿勢や筆記具の持ち方を正しくして書くこと。 (ｲ)　点画の書き方や文字の形に注意しながら,(省略)に従って丁寧に書くこと。 (ｳ)　点画相互の接し方や交わり方,長短や方向などに注意して,文字を正しく書くこと。	エ　書写に関する次の事項を理解し使うこと。 (ｱ)　文字の組立て方を理解し,形を整えて書くこと。 (ｲ)　漢字や仮名の大きさ,配列に注意して書くこと。 (ｳ)　毛筆を使用して点画の書き方への理解を深め,(　C　)などに注意して書くこと。	エ　書写に関する次の事項を理解し使うこと。 (ｱ)　用紙全体との関係に注意して,文字の大きさや配列などを決めるとともに,書く(省略)を意識して書くこと。 (ｲ)　毛筆を使用して,穂先の動きと点画のつながりを意識して書くこと。 (ｳ)　目的に応じて使用する筆記具を選び,その特徴を生かして書くこと。
読書	エ　読書に親しみ,いろいろな本があることを知ること。	オ　(省略)読書に親しみ,読書が,必要な知識や情報を得ることに役立つことに気付くこと。	オ　(　D　)読書に親しみ,読書が,自分の考えを広げることに役立つことに気付くこと。

a　筆圧　　b　日常的に　　c　述べ方　　d　豊かさ　　e　筆順
f　響き　　g　速さ　　h　幅広く　　i　感じ方　　j　考え方

	A	B	C	D
①	f	c	g	h
②	d	i	a	b
③	f	c	g	b
④	d	c	a	h
⑤	f	j	e	b
⑥	d	i	a	h

〔問2〕 次の文章を読んで，(1)～(3)の各問いに答えなさい。なお，設問の都合で本文の段落に1～8の番号を付してある。

掲載許可が得られていませんので，掲載いたしません。

(五木　寛之『生きるヒント2』による・一部改)

(1) 本文には，次の段落が欠けている。どこに入るか，最も適当なものを，以下の①～⑤から一つ選び，番号で答えなさい。

掲載許可が得られていませんので，掲載いたしません。

①　3段落の後　　②　4段落の後　　③　5段落の後
④　6段落の後　　⑤　7段落の後

(2) [ア]，[イ]，[ウ]には，接続詞が入る。[ア]，[イ]，[ウ]に入る接続詞の働きとして適切な組合せを，①～⑤から一つ選び，番号で答えなさい。

	ア	イ	ウ
①	並列	逆接	順接
②	換言	順接	逆接
③	転換	逆接	順接
④	換言	並列	転換
⑤	並列	順接	逆接

(3) 本文の内容として適当でないものを，①～⑤から一つ選び，番号で答えなさい。

① 少年少女のための芝居「青い鳥」の幕切れでは，チルチルという少年が観客に向かってしょんぼりとした様子でか弱い声でうったえる。

② 身近な生活の中にこそ本当の幸福はあるのだということに気づいた瞬間，ミステリーのどんでんがえしのように，青い鳥は離れていってしまう。

③ 筆者の五木寛之は，「青い鳥」のテーマについて，人間は，自分自身で，希望も，夢も，幸福も作り出すしかない，とメーテルリンクが教えていると考えるようになった。

④ 人間は青い鳥がなくては生きてはいけない。だから，自分で見つけることができないとき，自分以外の誰かに見つけてもらって自分の青い鳥にしていけばよい。

⑤ 筆者の五木寛之は，メーテルリンクがなぜこのような悲観的な結末にしたのか，明確な答えに至っているのではなく，その解釈を読者に委ねる形をとっている。

(☆☆☆◎◎◎)

【2】

〔問1〕 次のア～カは，「小学校学習指導要領(平成29年告示)解説　社会編」の「第2章　第2節　社会科の内容構成」に関する記述である。それぞれの学年で扱う内容の組合せとして正しいものを，以下の①～⑤から一つ選び，番号で答えなさい。

ア	我が国の農業や水産業における食料生産
イ	身近な地域や市区町村の様子
ウ	自然災害から人々を守る活動
エ	グローバル化する世界と日本の役割
オ	県内の伝統や文化，先人の働き
カ	我が国の産業と情報との関わり

	第3学年	第4学年	第5学年	第6学年
①	ウ	ア・イ	オ	エ・カ
②	オ	イ・ウ	ア・エ	カ
③	ウ・オ	イ	エ	ア・カ
④	イ	ウ・オ	ア・カ	エ
⑤	イ・オ	ウ	カ	ア・エ

〔問2〕 次の国名は，「FIFAワールドカップカタール2022」でベスト4になった国々である。それぞれの国が「属する州」と「赤道との位置関係」の組合せとして適切なものを，以下の①～⑥から一つ選び，番号で答えなさい。

アルゼンチン　　フランス　　クロアチア　　モロッコ

	国名	属する州	赤道との位置関係
①	フランス	ヨーロッパ州	赤道より南
②	クロアチア	アジア州	赤道より北
③	クロアチア	ヨーロッパ州	赤道より南
④	アルゼンチン	北アメリカ州	赤道より北
⑤	アルゼンチン	南アメリカ州	赤道より南
⑥	モロッコ	オセアニア州	赤道より北

〔問3〕 次の1～4の文は，第二次世界大戦後の日本の出来事について説明したものである。(　ア　)～(　オ　)に当てはまる語句の組合せとして適切なものを，以下の①～⑥から一つ選び，番号で答えなさい。

1　1945年(昭和20年)8月，日本は(　ア　)宣言を受け入れて降伏することを決め，第二次世界大戦が終わった。

2　1950年(昭和25年)に(　イ　)戦争が始まると，日本本土や沖縄のアメリカ軍基地が使用された。日本は，アメリカ軍向けに大量の軍需物資を生産したため，経済が好況になり，復興が早まった。

3　1951年(昭和26年)，吉田茂内閣は，アメリカなど48か国と(　ウ　)平和条約を結んだ。しかし，東側陣営や，日本が侵略したアジアの国々の多くとの講和は実現しなかった。
4　佐藤栄作内閣はアメリカ政府と交渉を進め，1972年(昭和47年)5月，(　エ　)が日本に復帰した。中国とは，同1972年に田中角栄内閣が(　オ　)によって国交を正常化した。

	ア	イ	ウ	エ	オ
①	ヤルタ	ベトナム	ワシントン	小笠原諸島	日中平和友好条約
②	ポツダム	朝鮮	サンフランシスコ	沖縄	日中共同声明
③	ヤルタ	朝鮮	ワシントン	小笠原諸島	日中共同声明
④	ポツダム	ベトナム	サンフランシスコ	沖縄	日中平和友好条約
⑤	ポツダム	朝鮮	サンフランシスコ	沖縄	日中平和友好条約
⑥	ヤルタ	ベトナム	ワシントン	小笠原諸島	日中共同声明

〔問4〕 清さんは，熊本市内に住む大学生です。父親と2人で選挙について話をしています。次の(　ア　)～(　オ　)に当てはまる語句の組合せとして適切なものを，以下の①～⑥から一つ選び，番号で答えなさい。

清：「昨年の参議院議員選挙で，初めて投票したんだけど，少し分からないところもあったので，お父さん，教えて。」
父：「そうか。2016年(平成28年)から満(　ア　)歳以上から選挙権があるんだったね。ところで，分からないことって何だい？」
清：「まず，参議院議員選挙は，どんなやり方で行われているの？」
父：「参議院議員選挙は，(　イ　)年ごとに定数の(　ウ　)ずつを選挙しているよ。一つまたは二つの都道府県の単位で，1回に1人から6人の代表を選ぶ選挙区制と，全国を一つの単位とした(　エ　)制とで行われるんだよ。」
清：「そうそう，その(　エ　)制についてよく分からなかったの。教えて。」

父：「各候補者の得票数を，その候補者が所属する政党の得票と考えるんだ。そして各政党から出された名簿の順位を基に当選者を選ぶことになっているんだよ。日本では，ドント式という方法に基づいて選ぶことになっているんだ。簡単に表を書いて説明するね。」

【説明に使った表】

	A党：候補者4人	B党：候補者3人	C党：候補者3人
得票数	12,000	6,000	3,000
÷1	12,000	6,000	3,000
÷2	6,000	3,000	1,500
÷3	4,000	2,000	1,000

父：「10人の候補者の中から定数4議席で4人を選ぶ場合，この表の得票数だとA党からは(　オ　)人が当選になるんだ。A党のどの候補者になるかは，名簿の順位で決まるんだよ。」

清：「お父さん，ありがとう。自分でももう少し選挙について勉強してみる。」

	ア	イ	ウ	エ	オ
①	16	6	2分の1	大選挙区	2
②	18	4	3分の1	比例代表	3
③	18	3	2分の1	比例代表	3
④	16	4	3分の1	大選挙区	2
⑤	16	6	3分の1	大選挙区	3
⑥	18	3	2分の1	比例代表	2

(☆☆☆◎◎◎)

【3】

〔問1〕 次の文は，「小学校学習指導要領(平成29年告示)解説　算数編」の「第2章　第1節　1　(2)目標について」の一部である。(　ア　)～(　オ　)に当てはまる言葉の組合せとして正しいものを，以下の

①〜⑤から一つ選び，番号で答えなさい。

(2)　(　ア　)を数理的に捉え(　イ　)筋道を立てて考察する力，基礎的・基本的な数量や図形の性質などを見いだし(　ウ　)に考察する力，(　エ　)を用いて事象を(　オ　)に表したり目的に応じて柔軟に表したりする力を養う。

	ア	イ	ウ	エ	オ
①	社会の事象	見通しをもち	統合的・発展的	数学的な表現	簡潔・明瞭・的確
②	日常の事象	既習の概念を適応し	統合的・発展的	数学的な表現	簡単・明瞭・確実
③	社会の事象	既習の概念を適応し	主体的・創造的	数学的な見方・考え方	簡潔・明瞭・的確
④	日常の事象	見通しもち	主体的・創造的	数学的な見方・考え方	簡単・明瞭・確実
⑤	日常の事象	見通しをもち	統合的・発展的	数学的な表現	簡潔・明瞭・的確

〔問2〕 次の関係を表している不等式を，以下の①〜⑤から一つ選び，番号で答えなさい。

4人でa円ずつ集めるとb円の品物を3個買うことができる。

① $4a<3b$

② $4a+3b\geqq 0$

③ $4a+3b<0$

④ $4a-3b<0$

⑤ $4a-3b\geqq 0$

〔問3〕 次の図のように，点A(0，5)と，関数$y=2x$のグラフ上に点Pがある。△OPAがOP＝OAの二等辺三角形になるときの点Pのx座標を，以下の①〜⑤から一つ選び，番号で答えなさい。ただし，点Pのx座標は正の数とする。

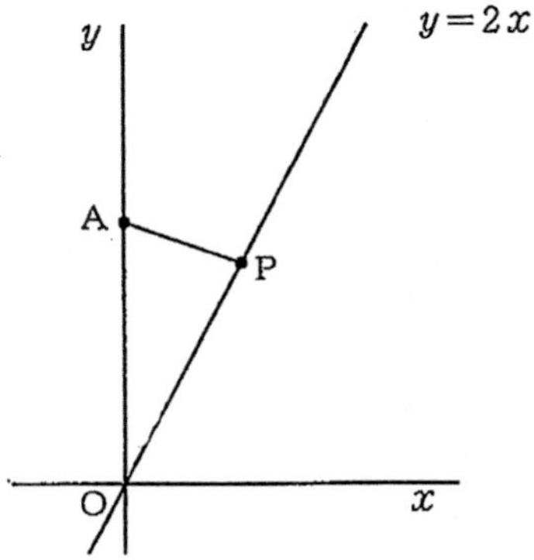

① 1　② $\sqrt{2}$　③ $\sqrt{3}$　④ 2　⑤ $\sqrt{5}$

〔問4〕 次の資料は(図1と表1)は，熊本市の7月の日最高気温(その日の最も高い気温)について記録したものである。この2つの資料から読み取れることとして，正しいと判断できないものを，あとの①～⑤から一つ選び番号で答えなさい。

図1　熊本市の７月の日最高気温

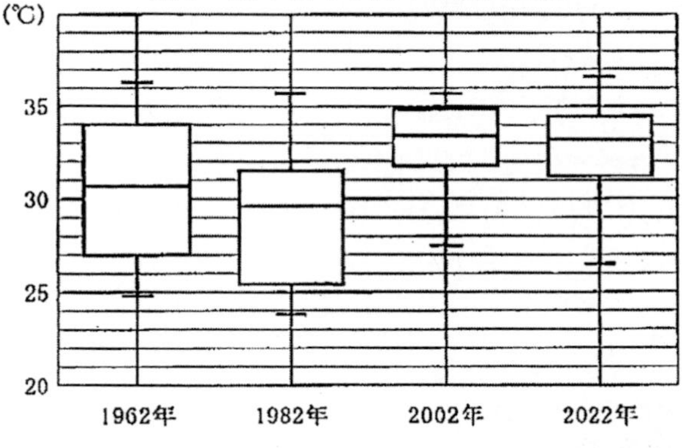

表１　熊本市の７月の日最高気温（℃）

	1962年	1982年	2002年	2022年
最大値	36.3	35.7	35.7	36.6
中央値	30.7	29.6	33.4	33.2
最小値	24.8	23.8	27.5	26.5

気象庁「過去の気象データ」

① 1962年では，日最高気温が24℃以下の日はない。
② 1962年と2002年では，1962年の方が範囲は大きい。
③ 1982年では，75％以上の日が，25℃以上である。
④ 2002年では，平均気温は33.4℃である。
⑤ 2022年で，もっとも高い日最高気温は36.6℃である。

(☆☆☆◎◎◎)

【４】

〔問1〕 次の文は，「小学校学習指導要領(平成29年告示)解説　理科編」の「第4章　2　(3)体験的な学習活動の充実」の一部である。(　　)に当てはまる語句として正しいものを，以下の①～⑥から一つ選び，番号で答えなさい。

> (3)　生物，天気，川，土地などの指導に当たっては，野外に出掛け地域の自然に親しむ活動や体験的な活動を多く取り入れるとともに，生命を尊重し，(　　)に寄与する態度を養うようにすること。

① 自然環境の保全
② 持続可能な社会の実現
③ 環境教育の推進
④ 生態系の保全
⑤ 経済のグリーン化の実現
⑥ カーボンニュートラルの実現

〔問2〕 次の図のような装置を用いて，アンモニアの性質を調べる実験を行った。アンモニアを満たした丸底フラスコ内に，スポイトで水を入れると，ビーカーの水がガラス管を上がり，丸底フラスコの中に噴水のように噴きだす様子が見られた。以下の文の(　ア　)～(　ウ　)に当てはまる語句の組合せとして適切なものを，あとの①～⑥から一つ選び，番号で答えなさい。

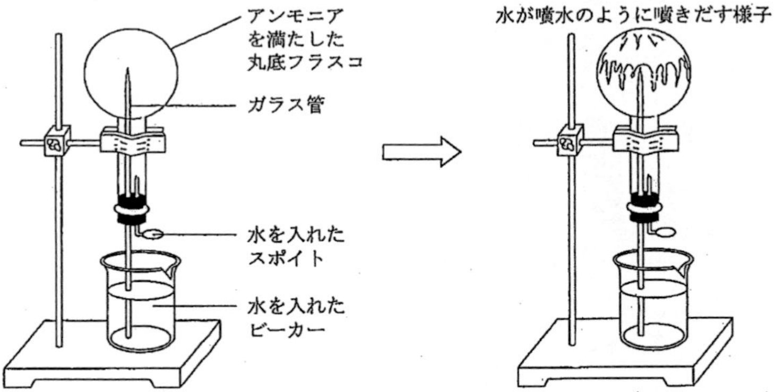

ビーカーの水がガラス管を上がるのは，丸底フラスコ内のアンモニアが水に(　ア　)ため，丸底フラスコ内の圧力が(　イ　)からである。ビーカーの中の水にあらかじめ適当な量のBTB溶液を加え緑色にしておくと，噴水のように噴きだす水は(　ウ　)色になる。

	ア	イ	ウ
①	とけた	高くなる	黄
②	とけた	低くなる	青
③	とけた	低くなる	赤
④	とけなかった	高くなる	黄
⑤	とけなかった	高くなる	青
⑥	とけなかった	低くなる	赤

〔問3〕 次の文は，顕微鏡で観察するときの，倍率や対物レンズの先端からプレパラートまでの距離について記述したものである。次の文の(　ア　)～(　ウ　)に当てはまる語句の組合せとして適切なもの

を，以下の①～⑥から一つ選び，番号で答えなさい。

> 最初に，倍率が10倍の接眼レンズと倍率が4倍の対物レンズを用いて観察した。しかし，視野に対して見たい像が(　ア　)ので，接眼レンズの倍率はそのままで，倍率が10倍の対物レンズを用いて観察した。このときの顕微鏡の倍率は(　イ　)倍である。この倍率で観察した後，接眼レンズの倍率はそのままで，対物レンズの倍率を40倍に変えて観察した。それぞれのピントを合わせて観察したとき，倍率が40倍の対物レンズの先端からプレパラートまでの距離は，倍率が10倍のときと比べて(　ウ　)。

	ア	イ	ウ
①	小さかった	20	近くなる
②	小さかった	100	近くなる
③	小さかった	100	遠くなる
④	大きかった	20	近くなる
⑤	大きかった	20	遠くなる
⑥	大きかった	100	遠くなる

〔問4〕 次の図は，日食のときの北極側から見た太陽，月，地球の位置関係を模式的に示したものである。図の観測地点Aは，地球と月と太陽を一直線に結んだ線上に位置している。次の文の(　ア　)，(　イ　)に当てはまる語句の組合せとして適切なものを，以下の①～⑥から一つ選び，番号で答えなさい。

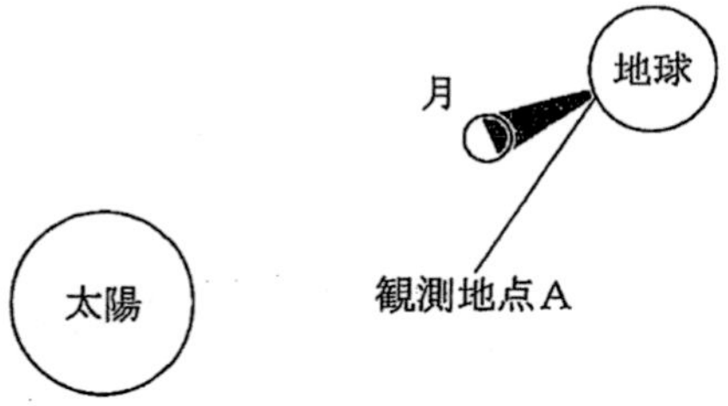

図の位置関係において，観測地点Aで月を観測したとき，月が南の空に南中する時刻は(　ア　)で，この日から約1週間後に観測できる月は(　イ　)である。

	ア	イ
①	0時	上弦の月
②	0時	下弦の月
③	6時	上弦の月
④	12時	上弦の月
⑤	12時	下弦の月
⑥	18時	下弦の月

(☆☆☆◎◎◎◎)

【5】

〔問1〕 次の文は，「小学校学習指導要領(平成29年告示)解説　音楽編」の「第2章　第2節　2　B　鑑賞」に関する記述である。(　　)に当てはまる正しい語句を，以下の①～⑤から一つ選び，番号で答えなさい。

〔共通事項〕

(1) 「A表現」及び「B鑑賞」の指導を通して，次の事項を身に付けることができるよう指導する。

〔共通指導〕は，表現及び鑑賞の学習において共通に必要となる資質・能力を示している。「A表現」及び「B鑑賞」の指導と併せて，指導するものである。

ア　音楽を形づくっている要素を聴き取り，それらの働きが生み出すよさや面白さ，美しさを感じ取りながら，(　　)との関わりについて考えること。(思考力，判断力，表現力等)

イ　音楽を形づくっている要素及びそれらに関わる音符，休符，記号や用語について，音楽における働きと関わら

せて理解すること。(知識)

① 学び取ったことと聴き取ったこと
② 想像したことと学び取ったこと
③ 聴き取ったことと表現すること
④ 学び取ったことと表現すること
⑤ 聴き取ったことと感じ取ったこと

〔問2〕 次の楽譜は，小学校3年生の共通教材「茶つみ」である。[A]の部分に当てはまる適切な調号を，以下の①～⑤から一つ選び，番号で答えなさい。

掲載許可が得られていませんので，掲載いたしません。

①  ②  ③  ④  ⑤ 

(☆☆☆☆◎◎◎◎◎)

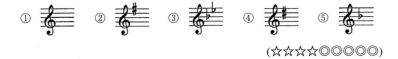

【6】

〔問1〕 次の文は，「小学校学習指導要領(平成29年告示)」の「第2章 第7節　第2　各学年の目標及び内容」の「B鑑賞」に関する記述である。(　ア　)～(　ウ　)に当てはまる語句の組合せとして正しいものを，以下の①～⑥から一つ選び，番号で答えなさい。

鑑賞の活動を通して，次の事項を身に付けることができるよう指導する。
〔第1学年及び第2学年〕
身の回りの作品などを鑑賞する活動を通して，自分たちの作品や(　ア　)などの造形的な面白さや楽しさ，表したいこと，表し方などについて，感じ取ったり考えたりし，自分の見方や感じ方を広げること。
〔第3学年及び第4学年〕

身近にある作品などを鑑賞する活動を通して，自分たちの作品や身近な美術作品，製作の過程などの造形的なよさや面白さ，表したいこと，いろいろな表し方などについて，感じ取ったり考えたりし，自分の見方や感じ方を(　イ　)こと。
〔第5学年及び第6学年〕
親しみのある作品などを鑑賞する活動を通して，自分たちの作品，我が国や諸外国の親しみのある美術作品，(　ウ　)などの造形的なよさや美しさ，表現の意図や特徴，表し方の変化などについて，感じ取ったり考えたりし，自分の見方や感じ方を深めること。

	ア	イ	ウ
①	身近な材料	深める	生活の中の造形
②	身近な材料	広げる	生活の中の造形
③	身近な材料	深める	社会と関わる美術
④	地域の自然	広げる	生活の中の造形
⑤	地域の自然	深める	社会と関わる美術
⑥	地域の自然	広げる	社会と関わる美術

〔問2〕 次の文は，「小学校学習指導要領(平成29年告示)」の「第2章　第7節　第3　指導計画の作成と内容の取扱い」に関する記述である。内容の取扱いについて配慮する事項として正しくないものを，①～⑤から一つ選び，番号で答えなさい。

① 児童が個性を生かして活動することができるようにするため，学習活動や表現方法などに幅をもたせるようにすること。

② 各学年の「A表現」の指導に当たっては，活動の全過程を通して児童が実現したい思いを大切にしながら活動できるようにし，自分のよさや可能性を，見いだし，楽しく豊かな生活を創造しようとする態度を養うようにすること。

③ 各活動において，互いのよさや個性などを認め尊重し合うようにすること。

④　コンピュータ，カメラなどの情報機器を利用することについては，表現や鑑賞の活動で使う用具の一つとして扱うが，創造力の育成や著作物の保護の観点から，使用はできるだけ控えるよう留意すること。

⑤　創造することの価値に気付き，自分たちの作品や美術作品などに表れている創造性を大切にする態度を養うようにすること。また，こうした態度を養うことが，美術文化の継承，発展，創造を支えていることについて理解する素地となるよう配慮すること。

(☆☆☆◎◎◎)

【7】

〔問1〕 次の文は，「小学校学習指導要領(平成29年告示)」の「第2章　第8節　第2　1　内容」に示された「B　衣食住の生活」に関する記述である。(a)～(c)に当てはまる語句の組合せとして正しいものを，以下の①～⑤から一つ選び，番号で答えなさい。

(2)　調理の基礎

ア　次のような知識及び(a)を身に付けること。

(ア)　調理に必要な材料の分量や手順が分かり，調理計画について理解すること。

(イ)　調理に必要な用具や食器の安全で衛生的な取扱い及び加熱用調理器具の安全な取扱いについて理解し，適切に使用できること。

(ウ)　材料に応じた洗い方，調理に適した切り方，味の付け方，盛り付け，配膳及び後片付けを理解し，適切にできること。

(エ)　材料に適した(b)，いため方を理解し，適切にできること。

(オ)　伝統的な日常食である米飯及び(c)の調理の仕方を理解し，適切にできること。

	a	b	c
①	技術	ゆで方	煮魚
②	技能	蒸し方	みそ汁
③	技術	蒸し方	青菜のおひたし
④	技能	ゆで方	青菜のおひたし
⑤	技能	ゆで方	みそ汁

〔問2〕 次のア～オの文について，内容が適切でないものの組合せを，以下の①～⑤から一つ選び，番号で答えなさい。

ア　幼児は成人と比べて体温が低く，汗をかきやすいため，十分な水分補給が必要である。
イ　食品成分表には，可食部100gあたりのエネルギーや水分，栄養素の種類や量が示されている。
ウ　布に用いられている繊維の種類と混用率を示したものを組成表示という。
エ　ガス湯沸かし器や石油ストーブなどの不完全燃焼により発生する一酸化炭素を吸い込むと，意識不明に陥るなどの命にかかわる重大な健康被害を引き起こすことがある。
オ　プリペイド型電子マネーやデビットカードによる支払い方法は前払いにあたる。

①　ア・ウ　②　イ・エ　③　ウ・エ　④　ア・オ
⑤　エ・オ

(☆☆◎◎◎)

【8】

〔問1〕 次のア～オは，「小学校学習指導要領(平成29年告示)解説　体育編」の「第2章　第1節　4　(1)　エ　水泳運動系」に関する記述である。正しくないものの組合せを，以下の①～⑤から一つ選び，番号で答えなさい。

ア　水泳運動系の領域として，低・中学年を「水遊び」，高学年を「水泳運動」で構成している。 イ　水遊びの学習指導では，水に対する不安感を取り除く簡単な遊び方を工夫することで学習を進めながら，水の中での運動遊びの楽しさや心地よさを味わうことができるようにすることが大切である。 ウ　泳法の指導に合わせ，け伸びから泳ぎにつなげる水中からのスタートを指導する。また，より現実的な安全確保につながる運動の経験として，着衣をしたままでの水泳運動を指導に取り入れることも大切である。 エ　水泳運動系は生命にかかわることから，水泳場の確保が困難で水泳運動系を扱えない場合でも，水遊びや水泳運動の技術的なことについては必ず指導することが大切であり，そのことを「指導計画の作成と内容の取扱い」に示した。 オ　水中で目を開ける指導を行った場合には，事後に適切な対処をすることも大切である。

①　ア・エ　　②　ア・ウ　　③　イ・エ　　④　ウ・オ
⑤　イ・オ

〔問2〕「小学校学習指導要領(平成29年告示)解説　体育編」の「第2章第2節　2　G　(3)病気の予防」についての記述として正しくないものを，①～⑥から一つ選び，番号で答えなさい。

①　病気は，病原体，体の抵抗力，生活行動，環境が関わりあって起こること。

②　病原体が主な要因となって起こる病気の予防には，病原体が体に入るのを防ぐことや病原体に対する体の抵抗力を高めることが必要であること。

③　生活習慣病など生活行動が主な要因となって起こる病気の予防には，適切な睡眠，栄養の偏りのない食事をとること，口腔の衛生を保つことなど，望ましい生活態度を身に付ける必要があるこ

と。

④　喫煙，飲酒，薬物乱用などの行為は，健康を損なう原因となること。

⑤　地域では，保健に関わる様々な活動が行われていること。

⑥　病気を予防するために，課題を見付け，その解決に向けて思考し判断するとともに，それらを表現すること。

(☆☆☆◎◎◎)

【9】

〔問1〕 次の文は，「小学校学習指導要領(平成29年告示)解説　外国語活動・外国語編」の「第1部　第2章　第2節　2　(3)言語活動及び言語の働きに関する事項」の一部である。(　ア　)～(　オ　)に当てはまる語句の組合せとして正しいものを，以下の①～⑤から一つ選び，番号で答えなさい。

> 言語活動を設定するに当たっては，児童が興味・関心をもつ題材を扱い，聞いたり話したりする(　ア　)のある体験的な活動を設定することが大切である。また，中学年の児童が外国語活動において英語に初めて触れることを踏まえ，まず(　イ　)が十分に設定されることが大切である。中学年において十分に聞いたり話したりする経験をしておくことが，高学年の外国語科における(　ウ　)の言語活動につながる。なお，文字については，英語における目標「聞くこと」で扱われているため，言語活動についても，「聞くこと」の言語活動で扱っている。
>
> なお，言語活動を行う際には，児童が興味・関心をもち，達成感を味わえるよう，(　エ　)に努めるとともに，活動方法や聞かせる音声の(　オ　)についても十分配慮する必要がある。

	ア	イ	ウ	エ	オ
①	必然性	聞く活動	五つの領域	個別支援	速度等
②	自由度	話す活動	四つの領域	一斉指導	語彙等
③	必然性	話す活動	四つの領域	一斉指導	語彙等
④	具体性	話す活動	五つの領域	一斉指導	速度等
⑤	自由度	聞く活動	五つの領域	個別支援	速度等

〔問2〕 次の英文は，初めて熊本にやってきたALTのEmma先生に，こうた，ゆうた，ゆみ，あおいのグループが，自分たちの住んでいる熊本を紹介している場面の内容である。文中の(　　)に当てはまる最も適切な語句を，以下の①～⑤から一つ選び，番号で答えなさい。

こうた : Hello, Emma sensei. Welcome to Kumamoto.
We have many sports parks in Kumamoto City.
You can play sports there.
(写真を見せながら) In spring, you can see beautiful cherry blossoms at this sports park.

ゆ　み : It's very hot in summer. You can enjoy swimming in Amakusa.

あおい : We have many delicious foods.
(写真を見せながら) You can eat ramen, ikinaridango and more.

ゆうた : (写真を見せながら) This is Kumamoto-jo. It's a big castle.
It's cool. Many people visit Kumamoto-jo.
Please enjoy Kumamoto.

Emma : Excellent! I love flowers, so I want to (　　) at the sports park in spring.

① play sports
② see cherry blossoms
③ swim

④　teach English

⑤　visit Kumamoto-jo

〔問3〕次の英文の内容として適切でないものを，以下の①～⑤から一つ選び，番号で答えなさい。

掲載許可が得られていませんので，掲載いたしません。

①　We need to reduce the use of fossil fuels.

②　The ESA hopes to send energy wirelessly from space into people's homes.

③　The ESA wants to put many of the farms in space.

④　Solar power from space could be very helpful.

⑤　The International Space Station is bigger than one ESA solar farm.

(☆☆☆◎◎◎)

【10】

〔問1〕「小学校学習指導要領(平成29年告示)解説　特別の教科　道徳編」の「第2章　第2節　3　道徳的な判断力，心情，実践意欲と態度を育てる」の記述に含まれていないものを，①～⑤から一つ選び，番号で答えなさい。

①　道徳的判断力は，それぞれの場面において善悪を判断する能力である。つまり，人間として生きるために道徳的価値が大切なことを理解し，様々な状況下において人間としてどのように対処することが望まれるかを判断する力である。

②　道徳的心情は，道徳的価値の大切さを感じ取り，善を行うことを喜び，悪を憎む感情のことである。人間としてのよりよい生き方や善を志向する感情であるとも言える。

③　道徳的実践意欲と態度は，道徳的判断力や道徳的心情によって価値があるとされた行動をとろうとする傾向性を意味する。道徳的実践意欲は，道徳的判断力や道徳的心情を基盤とし道徳的価値を実現しようとする意志の働きであり，道徳的態度は，それらに

裏付けられた具体的な道徳的行為への身構えと言うことができる。

④　多様な他者の意見を尊重しようとする態度，自己の役割や責任を果たして生活しようとする態度，よりよい人間関係を形成しようとする態度，みんなのために進んで働こうとする態度，自分たちできまりや約束をつくって守ろうとする態度，目標をもって諸問題を解決しようとする態度，自己のよさや可能性を大切にして集団行動を行おうとする態度などは，集団活動を通して身に付けたい道徳性である。

⑤　道徳性を養うことを目的とする道徳科においては，その目標を十分に理解して，教師の一方的な押し付けや単なる生活経験の話合いなどに終始することのないよう特に留意し，それにふさわしい指導の計画や方法を講じ，指導の効果を高める工夫をすることが大切である。

〔問2〕「小学校学習指導要領(平成29年告示)解説　生活編」の「第5章　第4節　学習指導の進め方」において，主体的・対話的で深い学びの視点として気付きの質を高めるために必要な学習指導の記述に含まれていないものを，①～⑤から一つ選び，番号で答えなさい。

①　試行錯誤や繰り返す活動を設定する

②　伝え合い交流する場を工夫する

③　必要な情報を取り出したり収集したりする場を設ける

④　振り返り表現する機会を設ける

⑤　児童の多様性を生かし，学びをより豊かにする

〔問3〕次の図は，「小学校学習指導要領(平成29年度告示)解説　総合的な学習の時間編」の「第2章　第2節　1　(1)探究的な見方・考え方を働かせる」で示された探究的な学習における児童の学習の姿である。(　ア　)～(　エ　)に当てはまる語句の組合せとして正しいものを，以下の①～⑤から一つ選び，番号で答えなさい。

探究的な学習における児童の学習の姿

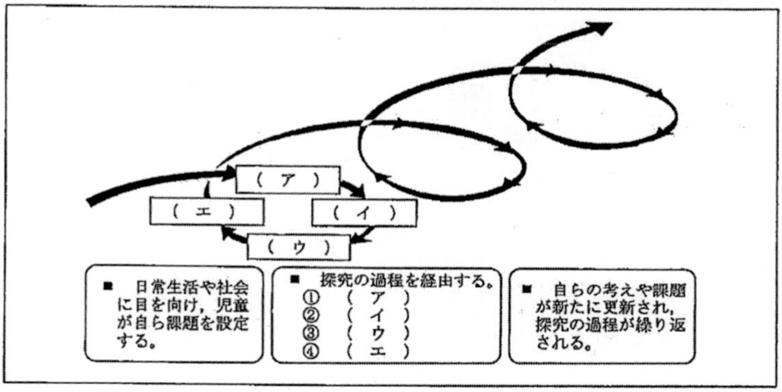

	ア	イ	ウ	エ
①	目標の設定	情報の分析	整理・分析	考察・表現
②	課題の設定	情報の分析	取捨・選択	考察・表現
③	課題の設定	情報の収集	整理・分析	まとめ・表現
④	目標の設定	情報の収集	取捨・選択	まとめ・表現
⑤	目標の設定	情報の分析	整理・分析	まとめ・表現

〔問4〕 次の文は，「小学校学習指導要領(平成29年告示)解説　特別活動編」の「第4章　第1節　2　特別活動の全体計画と各活動・学校行事の年間指導計画の作成」の内容である。全体計画の作成及び各活動・学校行事の年間計画の作成に当たって留意すべき点として含まれていないものを，①～⑤から一つ選び，番号で答えなさい。

① 身近な生活に関わる見方・考え方を生かすこと
② 学級や学校の実態や児童の発達の段階などを考慮すること
③ 各教科，道徳科，外国語活動及び総合的な学習の時間などの指導との関連を図る
④ 児童による自主的，実践的な活動が助長されるようにする
⑤ 家庭や地域の人々との連携，社会教育施設等の活用などを工夫する

(☆☆☆◎◎◎◎)

解答・解説

熊　本　県

【一次試験】

【1】1　③　　2　②

〈解説〉1　下線部のときの「『ぼく』の気持ち」として，適切な文を問う問題である。問題文のある部分の登場人物の気持ちを問う設問では，各選択肢を指定された部分に当てはめて検討することが，通常の解き方である。ただ，その前に選択肢の内容を比較し，選択肢相互の違いを把握しておくと考えやすい。問題文の下線部にかかわる叙述と描写から，「ぼく」はどこで何をしているか，そのとき何について考えているか，を読み取って，一致する選択肢を選ぶとよい。　2　選択肢①，②，④，⑤はそれぞれ，「二つのタコ」の描写が「裕太とぼく」の気持ちや関係を表していることが読み取れる。一方③は，「裕太とぼく」の気持ちではなく，今は正月であることを強調している。まず，「『二つのタコ』の描写」から，タコのどのような様子を描写しているかを読み取り，また，問題文からタコをあげているのは誰かを把握することで，「裕太とぼく」が①，②，④，⑤に示された，①明るい未来，②相手のことを思っていても，言葉では強がってしまう，④仲直りできずに気まずい思いでいる，⑤二度とケンカをしないという強いきずな，のどれを表しているか，あるいは，裕太とぼくの気持ちではなく，③の正月であることを強調する必要があるかを判断することができる。

【2】1　②　　2　③　　3　⑤

〈解説〉1「これ」は，筆者が読者に述べた文章の中で，述べてすぐ(「これ」の直前)の言葉を指すことが一般的である。このことから，まず「これ」の直前の言葉，語句，内容を探すことが適当である。次に，指しているのが直前の言葉や内容のどこからどこまでかは，「この何々」という形にして「これ」と置き換えて読んでみて，当てはまる範囲を最も短く決めるのが適当である。　2　選択肢①「普遍的」は，広くいきわたった様，特にすべての物において成り立つ様の意，②「多角的」は，物事の扱い方に関していろいろの見方や視点に立つ様子の意，③「人為的」は，自然の成り行きでなく，人間が企んでそうする様の意，④「公益的」は，社会一般の利益，公共の利益になる様子の意，⑤「持続的」は長く続く様子，もち続ける様子の意で，文意に相応しい語を選ぶとよい。　3　設問は，筆者の考えと異なる内容のものを問うている。1つだけが筆者の考えと異なるということは，他の選択肢は筆者の考えに沿っているという共通点があることになる。筆者の考えに一致する(あるいは異なる)ものを複数の選択肢から選ぶ設問は，通常それぞれの選択肢を問題文に照らして適否を決めていくが，選択肢相互の違いを把握しておく方が考え易い場合がある。選択肢は初等中等教育段階で，児童生徒に著作権について，何をどこまでどのように学習させるかを述べている。そのうち①，②，③，④は学習内容について，法律の背景，目的，経緯，重要な事柄とし，学習方法は，考えさせる，理解させることを挙げ，微細なことまで詳しく学習させる内容にはなっていない。一方，⑤は「専門的な内容を探究することを奨励する」と，専門的な内容についての課題解決学習を挙げ，他の選択肢と異なっている。

【3】④

〈解説〉指導事項は各領域で，児童の資質・能力の発達を踏まえて指導するように，学年進行して示されている。各学年の資質・能力，認識の段階を示した言葉は複数の領域に共通して示されており，逆にそれをキーワードとすることで，どの学年の指導事項であるかを判断できる。「C読むこと」の指導事項は，「構造と内容の把握」(ア，イ)，「精査・解釈」(ウ，エ)，「考えの形成」(オ)，「共有」で構成されている。
ア 「要旨を把握すること」は文章全体の構成を捉えることが必要であ

り，高学年における指導内容と判断できる。　イ「『大体』の把握」は，低学年の指導事項にのみ示されている。　ウ「目的を意識し」,「中心」の把握,「要約する」とあり，これらは小学校においては中学年の指導事項にのみ示されている。　エ「場面の様子」「登場人物の行動」とあり，イと同様に低学年に限定された指導事項である。
オ「自分の考えをまとめること」から，高学年である。この指導事項は，低学年では「感想をもつこと」，中学年では「感想や考えをもつこと」と，進行している。

【4】⑧
〈解説〉A　社会科の高学年における技能に関する目標においては，基礎的資料を通して情報を適切に調べまとめる技能を身に付けることとされている。基礎的な資料には，地図帳や地球儀，統計や年表などがあり，第6学年では我が国の政治や歴史などを扱うことから，特に「年表」を通して情報を適切に集めて読み取り，まとめる技能が求められる。　B「多角的に考える」とは，児童が複数の立場や意見を踏まえて考えることを指している。小学校社会科における「思考力，判断力」の一つとして，社会的事象の特色や相互の関連，意味を多角的に考える力が求められる。特に，学年が上がるにつれて徐々に多角的に考えることができるようになることが求められている。　C　第6学年においては，我が国の歴史が主な指導事項の一つとなっており，学びに向かう力，人間性等に関する目標(3)では,「我が国の歴史や伝統を大切にして国を愛する心情」を養うことが示されている。

【5】③
〈解説〉日本国憲法第67条には，国会が内閣総理大臣の指名を行うことが定められている。一方，日本国憲法第68条には，国務大臣は内閣総理大臣によって任命されることが定められている。

【6】①

〈解説〉① 日明貿易を始めたのは，室町幕府第3代将軍の足利義満である。足利義政は室町幕府第8代将軍である。

【7】⑤

〈解説〉⑤ 黒田清輝は，洋画家である。「読書」「湖畔」などの外光派風の明るい作品は，画壇に大きな影響を与えた。明治時代に現れた物理学者としては，木村栄，長岡半太郎，本多光太郎などである。

【8】④

〈解説〉判別がつきやすいA，C，Eなどから特定していくとよい。

A 産地が，他のB～Eの産地とは大きく異なっている。静岡県と鹿児島県で全体の8割を占めるのは，「茶」である。 C 2位の宮崎県は，促成栽培が盛んで，ビニールハウスを利用したピーマンやきゅうりを多く収穫している。そのことから，「ピーマン」と判断できる。

E 長野県や群馬県は，レタス，セロリ，キャベツなど高原野菜の生産が盛んに行われている。 B なすは夏の野菜だが，高知県では促成栽培のハウス栽培によって，秋から翌年夏まで長く収穫しており，収穫量が最も多くなっている。 D 人口が集中している首都圏近郊では，多くの野菜が生産されており，そのなかでも茨城県は全国3位の農業産出額となっている。茨城県はピーマン，くり以外に，かんしょ(さつまいも)，メロン，こまつな，れんこんなど，多くの農産物で1位になっている(令和4年 農林水産省資料より)。

【9】③

〈解説〉A「世界有数のカルデラ」という部分から，阿蘇山である。市房山は，熊本県と宮崎県の県境にある山である。 B・C 熊本県の西部は海に面しているが，宇土半島を境にして北側が有明海，南側が八代海にそれぞれ面している。 D 南東部は人吉盆地があり，国見岳や市房山などの九州山地を隔てて，宮崎県と接している。 E 熊本県南部の人吉盆地や球磨盆地を西に流れる川は球磨川である。日本三大急流の一つで，豪雨などによって氾濫が繰り返し起こることでも知られている。

【10】②

〈解説〉Cが選ばれない確率は，全体からCが選ばれる確率を引くことで求められる。$1-{}_4C_1=1-\frac{4}{10}=\frac{3}{5}$ である。

【11】①

〈解説〉$\sqrt{9}<\sqrt{10}<\sqrt{16}$ ⇔ $3<\sqrt{10}<4$ より，$\sqrt{10}$の整数部分は3だから，$\sqrt{10}=3+a$ より，$a=\sqrt{10}-3$ これより，$a(a+6)=(\sqrt{10}-3)(\sqrt{10}-3+6)=(\sqrt{10}-3)(\sqrt{10}+3)=(\sqrt{10})^2-3^2=10-9=1$ である。

【12】①

〈解説〉できる立体は，底面の半径が3cm，母線の長さが5cmの円錐だから，その高さは，三平方の定理を用いて，$\sqrt{(母線の長さ)^2-(底面の半径)^2}=\sqrt{5^2-3^2}=4$〔cm〕 よって，求める円錐の体積は$\frac{1}{3}\times(\pi\times3^2)\times4=12\pi$〔$cm^3$〕

【13】④

〈解説〉関数$y=ax^2$がxの変域に0を含むときのyの変域は，$a>0$なら，$x=0$で最小値$y=0$，xの変域の両端の値のうち絶対値の大きい方のxの値でyの値は最大になる。また，$a<0$なら，$x=0$で最大値$y=0$，xの変域の両端の値のうち絶対値の大きい方のxの値でyの値は最小になる。本問はxの変域に0を含みyの最小値が$-3<0$だから，$a<0$の場合であり，xの変域の両端の値のうち絶対値の大きい方の$x=3$で最小値$y=-3$となる。よって，$-3=a\times3^2$　$a=-\frac{1}{3}$であり，$x=-2$のときyの値は，$y=-\frac{1}{3}\times(-2)^2=-\frac{4}{3}$である。

【14】③

〈解説〉問題の条件より，$(x-a):(x+a)=3:5$　これより，$3(x+a)=5(x-a)$　⇔　$3x+3a=5x-5a$　⇔　$3a+5a=5x-3x$　⇔　$8a=2x$　⇔　$a=\frac{1}{4}x$

【15】⑤

〈解説〉ア　算数科においては，数量や図形などについての基礎的・基本的な知識及び技能の習得が，指導のベースとなっている。　イ　算数科ならではの，ものごとを捉える視点や考え方として示された「数学的な見方・考え方」は，「事象を数量や図形及びそれらの関係などに着目して捉え，根拠を基に筋道を立てて考え，統合的・発展的に考えること」として整理されている。　ウ　算数科で身に付けた知識及び技能は，活用していくことが極めて重要である。生活や学習の様々な場面で活用することによって，児童にとって学習が意味あるものとなる。

【16】⑤

〈解説〉ア　物体と凸レンズの距離が，焦点距離より遠いと実像が見え，焦点距離より近いと虚像が見える。　イ　弦の長さを変えると振動数が変わり，音の高さが変わる。振動数が増えると音は高くなり，振動数が減ると音は低くなる。音の振幅が変わると，音の大きさが変わる。　エ　地球を大きな磁石とみなすと，北極がS極，南極がN極である。方位磁針のN極の先にある北極はS極である。

【17】②

〈解説〉イ　メタンの燃焼は，メタンガスが酸素と反応して酸化する現象である。二酸化炭素に含まれる炭素と，水に含まれる水素はメタンに含まれているが，酸素と化合する現象なので，このことからメタンに酸素が含まれているとはいえない。メタンは，炭素と水素が結びついてできた炭化水素化合物の一種である。　ウ　火のついた線香が炎を出して燃えたので，発生した気体は二酸化炭素ではなく，酸素である。二酸化炭素は，燃焼した際に発生する気体である。

【18】④

〈解説〉ア　減数分裂でつくられた細胞の染色体の数は，元の細胞の半分になる。2個の生殖細胞が合体してできる受精卵は，染色体の数がもとに戻ることになる。　ウ　ヒトの手と腕に当たる部分や，イヌの前足，スズメなどの鳥の翼，クジラの胸びれのように，形やはたらきが違っても基本的構造や発生の起源が同じ器官を，相同器官という。なお相似器官とは，形やはたらきが同じでも，基本的構造や発生の起源が異なる器官のことである。

【19】③

〈解説〉ア　火山砕せつ物のうち，粒子の直径が2mm以下のものを火山灰，2～64mmのものを火山礫，64mm以上のものを火山岩塊という。ウ　オリオン座は冬の星座である。7月9日午後9時は夏の夜であり，オリオン座は昼に太陽の方角にあるため，太陽の光で明るすぎて見えない。　エ　北半球の低気圧は反時計回りで，偏西風によって寒冷前線が東に通過した後は，北寄りの風向きに変わり，気温が下がる。

【20】④

〈解説〉ア　ろ過をするときは，ろうとの足をビーカーの内側に付けて行う。　ウ　温度計で気温を測るときは，風通しのよい地面から1.2～1.5mの高さで，直射日光が当たらないようにして測る。　エ　顕微鏡の倍率は，対物レンズの倍率と接眼レンズの倍率の積となる。

【21】②

〈解説〉イ　身の回りの生物，太陽と地面の様子は，第3学年の「B生命・地球」の内容である。　ウ　水溶液の性質，てこの規則性，電気の性質や働きは，第6学年の「A物質・エネルギー」の内容である。

【22】③

〈解説〉A　中学年では，曲の特徴を捉えた表現を工夫したり，思いや意図に合った表現で歌ったりする楽しさを味わうことができるように指導することが大切である。　B　歌唱分野における知識の指導内容としては，曲想と音楽の構造や，曲想と歌詞の内容との関わりについて，児童が自ら気付くように指導を工夫することが重要である。「歌詞の表す情景」は，低学年の内容に示された語句である。　C　中学年における技能に関する指導内容の一つとして，ハ長調の楽譜を見て歌う技能が示されている。ハ長調及びイ短調の楽譜を見て歌う技能は，高学年の指導内容である。　D　中学年からは，曲想にあった自然な歌い方で歌うことが求められる。　E　副次的な旋律とは，主旋律に加えて演奏される別の旋律であり，音の高さやリズムが違う旋律のことを指している。中学年からは，曲の一部または全体が二部合唱になっている合唱曲が扱われることから，副次的な旋律を聴いて，歌う技能が求められる。「全体の響き」は，高学年の内容に示された語句である。

【23】④

〈解説〉ト音記号は「ト(ドレミファソラシドの「ソ」)」音が第2線の位置にあることを意味する記号である。つまり「ソがⓑ」で，ソの位置は「ク」である。「とんび」はハ長調の曲で，「ド」にあたる白鍵のアから順に，「ア・ウ・オ・カ・ク・コ・シ」が「ドレミファソラシ」となる。

【24】②

〈解説〉「スキーの歌」は，第5学年の共通教材である。共通教材は各学年4曲ずつある。すべての曲について軽く歌える程度に学習して欲しい。楽譜の問題では，音程よりも先にリズムを把握する方が解きやすい。選択肢ア，イ，オ，カが同じリズムであることを把握してから，音の高さを吟味する。2小節目のAと3小節目のBでは，それぞれ3拍目の後半の音だけが大きく下がり，Cの初めの音と前の小節の最後の音が同じ高さであることから，判別することができる。

【25】①

〈解説〉1小節に4分音符2つ分の長さの音符が入っているので，4分の2拍子であることが分かる。「トルコ行進曲」はモーツァルトの作品も広く親しまれているが，楽譜はそれとは異なる。

【26】⑤

〈解説〉ア　図画工作科の目標は，低・中・高学年ごとに示されている。知識及び技能に関する目標(1)においては，低・中学年では「手や体全体(の感覚)」を働かせて「材料や用具を使う」と示されているのに対して，高学年では「材料や用具を活用し」と示されている。思考力，判断力，表現力等に関する目標(2)においては，自分の見方や感じ方について，低・中学年では「広げたりすること」，高学年では「深めたりすること」と示されている。これらから，高学年である「第5学年及び第6学年」の目標であると判断できる。　イ　目標(1)の前半は知識に関する目標で，高学年の「理解する」までの過程として，低学年は「気付く」，中学年は「分かる」と示されている。　ウ　目標(2)では，低学年が「造形的な面白さや楽しさ」，中学年が「造形的なよさや面白さ」，高学年が「造形的なよさや美しさ」として示されている。エ　目標(3)では，活動への取組として，低学年が「楽しく」，中学年が「進んで」，高学年が「主体的に」と示されている。

【27】①

〈解説〉②　水彩絵の具は，中学年で用いられる用具である。水彩絵の具は，クレヨンやパスなどとの併用も容易である。　③　板材を曲線に切ったり，切り抜いたりするなど，切断が思いのままにできる「糸のこぎり」は，高学年で用いられる用具である。　④　切ってつないだり，組み合わせたりするのに適切な材料としては，「木切れ，板材，釘」が示されている。 ⑤ 板材などの丈夫な材料を使って表したり，しっかり固定したりできるようになることから示されているのは，「針金，糸のこぎり」である。

【28】②

〈解説〉「細やかに方向性や方法を示しながら」の部分が誤りである。児童が自分の感覚や行為を通して，並べたり，積んだりするなどの一つ一つの行為を通して，形や色などに気付くことを重視している。教師が方向性や方法を細かく示すことではなく，対象や事象に主体的に関わることができるような指導が必要である。

【29】④

〈解説〉ばれんは指先で軽く動かすのではなく，体重をかけてゆっくりと力をかけ，円を描くように紙全体をしっかりとこする。木版画による表現は，それぞれの過程を自分の体験として理解していることが大切である。彫刻刀やローラー，ばれんなど，木版画で表す際の道具の扱いを，正しく理解しておこう。

【30】②

〈解説〉「(2)調理の基礎」では，調理に関する基礎的・基本的な知識及び技能を身に付け，おいしく食べるために調理計画を考え，調理の仕方を工夫することができるようにすることをねらいとしている。調理の仕方については，ゆで方，いため方が扱われる。今回の学習指導要領改訂においては，加熱操作が適切にできるようにするために，ゆでる材料として青菜やじゃがいもなどを扱うことが示された。また，食育の推進やグローバル化に対応して，和食の基本となるだしの役割などの日本の伝統的な生活について扱うことが示されている。

【31】③

〈解説〉スカートやズボンの裾上げの時に使う縫い方は，まつり縫いである。まつり縫いは，表に縫い目が目立たないように縫いとめる方法である。かがり縫いは，布端がほつれないように，布端を糸で巻きこむように縫う方法である。

【32】⑤

〈解説〉消費者基本法に定める基準に適合した製品に付けられるのは，PSCマークである。消費生活用製品のうち，構造，材質，使用状況等からみて，一般消費者の生命又は身体に対して特に危害を及ぼすおそれが多いと認められる製品を「特定製品」として，政令で指定している。特定製品の製造元又は輸入の事業者は，このPSCマークがなければ販売することができない。　説明された選択肢のマークは，以下の通り。

① 

② 

③ 

④ 
⑤ 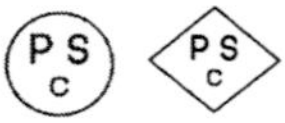

【33】⑤

〈解説〉黄グループは，主にエネルギーのもとになる食品で，炭水化物や脂質が多く含まれる栄養素である。赤グループは，主に体をつくるもとになる食品で，たんぱく質や無機質(カルシウム)が多く含まれる栄養素である。緑グループは，主に体の調子を整えるもとになる食品で，ビタミンや無機質が多く含まれる栄養素である。食品については，いも類の主な栄養素が炭水化物であることから「黄グループ」，卵，練りもの，肉加工品の主な栄養素はたんぱく質であることから「赤グループ」，とうもろこしの主な栄養素はビタミン，無機質であることから「緑グループ」に該当する。

【34】③

〈解説〉a 「体ほぐしの運動(遊び)」では，自己の心と体との関係に気付くことと仲間と交流することをねらいとし，誰もが楽しめる手軽な運動(遊び)を通して運動好きになることを目指している。「体を動かす心地良さを味わう」に呼応した語句として理解すると良い。 b 多様な動きをつくる運動遊びとして，現行の学習指導要領(平成29年告示)から新たに，「力試しの運動遊び」が加えて示されている。

【35】①

〈解説〉中学年の表現運動は，「表現」と「リズムダンス」で構成されている。 a 表現では，身近な生活などの題材から主な特徴や感じを捉え，表したい感じを「ひと流れの動き」で即興的に踊ることをねらいとしている。「ひと流れ」とは，一息で踊れるようなまとまり感を持った動きの連続のことである。一方，「ひとまとまり」は，「はじめ－なか－おわり」といった構成のある作品を意図しており，高学年の表現運動において用いられている語句である。 b ロックやサンバなどが，「軽快なリズム」のジャンルの曲である。

【36】③

〈解説〉学習指導要領解説(平成29年7月)には，持久走は，体つくり運動の「動きを持続する能力を高めるための運動」の解説に「無理のない速さで5～6分程度の持久走」と例示として示されており，「陸上運動」の例示としては示されていない。

【37】④

〈解説〉「病気の予防」は第6学年配当の内容で，主として病原体が主な原因となって起こる病気と生活習慣病など生活行動が主な要因となって起こる病気の内容を取り上げることとなっている。この点を理解しておけば解答を得ることができる。「けがの手当」は第5学年配当の「けがの防止」の内容，「心の発達」「不安や悩みへの対処」「心と体との密接な関係」は，第5学年配当の「心の健康」の内容である。

【38】1 ① 2 ⑤

〈解説〉1 目標(1)は，総合的な学習の時間で育成を目指す「知識及び技能」について示されている。知識や技能は，探究の過程を通して身に付けていくものである。また，探究のよさを理解するということは，様々な場面で探究的に学習を進めることができ，総合的に活用，発揮されることである。　2「教科等を越えた全ての学習の基盤となる資質・能力」は，小学校学習指導要領(平成29年告示)総則における「教科等横断的な視点に立った資質・能力の育成」に示された「言語能力，情報活用能力(情報モラルを含む。)，問題発見・解決能力等の学習の基盤となる資質・能力」を指している。

【39】1　②　　2　③

〈解説〉1　今回の学習指導要領改訂においては，よりよく生きていくための資質・能力を培うという趣旨を明確化するため，従前の「道徳的実践力を育成する」ことを，「道徳的な判断力，心情，実践意欲と態度を育てる」と改められた。道徳教育は，道徳性を構成する諸様相である道徳的判断力，道徳的心情，道徳的実践意欲と態度を養うことを求めている。これらの諸様相には，特に序列や段階はない。また，教師の押し付けなどに終始することなく，長期的展望と綿密な計画に基づいた指導が求められる。　2「B　主として人との関わりに関すること」の視点は，「親切・思いやり」「感謝」「礼儀」「友情，信頼」「相互理解，寛容」の5つの内容項目で構成されているが，低学年においては「相互理解，寛容」の項目はない。③は，中学年の「相互理解，寛容」の項目に関する内容である。

【40】A　⑤　　B　②

〈解説〉A　中学年の外国語活動では指示や依頼に応じる活動だったが，高学年の外国語科では，基本的な表現を用いて指示，依頼をしたり，それらに応じたり断ったりすることができるようになることを目指している。　B　質問したいことを自分で考えて質問したり，質問に対して自分で考えて答えたりして，自分の力で伝え合うことを目指している。「その場で」という言葉も，自分の力で活動できるようになることを表している。

【41】⑤

〈解説〉学習指導案に関する問題。活動はwhat's in the bagで，児童がカバンの中にあるものを推測して答えたことに対して，「〜しながら」なので，選択肢⑤の「対応しながら」が適切。

【42】ア　⑨　　イ　④　　ウ　⑥

〈解説〉ア　直後に自己紹介をしているので，⑨が適切。　イ　直後に熊本の良いところを教えてほしいと言っていることから，④の「熊本についてあまり知りません」が適切。　ウ　紹介に対して，好意的な反応を返す場面なので，⑥が適切。

【二次試験】

【１】(解答例)

1　単元名　インタビューしたことを発表して伝えよう　(第6学年)

2　指導目標

(1)　思考に関わる語句の量を増し，話や文章の中で使うとともに，語句と語句との関係，語句の構成や変化について理解し，語彙を豊かにしている。また，話や文章の構成や展開について理解している。〔知識及び技能〕(1)オ，カ

(2)　話の内容が明確になるように，事実と感想，意見とを区別するなど，話の構成を考えている。〔思考力，判断力，表現力等〕A(1)イ

(3)　言葉がもつよさを認識するとともに，進んで読書をし，国語の大切さを自覚して，思いや考えを伝え合おうとする。〔学びに向かう力，人間性等〕

3　単元で取り上げる言語活動

インタビューなどをして必要な情報を集めたり，それらを発表したりする活動

4　単元の評価規準

知識・技能	思考・判断・表現	主体的に学習に取り組む態度
○思考に関わる語句の量を増し，話や文章の中で使うとともに，語句と語句との関係，語句の構成や変化について理解し，語彙を豊かにしている。(1)オ ○話や文章の構成や展開について理解している。(1)カ	○集めた材料を分類したり関係付けたりして，伝え合う内容を検討している。A(1)ア ○話の内容が明確になるように，事実と感想，意見とを区別するなど，話の構成を考えている。A(1)イ ○自分の考えが伝わるように表現を工夫している。A(1)ウ	○粘り強く相手に伝わるように話の構成を考え，これまでの学習を生かして自分の考えを発表しようとしている。

5　指導と評価の計画概要(4時間計画)

時	学習活動	指導上の留意点	評価規準・評価方法等
第1時	○教師がモデルとなるスピーチをし，具体的なイメージをもたせる。 ○単元の目標を確認し，学習計画を立てる。 ○自分が調べることを決める。	○子どもが興味をもつよう，子どもの知っている「学校の秘密」でスピーチをする。この際，インタビューが必要とわかるようインタビューしたことを入れるようにする。	〔主体的に学習に取り組む態度〕① ○スピーチをすることに意欲的になっている。

第2時	○自分が調べたいテーマについてインタビューをする。	○事前に校内にいる人にその時間帯にインタビューをすることを事前に許可を得ておく。また失礼のないよう挨拶やお礼を言うなども指導も行う。	〔知識及び技能〕① ○インタビューをする中で，話や文章の構成や展開について理解している。 〔主体的に学習に取り組む態度〕② ○思考に関わる語句の量を増し，学習課題に沿ってインタビューをしようとしている。
第3時	○スピーチメモを作る。 ○スピーチのイメージをつかむ。	○インタビューした内容から，伝えたいことを選ばせる。 ○はじめ，中，終わりを意識させ，事実と感想，意見をどのように区別して話を構成するかを，児童に見つけさせる。	〔知識及び技能〕② ○思考に関わる語句の量を増し，話や文章の中で使っている。 〔思考力，判断力，表現力等〕① ○集めた材料を分類したり関係付けたりして，伝え合う内容を検討している。 ○話の内容が明確になるように，事実と感想，意見とを区別するなど，話の構成を考えている。 〔主体的に学習に取り組む態度〕③ ○学習の見通しをもって，必要な情報を集めようとしている。
第4時	○自分が調べたことをスピーチし合い，感じたことを伝え合う。 ○単元の学習を振り返る。	○インタビューして何を聞いたかがわかるような話し方(「●●先生によると『　　』ということでした」)をするよう指導する。	〔知識及び技能〕③ ○語句と語句との関係，語句の構成や変化について理解し，語彙を豊かにしている。 〔思考力，判断力，表現力等〕② ○自分の考えが伝わるように，表現を工夫している。 〔主体的に学習に取り組む態度〕④ ○粘り強く話の構成を考え，見通しをもってスピーチしようとしている。

6　本時の展開(第3時)

	学習活動	指導上の留意点	評価規準・評価方法等
導入	1　本時のめあてを確認し，学習の見通しをもつ。	○クラスの友達に伝え合うというゴールを確認し，意欲を高める。	
	めあて　スピーチメモを作ろう		
展開	2　スピーチメモを作る。	○インタビューした内容から，伝えたいことを選ばせる。 ○単語など短い言葉で，メモを作らせる。 ○はじめ，中，終わりを意識させ，調べた理由，インタビューした内容，自分の感想などをどのように区別して話を構成するかを，児童に考えさせる。 ○早く終わった児童はスピーチの練習をさせる。	〔知識及び技能〕 ○思考に関わる語句の量を増し，スピーチメモの中で使っているか。 〔思考力，判断力，表現力等〕 ○集めた材料を分類したり関係付けたりして，伝えたい内容を検討しているか。 ○話の内容が明確になるように，事実と感想，意見とを区別するなど，話の構成を考えているか。 〔主体的に学習に取り組む態度〕 ○学習の見通しをもって，必要な情報を集めようとしているか。
まとめ	3　学習を振り返る。	○次回のスピーチに向けて，前向きな態度になるようにする。	〔主体的に学習に取り組む態度〕　(振り返り) ○スピーチに意欲的になっているか。

〈解説〉設問の「話の内容が明確になるように，事実と感想，意見とを区別するなど，話の構成を考える」は，第5学年及び第6学年の思考力，判断力，表現力等「A話すこと・聞くこと」の「話すこと」における構成の検討，考えの形成に関する指導事項である。この指導事項においては，事実と感想，意見などを区別したり関係付けたりして，話の全体の構成について考えることに重点が置かれている。ただ教師が一方的に知識を与えるのではなく，子ども自身が意味を理解して，主体的に思考，判断し，伝え合うように指導することが重要である。公開解答では評価の観点として，次の6点が示されている。(1)語句の表現や記述が適切であり，論理的で分かりやすい構成になっている。(2)自分の考えを具体的に述べ，教師としての資質(熱意，誠実さ，向上心，柔軟性，協調性，発想力など)が窺える。(以上，全教科共通)　(3)目標を明確に示し，その目標に沿った評価の観点や方法を述べている。(4)目標達成のために適切な言語活動の設定を行い，そのことを述べている。(5)課題意識が高まる導入の工夫について述べている。(6)効果的で分かりやすい学習活動を設定し，そのことを述べている。(以上，国語独自)　これらの観点に触れながら指導法について述べている解答が求められる。観点(3)の目標の明示と目標に沿った評価の観点や方法の述べ方は，「『指導と評価の一体化』のための学習評価に関する参考資料」(国立教育政策研究所)に，小学校学習指導要領(平成29年告示)に示された学力観を踏まえた書き方が示されてあり，それを踏まえることが必要である。観点(4)の目標達成のための適切な言語活動を設定することは，学習したことを活用する目的活動を設定するということで，解答例ではインタビューしたことを伝える活動を設定している。観点(5)の課題意識が高まる導入の工夫は，単元の目標，言語活動の設定と呼応した導入であることが必要で，解答例では，児童に興味のあるテーマで模範となるスピーチを行うことや，はじめ，中，終わりを意識させて，調べた理由，インタビューした内容，自分の感想などを区別して話を構成させるような示唆を盛り込んだ。観点(6)の効果的でわかりやすい学習活動の設定は，子どもの思考を可視化することが重要である。

解答例では，スピーチメモにする活動を設定している。全教科に共通する評価の観点(1)，(2)に関わっては，国語科教育の専門家として教育研究の専門語を適切に使って書くこと，小学校学習指導要領(平成29年告示)及び同解説，「『指導と評価の一体化』のための学習評価に関する参考資料」等を踏まえていること，児童の活動を予想し，活動の仕方について教師が示範や例示で示すなど，つまずきへの対応が十分準備されたりしていることが必要である。これらのことを踏まえて，「指導上の配慮事項」等に明記しておくとよい。

【2】(解答例)　自然災害から人々を守る活動の学習で身に付けさせたいこととして，知識及び技能については，「地域の関係機関や人々は，自然災害に対し，様々な協力をして対処してきたことや，今後想定される災害に対し，様々な備えをしていることを理解すること」，「聞き取り調査をしたり地図や年表などの資料で調べたりして，まとめること。」の2つが挙げられる。思考力・判断力，表現力については，「過去に発生した地域の自然災害，関係機関の協力などに着目して，災害から人々を守る活動を捉え，その働きを考え，表現すること。」が挙げられる。

次に学習を進める方法について述べる。例えば，熊本県では「地震災害，風水害，火山災害」を取り上げ，以下のように学習を進める。

①　「災害から人々の命やくらしを守るために，だれが，どのような取り組みをしているのだろう？」という学習課題を，話し合いながら作る。

②　熊本県で過去に起こった自然災害について調べる。

③　学校の施設や取組を調べることで，どのように備えているかを考える。

④　県や市などの自治体の施設や取組を調べることで，どのように備えているかを考える。

⑤　電気，ガスなどの事業者の施設や取組を調べることで，どのように備えているかを考える。

⑥　家庭や地域の町内会，消防団などの住民組織の取組を調べることで，どのように備えているかを考える。

⑦⑧　自分が調べたい災害を1つ決めて，地図や年表などの資料などを調べたり，聞き取り調査をしたりして，それぞれの災害の備えや，自分たちがする取り組みをまとめる。

①～⑧では，社会的事象について主体的に学習の問題を解決しようとする態度，⑦・⑧では，よりよい社会を考え学習したことを社会生活に生かそうとする態度，②～⑧では地域社会に対する誇りと愛情，地域社会の一員としての自覚を養う。

〈解説〉自然災害に関する学習は，第4学年の指導事項で，主として「現代社会の仕組みや働きと人々の生活」に区分される内容である。公開解答では評価の観点として，次の6点が示されている。(1)語句の表現や記述が適切であり，論理的で分かりやすい構成になっている。(2)自分の考えを具体的に述べ，教師としての資質(熱意，誠実さ，向上心，柔軟性，協調性，発想力など)が窺える。(3)「地域の関係機関や人々は，自然災害に対し，様々な協力をして対処してきたこと」「今後想定される災害に対し，様々な備えをしていること」を述べている。(4)「聞き取り調査をしたり，地図や年表などの資料を調べたりして，まとめること」を述べている。(5)「過去に発生した地域の自然災害，関係機関の協力などに注目して，災害から人々を守る活動を捉え，その働きを考え，表現すること」を述べている。(6)「社会的事象について，主体的に学習の問題を解決しようとする態度」「よりよい社会を考え学習したことを社会生活に生かそうとする態度」「地域社会に対する誇りと愛情」「地域社会の一員としての自覚」を述べている。社会科独自の観点は(3)～(6)である。これらの観点にふれながら指導法について述べている解答が求められる。観点(3)については，例示の③～⑥に記述されている。観点(4)については，②～⑧における調べてまとめる活動において示されている。観点(5)については，②の活動及び⑦・⑧のまとめるなどの表現する活動において行われている。観点(6)については，全体を通して，児童に主体的に調べ，考えさせる活動が示され，

③～⑧では，地域社会に対する誇りと愛情，地域社会の一員としての自覚が示されている。いずれも教師が一方的に教えるのではなく，主体的に調べ，考えさせて，理解させるための指導が必要となる。日頃から学習指導要領及びその解説を読み込み，自分の考えを分かりやすくまとめることが必要である。また，学習指導要領及びその解説や教科書などを基に，どのように一体的に指導するか，またどのような順で指導すればよいか，またどのような資料を基に子どもに考えさせるか等を踏まえて，学習指導計画を立てられるようにしていくことが重要である。その際に学びに向かう力・人間性等も含めてどの時間にどの資質・能力を身に付けるのかを，明確にしておくことが重要になる。

【3】(解答例)　組み合わせの数を考える学習は，第6学年の「Dデータの活用」における指導事項である。ここでは，その中の「(2)起こり得る場合」「ア　知識及び技能　(ア)起こり得る場合を順序よく整理するための図や表などの用い方を知ること　イ　思考力・判断力・表現力等(ア)事象の特徴に着目し，順序よく整理する観点を決めて，落ちや重なりなく調べる方法を考察すること」を指導する。そのために以下のように指導する。

[i] 日常の生活場面や具体物を用いるなど教材提示を工夫するとともに，学習課題を明確にすること，問題の構造を正しく捉えることを指導する。

問題としては，バスケットボールの試合数を考える際に，抽象的な問題から入るのではなく，学級の体育の学習で，何試合すればよいかを具体的に考えることが重要である。

[ii] 数学的活動を通して，子どもの主体的活動を取り入れた指導をする。

数学的活動としては，「ウ　問題解決の過程や結果を，目的に応じて図や式などを用いて数学的に表現し，伝え合う活動」を行う。具体的には児童に図のかき方を教師が一方的に指導するのではなく，起こりうる場合の整理の仕方としていろいろな図のかき方を提示した上で，児童自身がいろいろな表し方を体験し，よさを体感できるようにする。

[iii] 子どものつまずきや誤答を予想し，それに対応する適切な指導をする。

子どものつまずきは，大きくわけて二つ予想される。一つ目は，図や表を使って活動することができない児童である。そのような児童には，まず表を教師が一緒に書き，あるいはグループによる学習活動によって，図や表を使って数を数えさせることで，その良さを実感させたい。二つ目は，組み合わせという概念が理解できない児童である。A対BとB対Aが同じであることを理解できない児童には，実際の体育の場面を想起させ，そうすると同じ対戦相手と2回試合をすることになることを，グループによる学習活動などによって理解させる。

[iv] 学習を振り返る活動など確実な定着を図る指導や，発展的に考える指導をする。

図や表を使うことで，他の場合でも調べることができることを理解させるため，様々なチーム数，様々なケース(日直など)でもできることを体感させたい。

〈解説〉

A－B
A－C
A－D
B－C
B－D
C－D

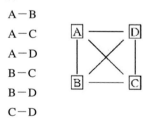

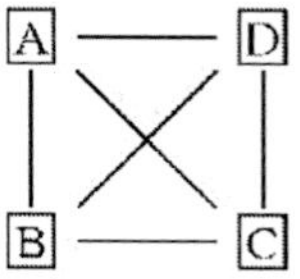

	A	B	C	D
A				
B				
C				
D				

図のように，試合数は文字を使う方法，図を使う方法や，表を使う方法で求めることができる。教師が一方的に教えるのではなく，児童がよさを見つけられるようにどのようなヒントを出せばよいか，想定しておくことが重要である。公開解答では，評価の観点として次の6点が示されている。(1)語句の表現や記述が適切であり，論理的でわかりやすい構成になっている。(2)自分の考えを具体的に述べ，教師とし

ての資質(熱意，誠実さ，向上心，柔軟性，協調性，発想力など)が窺える。(3)日常の生活場面や具体物を用いるなど，教材提示を工夫するとともに，学習課題を明確にした指導について述べている。(4)数学的活動を通して，子どもの主体的活動を取り入れた指導について述べている。(5)子どものつまずきや誤答を予想し，それに対応する適切な指導について述べている。(6)学習を振り返る活動など確実な定着を図る活動や，発展的に考える指導について述べている。算数科独自の観点は(3)～(6)である。これらの観点に触れながら，指導法について述べている解答が求められる。

【4】(解答例)　課題を提示後，常に日なたにある校庭の土と，常に日陰にある校庭の土を容器に入れたものと，土を採ってきた場所の写真を提示し，比較させ，これまでの生活体験などから，課題解決のための見通しをもたせ，明るさや温かさ，土の湿り気に違いが生じた要因は日光にあるのではないかと考えさせる。そこで，決まった時刻に日なたと日陰で温度を測り，表に記録したり，それをグラフに表したりする活動を行う。また，実際に日なたと日陰にある土を触ってみて，そこで感じたことも併せて記録させる。学習のまとめとして，グラフを読み取ったり土を触ったときの感想を発表させるなどして，日なたと日陰の違いを児童に主体的に整理させる。

〈解説〉第3学年の「B生命・地球」の区分における「太陽と地面の様子」からの出題である。第3学年の目標にあるように，差異点や共通点を基に，太陽と地面の様子との関係についての問題を見いだし，表現し，地面は太陽によって暖められ，日なたと日陰では地面の暖かさや湿り気に違いがあることが身につくような指導法を考える。公開解答では，評価の観点として次の6点が示されている。(1)語句の表現や記述が適切であり，論理的でわかりやすい構成になっている。(2)自分の考えを具体的に述べ，教師としての資質(熱意，誠実さ，向上心，柔軟性，協調性，発想力など)が窺える。(3)課題をつかみ，見通しをもたせる工夫について述べている。(4)課題の解決に向けて適切な観察，実験の方法等について述べている。(5)観察，実験の結果から考察の場を設定することについて述べている。(6)学習したことをまとめたり，学習を振り返ったりする活動について述べている。理科独自の観点は(3)～(6)である。これらの観点に触れながら，指導法について述べている解答が求められる。

【5】(解答例)

(指導のポイント)

「音色や響きに気を付けて，旋律楽器及び打楽器を演奏する技能」とは，中・高学年で求められる器楽分野における「技能」に関する資質・能力である。思いや意図に合った表現をするために必要な音色や響きに気を付けて，旋律楽器及び打楽器を演奏する技能を身に付けることができるようにすることをねらいとしている。この学習指導のポイントは，児童の実態を踏まえ，「多様な楽器の音色や響きと演奏の仕方との関わりについて理解すること」との関連を図りながら，様々な楽器のもつ固有の音色やその響きの特性を生かした楽器の演奏の仕方を身に付けるようにすることが重要である。指導に当たっては，低学年及び中学年から継続して取り扱う楽器について，児童や学校の実態などを十分に考慮し，それぞれの楽器がもつ固有の音色や響きの特徴に応じた演奏の仕方が身に付くように留意する必要がある。また，これまでに身に付けた演奏の技能を生かすことができるよう，児童の実態を踏まえて，易しいリズムや旋律の演奏から徐々に難易度を上げるなど，継続的に取り組むようにすることが求められる。その際，教師や友達の演奏を聴いたり見たりすることで，楽器の適切な演奏の仕方が身に付くようにすることも大切である。

(展開例)

1　どんな曲かな？曲の魅力を見つけよう。→楽譜を見ながら演奏を聴く。その際，使っている楽器を想像したり，音の違いに注目したりする。

2　曲の特徴を捉えてイメージを共有しよう。→イメージを確かめながら，聴いたり歌ったりする。楽譜の記号にも注目し，速さ，強弱の変化，歌詞と旋律の関係，伴奏の効果など，気づきをまとめる。作者のメッセージを想像する。

3　パートに分かれて練習しよう。→曲の各部分でのパートの役割を考えて，強さや音色を工夫する。例えば，木琴や鉄琴の演奏では，表したい思いや意図に合った音色になるようマレットで打つ強さに気を付けたり，リコーダーの演奏では，音域や表現方法にふさわしい息の吹き込み方やタンギングの仕方に気を付けたりするなど，音色や響きに応じた演奏の仕方を身に付けるようにする。

4　みんなで合わせよう。→楽器の特徴や音の違いに気を付けながら演奏する。自分たちの思いや意図を大切に，よりよい演奏にしていくためのポイントを考える。

5　自分たちの表現をめざそう。→教師や友達の演奏を聴いたり見たりする。演奏を聴き合い，良い部分は取り入れながら技術の向上を図る。指導者は，到達目標を段階的に記載したカードを個人に配布するなど，達成感を高める配慮が必要である。易しいリズムや旋律の演奏から徐々に難易度を上げるような到達目標を設定することで，継続的な取り組みが可能となる。

〈解説〉公開解答では，評価の観点として次の6点が示されている。(1)語句の表現や記述が適切であり，論理的でわかりやすい構成になっている。(2)自分の考えを具体的に述べ，教師としての資質(熱意，誠実さ，向上心，柔軟性，協調性，発想力など)が窺える。(3)学習指導要領の視点が踏まえられた記述内容である。(4)体験活動等を通して，児童が主体的に取り組むことができる内容である。(5)楽器がもつ固有の音色や響きの特徴に応じた演奏の仕方が身に付くように留意したり，易しいリズムや旋律の演奏から徐々に難易度を上げたりするなど，継続的に取り組むことができるような活動の工夫について具体的に述べられている。(6)児童の実態を考慮した学習内容で，実現可能である。音楽科独自の観点は(3)～(6)である。これらの観点に触れながら，指導法について述べている解答が求められる。観点(3)については，指導のポイントに記述されている。観点(4)については，(展開例)の2～4を中心に記述されている。観点(5)については，(展開例)全体を通して記述されている。観点(6)については，(展開例)が実現可能な内容で構成されている。

【6】(解答例)　使う材料や用具について教師が細かく指定したり，表し方や使用方法を説明したりするような指導は適さない。表現方法に応じて，児童自身が経験と照らし合わせたり，試したりしながら材料や用具を自由に手にすることができる学習環境を設定し，選んだり，使ったりできるような授業構成が重要である。さらに，これまでの経験を振り返るような掲示物や導入も効果的である。また，学習全般を通し，学習活動や表現方法などに幅をもたせるようにすることが重要である。例えば，グループ活動において，表したいものに合わせて材料を選べるように，様々な材料を用意しておき，各自がアイデアを持ち寄りグループ内でより良いアイデアを深めていけるようにする。各グループが作成した作品をそれぞれ鑑賞し，よさや面白さを伝え合い，さらに工夫されている点や面白いアイデアを見付けさせるなどの活動が考えられる。

〈解説〉高学年における絵や立体，工作に表す活動では，表現方法に応じて材料や用具を活用するとともに，前学年までの材料や用具などについての経験や技能を総合的に生かしたり，表現に適した方法などを組み合わせたりするなどして，表したいことに合わせて表し方を工夫して表すことが重要である。児童が自由に選んだり，試したりできるような学習環境を整えることが有効である。また，「表したいこと」(発想)と「表し方」(技能)は切り離すことができないものであり，表すことで新しい発想が生まれ，技能を働かせるものである。「作品を作らせる」ための一斉の指導ではなく，児童に委ねられるような，幅をもたせた授業の流れや指導を心がけたい。指導に当たっては，表現方法に応じて材料や用具を活用することは，表し方を工夫して創造的に表す中で身に付くものであるという視点をもち，指導を工夫することが大切である。公開解答では，評価の観点として次の6点が示されている。(1)語句の表現や記述が適切であり，論理的でわかりやすい構成になっている。(2)自分の考えを具体的に述べ，教師としての資質(熱意，誠実さ，向上心，柔軟性，協調性，発想力など) が窺える。(3)図画工作科の教材や指導方法等についての正しい知識をもっている。(4)図画工作科に関する正しい知識を基に，児童の確かな学力を育もうとする意欲が窺える。(5)提示された課題の意図を正確にとらえて論述している。(6)図画工作科の基本的知識を基盤として独自性や創意工夫がある。図画工作科独自の観点は(3)～(6)である。これらの観点に触れながら，指導法について述べている解答が求められる。

【7】(解答例)　中学年の「もぐる・浮く運動」では，その行い方を知るとともに，呼吸を調整しながらいろいろなもぐり方をしたり，背浮きの姿勢で浮いたり，簡単な浮き沈みをしたりするなど，その基本的な動きや技能を身に付ける学習を行う。その際，低学年の水遊びの学習を踏まえ，高学年の水泳運動につなげていくことも求められており，中学年において浮いたり，もぐったりする運動を十分に経験し，その運動の楽しさや心地よさを実感させることが重要となる。

〈授業を行う際の留意点〉

・単元の前半では，低学年からの流れを受けて「もぐる・浮く運動」の中に水遊び的な要素を取り入れ，後半では自己の課題を見付けたり，解決するための運動を行ったりすることに重点をおきたい。

・また，1単位時間内においても「今持っている力で楽しむ」，「新たな運動に挑戦する」といった構成とし，児童の実態に応じて練習方法や練習の場所を選んで学習できる時間を確保するとともに，自己の能力に適した課題に挑戦できるようにしたい。

〈授業における具体的な手立て〉

・もぐる運動では，プールの底にタッチする際には，息を吐きながらもぐることや手や足を大きく使うことを助言したり，水深が浅い場を設定したりする。また，いろいろなもぐり方をする際には，友達ともぐり方の真似をし合う場を設定したり，水深が浅い場を設定したり，陸上でできる動きを水中でできないか助言したりする。

・水に浮く運動では，だるま浮きを行う際には，膝を抱え込まず持つ程度にした簡単な方法に挑戦することや，膝を抱えると一度は沈むがゆっくりと浮いてくることを助言する。また，背浮きでは，補助具を活用したり，友達に背中や腰を支えてもらう場を設定したりする。さらに，変身浮きでは，浮いてくる時間を延ばしたり，お話づくりを行い楽しく変身していく場を設定したりする。そして，連続したボビングを行う際には，呼吸のリズムを確認したり，友達と手をつないでボビングしたりする場を設定する等の配慮を行いたい。

・これらの手立てに加え，ICT機器も積極的に活用した授業を行いたい。具体的には単元の前半では，一人一台のICT端末を使って，動きのポイントを確認できるようにする。そして，単元後半では，児童が撮影した活動の様子を学習のふり返りに活用したり，友達の動きと手本の動画や学習資料として比較して気付いたことを伝え合ったりする活動を行わせる。このような手立てにより児童の必要感に応じた学習活動を引き出し，自己の課題に適した活動を選択する手助けとしたい。さらに，きまりを守り誰とでも仲良く運動したり，友達の考えを認めたりするとともに，水泳運動心得を守って安全に気をつけたりすることができるようにすることも大切にしたい。

〈解説〉中学年の水泳運動は「浮いて進む運動」，「もぐる・浮く運動」によって構成されている。これらの運動では，低学年の水泳遊びの流れを踏まえ，高学年の「平泳ぎ」，「クロール」及び「安全確保につながる運動」にスムーズに発展するために基本となる「力の抜けた伏し浮き」や「バブリングなどの呼吸の仕方」を身に付けておくことが大切になる。そのためには，水に浮いて進んだり呼吸したり，さまざまな方法で水にもぐったり浮いたりする楽しさや喜びに触れさせることが重要である。こうした経験をさせるには，教師や子ども同士の補助や浅いエリアで学ばせるなどの工夫を図り，すべての児童が安心して運動できる手立てが必要である。公開解答では，評価の観点として次の

6点が示されている。(1)語句の表現や記述が適切であり，論理的でわかりやすい構成になっている。(2)自分の考えを具体的に述べ，教師としての資質(熱意，誠実さ，向上心，柔軟性，協調性，発想力など)が窺える。(3)学習指導要領で示された内容について述べている。(4)授業における単元構成，1単位時間の学習の進め方について述べている。(5)授業における具体的な手立て等について述べている。(6)児童の実態や学習指導要領の趣旨等を踏まえた授業づくりについて述べている。体育科独自の観点は(3)～(6)である。これらの観点に触れながら，指導法について述べている解答が求められる。学習指導要領解説体育編(平成29年7月)には，運動が苦手な児童に対しての配慮が具体的に示されている。授業づくりの手立てにつながる内容である。理解を深めておこう。

【8】(解答例)「B衣食住の生活」「(6)快適な住まい方」では，快適な住まい方について，課題をもって，住まいの主な働きや季節の変化に合わせた住まい方，住まいの整理・整頓や清掃の仕方に関する基礎的・基本的な知識及び技能を身に付け，快適な住まい方を工夫することができるようにすることをねらいとしている。

(指導内容・方法とそのポイント)

・住まいの主な働きや季節の変化に合わせた住まい方については，住まいの主な働きや，季節の変化に合わせて自然を生かして生活することの大切さについて理解するとともに，暑さ・寒さへの対処の仕方やそれらと通風・換気との関わり，適切な採光及び音と生活との関わりについて理解できるようにすることがねらいである。我が国が四季の変化に富むことから，年間を通して快適な生活を送るために，季節の変化に合わせて日光や風など自然の力を効果的に活用する方法について考えることや，昔と今の住まい方を比べる活動を取り入れるなどして，住まい方における日本の生活文化に気付くことができるようにする。

・住まいの整理・整頓や清掃の仕方については，快適に生活するために住まいの整理・整頓や清掃が必要であることや，身の回りの整理・整頓や清掃の仕方を理解し，適切にできるようにすることがねらいである。住まいの整理・整頓の仕方については，学習用具，本や雑誌，衣類等の整理・整頓を取り上げ，快適に生活するためには，物を使う人や場所，その使用目的や頻度，大きさや形などによって整理・整頓の仕方をどのように工夫すればよいかを考えさせる。住まいの清掃の仕方については，児童が日常よく使う場所を取り上げ，学校や家庭での体験を基に，なぜ汚れるのか，何のために清掃するのかを考えさせ，状況に応じた清掃の仕方を理解し，適切にできるようにする。

〈解説〉今回の学習指導要領改訂においては，中学校で扱う「住居の基本的な機能」のうち，「風雨，寒暑などの自然から保護する働き」が小学校の「住まいの主な働き」として扱うこととされている。「住まいの主な働き」では，「A家族・家庭生活」の内容の取扱いで示された健康・快適・安全などの視点と関連させて，住生活の大切さに気付かせることが意図されている。題材構成に当たっては，夏季に涼しく，冬季に暖かく過ごすための住まい方と着方を組み合わせて工夫したり，家庭の仕事の計画を考えることと関連して，整理・整頓や清掃を実践したりすることなどが考えられる。また，地域の人々の関わりと関連させて，家庭内や近隣の音を取り上げ，家族や地域の人々と共に快適に住まうために工夫することなども考えられる。さらに，物の使い方を考えるなど環境に配慮した生活と関連させて，冷暖房機器の利用を省エネルギーにつなげたり，整理・整頓を不用品の活用等につなげたりすることも考えられる。公開解答では，評価の観点として次の6点が示されている。(1)語句の表現や記述が適切であり，論理的でわかりやすい構成になっている。(2)自分の考えを具体的に述べ，教師としての資質(熱意，誠実さ，向上心，柔軟性，協調性，発想力など)が窺える。(3)住まいの主な働き，季節の変化に合わせた生活の大切さや住まい方，整理・整頓や清掃の仕方について，基礎的・基本的な事柄をおさえているか。(4)季節の変化に合わせた住まい方，整理・整頓や清掃の仕方を考え，快適な住まい方の工夫について，考えさせる学習内容になっているか。(5)日本の伝統的な生活についても扱い，生活文化に気付くことができるよう配慮されているか。(6)既習事項や生活経験，他の内容，教科等と関連付けた，問題解決的な学習を取り入れた学習内容等の工夫がされているか。これらの観点に触れながら，指導法について述べている解答が求められる。家庭科独自の観点は(3)～(6)である。

熊本市

【1】問1　②　　問2　(1)　④　　(2)　②　　(3)　④

〈解説〉問1　今回の学習指導要領改訂においては，「伝統的な言語文化」，「言葉の由来や変化」，「書写」，「読書」に関する内容が，「我が国の言語文化に関する事項」として整理して示された。　A・B　伝統的な言語文化のイの事項は，低学年では言葉の豊かさに気付くこと，中学年ではことわざや慣用句，故事成語などの長い間使われてきた言葉を知り，使うこと，高学年では作品に表れている昔の人のものの見方や感じ方を知ることが，それぞれ示されている。　C　書写では，中学年で毛筆を使用し，筆圧に注意しながら書くという指導が行われる。点画には，筆圧を変化させて書くものや，ほぼ等しい筆圧で書くものがあり，点画の書き方と筆圧とを関連付けることを重視する必要がある。D　国語科の学習が読書活動に結び付くよう，発達の段階に応じて系統的に指導することが求められている。読書への親しみ方について，低学年では「読書に親しみ」，中学年では「幅広く読書に親しみ」，高学年では「日常的に読書に親しみ」として，まずは読書をすることを促されるところから始まり，日常的に親しむ段階まで，発達段階に応じて示されている。　問2　(1)　挿入文がどこに入るかを問う設問に取り組む場合は，挿入部分の内容を端的に把握する，挿入文の要旨を捉え，本文中の文意の流れに合う箇所の検討を付ける，挿入文の前後と本文の接続箇所とのつながり方が適切かどうかを考える，などのことが必要である。特に，前になる段落の最終文はヒントになりやすい。(2) 接続詞は，前後の段落，文や語句などをつなぎ，その関係を示す言葉である。したがって基本的には，前の段落(文)と後の段落(文)との展開の関係を捉えて，その関係を表す接続詞を選ぶ。ただ，関係が捉えきれないような場合は，具体的に代表的な接続詞を入れて見て判断するとよい。例えば，順接には「だから，そのため，すると」など，逆接には「しかし，ところが」など，並列には「そして，それに，かつ」など，換言には「つまり，むしろ」など，転換には「さて，では」などがある。 (3) 「本文の内容として適当でないもの」が問われている。問題文の内容にふさわしいかを検討していくことが通常の解き方だが，選択肢の内容を相互に比較検討しておくとヒントになる場合がある。今回の場合，5つの選択肢の中で，④のみが自分以外の誰かにやってもらうことを述べていることから，④が他の選択肢と異なった内容であることが予想される。このような作業を踏まえて，各選択肢を本文の内容と照らし合わせていくと考えやすい。

【2】問1 ④ 問2 ⑤ 問3 ② 問4 ③

〈解説〉問1 各学年の内容については，まず学年ごとの内容の大枠を押さえることが必要である。第3学年では，市町村を中心とする身近な地域社会に関する内容であることから，イが該当する。第4学年では，都道府県を中心とする地域社会に関する内容であることから，オが該当する。また，ウの自然災害も身近なものであり，第4学年の内容である。第5学年では，我が国の国土と産業に関する内容であることから，アとカが該当する。第6学年では，我が国の政治と歴史，国際理解に関する内容であることから，エが該当する。 問2 フランスとクロアチアはヨーロッパ州，アルゼンチンは南アメリカ州，モロッコはアフリカ州に属する。これより，②・④・⑥は誤りである。ヨーロッパ州の国々は，全て赤道より北に位置する。これより，①と③は誤りである。 問3 1 1945(昭和20)年8月に日本はポツダム宣言を受け入れ，無条件降伏した。ヤルタ会談は，1945年2月に開かれたアメリカ，イギリス，ソ連の連合国首脳会談で，戦後のドイツ処理問題や国際連合の創設などについて話し合われた。　2　1950(昭和25)年6月に始まったのは，朝鮮戦争である。北朝鮮軍が朝鮮を統一しようと，韓国に攻め込むことで始まり，激しい戦闘の末，1953(昭和28)年に休戦協定が結ばれた。日本経済が戦争によって好況になったという部分からも推し量れる。ベトナム戦争はベトナム統一をめぐり南北ベトナム間で争われた戦争だが，アメリカが介在して激化し，1975(昭和50)年に終結した。　3　1951(昭和26)年，第二次世界大戦を終結させるため，日本とアメリカを中心とする連合国48か国との間に結ばれたのは，サンフランシスコ平和条約である。ワシントン条約は，1973年にワシントンで調印された条約で，「絶滅のおそれのある野生動植物の種の国際取引に関する条約」の通称である。　4　1972(昭和47)年5月に日本に復帰したのは，沖縄である。小笠原諸島の返還は，1968(昭和43)年のことである。中国との国交正常化は，1972(昭和47)年の日中共同声明による。日中平和友好条約は1978(昭和53)年，福田赳夫内閣によって結ばれた。　問4　ア　2015(平成27)年に公職選挙法が改正され，2016(平成28)年から選挙権年齢が18歳に引き下げられた。
イ・ウ　参議院議員の任期は6年で，3年ごとに半数を改選する。
エ　参議院議員の定数は245名で，そのうち147名が立候補者名を記入し投票する選挙区制選挙で選ばれる。残る98名は比例代表制選挙で選ばれる。　オ　ドント式では，まず各政党の得票数を1，2，3…の名簿登載者数までの整数で割る。次に商の一番大きい数値から順位が付けられていく。問題の表では定数4議席なので，商の1番目から4番目までが当選となる。A党の12000，A党とB党の6000，A党の4000の順で4議席となるので，A党からの当選者は3人である。

【3】問1　⑤　　問2　⑤　　問3　⑤　　問4　④
〈解説〉問1　ア　今回の学習指導要領改訂においては，「日常の事象を数理的に捉える」ことを明示し，その重要性が強調されている。
イ　物事を判断したり，推論したりする場合には，見通しをもち筋道を立てて考えることの重要性が示されている。 ウ 平成28年12月の中央教育審議会答申において，算数の問題発見・解決の過程には「統合的・発展的に捉えて新たな問題を設定」することが示されている。エ・オ 数学的な表現を用いることで，事象をより簡潔，明瞭かつ的確に表現することが可能になり，論理的に考えを進められたり，新たな気付きが得られたりすることが期待される。 問2 4人でa円ずつ集めると，集めたお金の合計は$a\times4=4a$〔円〕 b円の品物を3個買うときの代金の合計は$b\times3=3b$〔円〕 $4a$円のお金で$3b$円の買い物ができるということは，$4a\geqq3b$ $\Leftrightarrow$ $4a-3b\geqq0$ 問3 点Pのx座標をpとすると，その座標はP(p，$2p$) 問題の条件より，OP＝OA $\Leftrightarrow$ $OP^2=OA^2$ $\Leftrightarrow$ $p^2+(2p)^2=5^2$ $\Leftrightarrow$ $p^2=5$ $p>0$だから$p=\sqrt{5}$
問4 ① 1962年では，日最高気温の最小値は24.8℃だから，日最高気温が24℃以下の日はない。 ② 図1から，1962年と2002年では，最大値は1962年のほうが大きく，最小値も1962年のほうが小さいことから，最大値と最小値の差である範囲は，1962年のほうが大きいと分かる。図2で最大値と最小値の差をそれぞれ計算して求めても分かる。 ③ 7月は31日あり，第1四分位数は，日最高気温を低い順に並べた8番目の値である。1982年では，図1の箱ひげ図より，第1四分位数＞25℃だから，25℃以上の日が31－7＝24〔日〕ある。よって，$\frac{24}{31}=0.774\cdots$より，77％以上の日が25℃以上である。 ④ 平均値と中央値が等しいとは限らないから，2002年では，平均気温は33.4℃であるとは判断できない。 ⑤ 2022年の日最高気温の最大値は36.6℃だから，2022年で，もっとも高い日最高気温は36.6℃である。正しい。

【4】問1 ①　問2 ②　問3 ②　問4 ④
〈解説〉問1 提示されたのは，指導計画の作成と内容の取扱いにおける，内容の取扱いについての配慮事項の一つである。野外での学習体験は，生命を尊重し，自然環境の保全に寄与する態度の育成につながるものであり，持続可能な社会で重視される環境教育の基盤になるものといえる。 問2 アンモニアは非常に水に溶けやすい気体である。フラ

スコ内のアンモニアがスポイト内の水に溶けると，フラスコ内の圧力が下がるので，装置外の空気がビーカーの水を押すことで，ガラス管を通ってフラスコ内に水が入り，噴水のようになる。また，アンモニアは水に溶けるとアルカリ性を示すので，BTB溶液は青色になる。問3　顕微鏡の倍率は，接眼レンズの倍率と対物レンズの倍率の積で求められる。対物レンズの倍率を上げるほど，レンズとプレパラートまでの距離は短くなる。　問4　日食は新月のときにおこる。新月の南中時刻は正午である。新月の後は右から輝いて見える部分が増えていき，約1週間後には右側半分が輝いて見える上弦の月となる。

【5】問1　⑤　　問2　②

〈解説〉問1　〔共通事項〕では，表現及び鑑賞の学習において共通に必要となる資質・能力が示されている。　アの項目は，思考力，判断力，表現力等に関するものとして示されている。今回の学習指導要領改訂においては，「音楽を形づくっている要素」を聴き取ったり感じ取ったりすることに加えて，「聴き取ったことと感じ取ったこととの関わりについて考えること」が位置付けられた。(問題文には「B　鑑賞」に関する記述とあるが，〔共通事項〕に関する記述である。)　問2　第3学年の共通教材「茶つみ」からの出題である。各学年4曲ある楽曲については，旋律や歌詞を意識しながら歌える程度に学習して欲しい。茶つみはト長調の楽曲である。ト長調は，調号として第5線上に♯1つを記述するのが正しい。④は第4線上に記述されているので，誤りである。

【6】問1　②　　問2　④

〈解説〉問1　図画工作科の内容は「A表現」，「B鑑賞」，〔共通事項〕で構成されている。　ア・ウ　鑑賞の対象としては，低学年が「自分たちの作品や身近な材料など」，中学年が「自分たちの作品や身近な美術作品，製作の過程など」，高学年が「自分たちの作品，我が国や諸外国の親しみのある美術作品，生活の中の造形など」として示されている。　イ　鑑賞の活動における自分の見方や感じ方については，低・中学年が「広げること」，高学年が「深めること」として示されている。　発達段階に合わせ，それぞれのキーワードに着目し，系統性を整理しておこう。　問2　④　情報機器の利用については，「表現や鑑賞の活動で使う用具の一つとして扱うとともに，必要性を十分に検討して利用すること」と示されている。

【7】問1　⑤　　問2　④

〈解説〉問1　a　家庭科の内容は小・中学校ともに，「A家族・家庭生活」，「B衣食住の生活」，「C消費生活・環境」で構成されている。各内容は，アの「知識及び技能」の習得に係る事項，イの「思考力，判断力，表現力等」を育成することに係る事項の，二つの項目でそれぞれ構成されている。　b・c　今回の学習指導要領改訂においては，加熱操作が適切にできるようにするために，ゆでる材料として青菜やじゃがいもなどを扱うことが示された。また，食育の推進やグローバル化に対応して，和食の基本となるだしの役割などの日本の伝統的な生活について扱うことが示されている。　問2　ア　幼児は成人と比べて新陳代謝が活発で体温が高い一方，汗腺の発達が未熟なためうまく体温の調節ができないことから，十分な水分補給が必要である。　オ　プリペイドカードは，事前にチャージした金額の範囲で利用する前払い式のカードである。一方デビットカードは，支払代金が銀行口座から即時に引き落とされる，即時払い式のカードである。

【8】問1　①　　問2　③

〈解説〉問1　設問が正しくないものの組合せであることに注意する。ア　水泳運動系の領域として，低学年が「水遊び」，中・高学年が「水泳運動」で構成されている。　エ　指導計画の作成と内容の取扱いには，水泳運動が扱えない場合でも「水遊びや水泳運動の心得」については，必ず指導することが示されている。　問2　病気の予防には，病原体が体に入るのを防ぐこと，病原体に対する体の抵抗力を高めること，及び望ましい生活習慣を身に付けることが必要である。生活習慣病などの予防としては，「適切な運動」「栄養の偏りのない食事」「口腔の衛生を保つこと」などの，健康によい生活習慣を身に付けることが必要である。厚生労働省においては，生活習慣病予防として「身体活動・運動の推進」「栄養・食育対策」「睡眠対策」などを掲げて取り組んでいる。

【9】問1　①　　問2　②　　問3　⑤

〈解説〉問1「第1部　外国語活動」からの出題である。　ア　言語活動の設定においては，機械的なやり取りにならないように，必然性のある場面設定による体験的な活動を設定することが大切である。
イ　中学年の外国語活動は，「聞くこと」「話すこと(やり取り)」「話すこと(発表)」の三領域で構成されており，初めて英語に触れることを踏まえて，まず設定されるのは「聞く活動」である。　ウ　高学年の外国語科においては，「読むこと」「書くこと」を加えた五つの領域の言語活動で構成されている。　エ・オ　言語活動を行う際には，外国語というなじみのない分野の活動であることを踏まえ，個々の習熟度に大きな差が生じることなどから個別支援が必要であり，聞く活動，話す活動においては特に，用いられる音声の「速度等」について十分な配慮が求められる。　問2　直前で花が好きだと言っているので，②が適切。　問3　英文の内容として，適切でないものを選ぶ点に注意。ESA(欧州宇宙機関)は，宇宙にクリーンエネルギー源を見いだすソラリス計画の一環として，宇宙空間への太陽光パネル設置が可能かを調査しており，将来的に継続的に利用可能なエネルギー源となり，気候変動対策等につながる可能性を追求している。その活動に関する内容であると思われる。①～④は，そうしたESAの活動に関する記述である一方，⑤は，ISS(国際宇宙ステーション)との大きさの比較を記述している。

【10】問1　④　　問2　③　　問3　③　　問4　①

〈解説〉問1　学習指導要領解説道徳編(平成29年7月)「第2章　第2節　3」には，道徳性を構成する諸様相である道徳的判断力，道徳的心情，道徳的実践意欲と態度について解説されている。　④は，学習指導要領解説総則編(平成29年7月)における「道徳教育推進上の配慮事項」において，特別活動が道徳教育において果たすべき役割の具体例として示されたものである。　問2　学習指導要領解説生活編(平成29年7月)「第5章　第4節　学習指導の進め方」には，主体的・対話的で深い学びの視点として気付きの質を高めるために必要な学習指導が解説されている。③の「必要な情報を取り出したり収集したりする」は，総合的な学習の時間の探究的な学習の指導の「②情報の収集」の学習過程におけるポイントとして示されている内容である。　問3　総合的な学習の時間では，問題解決的な活動が発展的に繰り返されていく。これが探究的な学習であり，探究的な学習の過程は総合的な学習の時間の本質である。探究の過程は「課題の設定→情報の収集→整理・分析→まとめ・表現」，そしてそこからさらに新たな課題を見付け，問題の解決を始めることを繰り返していくのである。　問4　学習指導要領解説特別活動編(平成29年7月)「第4章　第1節　2」には，特別活動の全体計画の作成及び各活動・学校行事の年間指導計画の作成に当たって留意すべき点が解説されている。①の「身近な生活に関わる見方・考え方を生かす」ことは，生活科において教科目標の柱書などに示されている言葉である。

2023年度　実施問題

熊　本　県

【一次試験】

【１】次の文章を読んで，以下の1，2の各問いに答えなさい。

(文章略)

1　下線部で，二人が二人三脚の結び目をそのままにしていたのはなぜか。その理由として最も適当だと考えられるものを，次の①～⑤から1つ選び，番号で答えなさい。

①　同じ村の出身でタイプの違う二人の仲のよさを見ている人に披露したかったから

②　初めて1位を取った感激の余韻と大きな拍手にいつまでも酔いしれていたかったから

③　練習を続けていた二人にとって，二人三脚で走るのは当たり前になっていたから

④　中学校の最後の記念となる二人三脚を少しでも長く続けていたかったから

⑤　次の種目が迫っていたので，早く退場しなければいけないと思ったから

2　運動会を終えた「私」は「M」のことをどのような存在として捉えているか，最も適当だと考えられるものを，次の①～⑤から1つ選び，番号で答えなさい。

①　今までにない感動を「私」に与えてくれた無二の存在

②　幼いころから困ったときに自分を庇護してくれる存在

③　辛い練習を課してくれた陸上競技の師匠のような存在

④　一生心に残る1位を取らせてくれた利用できる存在

⑤　「私」の可能性を引き出してくれる畏怖すべき存在

(☆☆☆◎◎◎)

【2】次の文章を読んで，以下の1～3の各問いに答えなさい。

(文章略)

1　文章中の□□に当てはまる最も適当な語句を，次の①～⑤から1つ選び，番号で答えなさい。

①　つまり　　②　しかし　　③　そこで　　④　だから

⑤　あるいは

2　筆者が述べている内容として最も適当だと考えられるものを，次の①～⑤から1つ選び，番号で答えなさい。

①　ヒトよりも効率的に役割を分担しながら集団を形成している生物は存在しない。

②　ヒトもサルも，有益な発見や知識を共有し，文化として後世に継承してきた。

③　学校教育は，ヒトが世代を超えて文化を継承していくことを可能にしている。

④　教師なし学習では，試行錯誤しながら答えを見付け出すリーダーが集団を導く。

⑤　ヒトの意思決定には三つの型があり，状況に応じて柔軟に使い分けている。

3　波線部に「とても勇気の出る話です。」とあるが，筆者はどのようなことを「とても勇気の出る話」ととらえているか。最も適当だと考えられるものを，次の①～⑤から1つ選び，番号で答えなさい。

①　ヒトは教師がいなくても，それぞれの意思決定をもとに，より人間らしく成長していけること。

②　ヒトは社会生活の中で絆を大切にし，他者と助け合いながら集

団生活を営んでいけること。

③　ヒトのもつ個性が集団としての多様性となり，それが社会全体の適応力を高めていること。

④　ヒトには，どんな困難に直面しても，それを乗り越えていける適応力が備わっていること。

⑤　ヒトが状況に応じて柔軟に戦略を変える力が，社会生活での「互恵」につながっていること。

(☆☆☆◎◎◎)

【3】次のア～オは，「小学校学習指導要領(平成29年告示)解説　国語編」の「第2章　国語科の目標及び内容」「第2節　国語科の内容」「3〔思考力，判断力，表現力等〕の内容」「B　書くこと」の指導事項を示したものである。それぞれに該当する学年を正しく示した組合せを，以下の①～⑤から1つ選び，番号で答えなさい。

ア　書く内容の中心を明確にし，内容のまとまりで段落をつくったり，段落相互の関係に注意したりして，文章の構成を考えること。

イ　経験したことや想像したことなどから書くことを見付け，必要な事柄を集めたり確かめたりして伝えたいことを明確にすること。

ウ　引用したり，図表やグラフなどを用いたりして，自分の考えが伝わるように書き表し方を工夫すること。

エ　間違いを正したり，相手や目的を意識した表現になっているかを確かめたりして，文や文章を整えること。

オ　文章全体の構成や展開が明確になっているかなど，文章に対する感想や意見を伝え合い，自分の文章のよいところを見付けること。

	ア	イ	ウ	エ	オ
①	(3・4年)	(1・2年)	(5・6年)	(3・4年)	(3・4年)
②	(5・6年)	(3・4年)	(3・4年)	(1・2年)	(3・4年)
③	(3・4年)	(1・2年)	(5・6年)	(5・6年)	(1・2年)
④	(5・6年)	(3・4年)	(3・4年)	(1・2年)	(5・6年)
⑤	(3・4年)	(1・2年)	(5・6年)	(3・4年)	(5・6年)

(☆☆☆◎◎◎◎)

【4】次の文章は，「小学校学習指導要領(平成29年告示)解説　社会編」の「第3章　第2節　1　第4学年の目標」からの抜粋である。次の文章中の[　A　]～[　C　]に入る語句a～iの組合せとして適当なものを，以下の①～⑨から選び，番号で答えなさい。

> 社会的事象の見方・考え方を働かせ，学習の問題を追究・解決する活動を通して，次のとおり資質・能力を育成することを目指す。
> (1)　自分たちの都道府県の地理的環境の特色，地域の人々の健康と生活環境を支える働きや自然災害から地域の安全を守るための諸活動，地域の伝統と文化や地域の発展に尽くした先人の働きなどについて，[　A　]との関連を踏まえて理解するとともに，調査活動，地図帳や各種の具体的資料を通して，必要な情報を調べまとめる技能を身に付けるようにする。
> (2)　社会的事象の特色や相互の関連，意味を考える力，社会に見られる課題を把握して，その解決に向けて社会への関わり方を[　B　]する力，考えたことや[　B　]したことを表現する力を養う。
> (3)　社会的事象について，[　C　]に学習の問題を解決しようとする態度や，よりよい社会を考え学習したことを社会生活に生かそうとする態度を養うとともに，思考や理解を通して，地域社会に対する誇りと愛情，地域社会の一員としての自覚を養う。

a　社会生活　　b　日常生活　　c　人々の生活

d　選択・決定　　e　選択・判断　　f　選択・決断
g　主体的　　　　h　意欲的　　　　i　積極的

	①	②	③	④	⑤	⑥	⑦	⑧	⑨
A	a	b	c	a	b	c	a	b	c
B	f	e	d	e	d	f	d	f	e
C	g	h	h	i	i	g	i	h	g

(☆☆☆◎◎◎)

【5】平和な国際社会の実現について説明した，次の①～⑤の文章の中で，誤っているものを1つ選び，番号で答えなさい。

①　世界の平和と安全を実現するため，第二次世界大戦末期の1945年6月にサンフランシスコ会議で採択された国際連合憲章に基づき，同年10月に国際連合(国連)が発足した。

②　国連は，紛争が起こった地域で，停戦や選挙の監視などの平和維持活動(PKO)を行っている。日本も，1992年に国際平和協力法(PKO協力法)を制定し，それに基づき，ハイチや南スーダンなどでの平和維持活動に参加してきた。

③　持続可能な開発目標(SDGs)は，2015年に国連に加盟する全ての国が賛成し採択された。地球規模の課題をもとに17の目標を設定し，2030年までに国際社会が達成することを目指しており，目標16は「平和と公正をすべての人に」である。

④　日本は，政府開発援助(ODA)を中心に，お金だけでなく，人材育成や技術援助の面でも発展途上国の開発を支援している。政府や国際機関だけでなく，NGO(非政府組織)による国際的な支援活動も活発になっている。

⑤　今日の国際社会において，さまざまな地球的規模の脅威から人間の生命，身体，安全，財産を守り，すべての人々が人間らしく安心して生きることができる社会を目指す「国家の安全保障」という考え方が求められている。

(☆☆☆◎◎◎)

【6】18世紀後半から19世紀前半の学問や文化について説明した，次の①～⑤の文章の中で，当てはまらないものを1つ選び，番号で答えなさい。

① 本居宣長が『古事記伝』を書いて，仏教や儒教がもたらされる以前の日本人の精神を明らかにしようとする，国学を大成させた。

② 松尾芭蕉は，俳諧(俳句)の芸術性を高め，各地を旅して『おくのほそ道』を書いた。

③ 錦絵が流行し，喜多川歌麿は美人画，葛飾北斎や歌川広重は風景画に優れた作品を残した。

④ 伊能忠敬がヨーロッパの技術で全国の海岸線を測量し，正確な日本地図を作成した。

⑤ 町や村には多くの寺子屋が開かれ，「読み・書き・そろばん」を学ぶ民衆が増えた。

(☆☆☆◎◎◎)

【7】次のア～オの文章は，武家政治について説明したものである。誤った説明の組合せを①～⑤から1つ選び，番号で答えなさい。

ア 源頼朝は，御恩と奉公による将軍と御家人の主従関係を基に，住民や土地等を支配するしくみをつくった。

イ 執権の北条時宗は，御家人の権利や義務などの武士の慣習をまとめた御成敗式目を制定した。

ウ 室町幕府には，将軍の補佐役として管領が置かれ，有力な守護大名が任命された。

エ 豊臣秀吉は，刀狩を行い百姓が武器を持つことを禁止した。さらに，五人組を組織し，年貢の未納や犯罪には連帯で責任を負わせた。

オ 江戸幕府は，全国支配のため，江戸と京都とを結ぶ東海道や中山道などの五街道をはじめ，主要な道路を整備した。

① アとウ　② イとウ　③ イとエ　④ エとオ

⑤ オとア

(☆☆☆◎◎◎)

【8】次の資料は，世界の主な国の発電量の内訳を表したものである。A～Eの国を表す組合せとして適当なものを以下の①～⑤から1つ選び，番号で答えなさい。

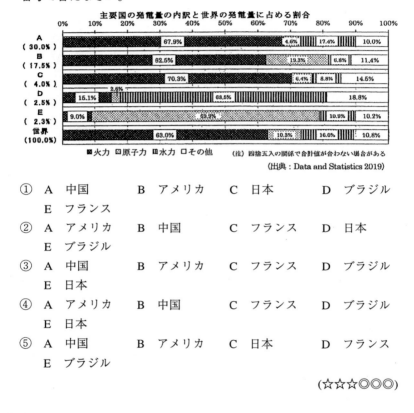

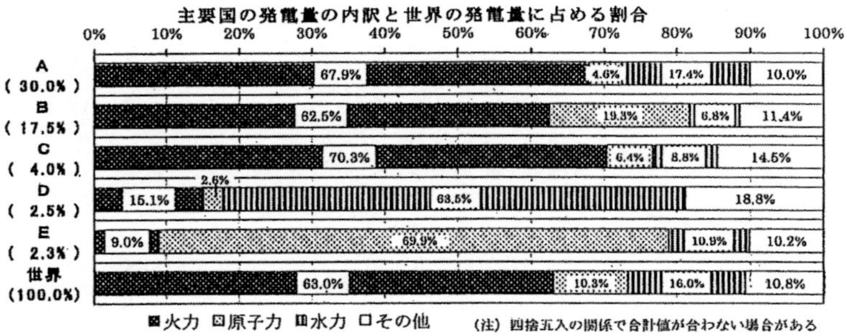

(出典：Data and Statistics 2019)

① A 中国　B アメリカ　C 日本　D ブラジル　E フランス

② A アメリカ　B 中国　C フランス　D 日本　E ブラジル

③ A 中国　B アメリカ　C フランス　D ブラジル　E 日本

④ A アメリカ　B 中国　C フランス　D ブラジル　E 日本

⑤ A 中国　B アメリカ　C 日本　D フランス　E ブラジル

(☆☆☆◎◎◎)

【9】次の文章は，熊本県について紹介したものである。文章中の[　A　]～[　E　]に当てはまる語句の組合せとして適当なものを以下の①～⑤から1つ選び，番号で答えなさい。

熊本県は，九州の[　A　]に位置し，阿蘇には，過去の火山活動によってできた[　B　]がある。阿蘇の火山は，災害や農作物への被害をあたえる一方，美しい景色や温泉などのめぐみをもたらしてくれる。阿蘇地域は，2015年にユネスコ世界[　C　]に認定され，火山などの資源の有効活用も期待されている。熊本都市圏から阿蘇地域への交通アクセスについては，[　D　]年の熊本地震により大きな被害を受けた。しかし，2020年には北側復旧ルートが，2021年には[　E　]が完成し，主要交通アクセスが復旧した。

①　A　中央部　B　シラス　C　エコパーク　D　2016年
　E　新阿蘇大橋
②　A　南部　B　カルデラ　C　ジオパーク　D　2018年
　E　阿蘇長陽大橋
③　A　中央部　B　カルデラ　C　ジオパーク　D　2016年
　E　新阿蘇大橋
④　A　南部　B　シラス　C　エコパーク　D　2018年
　E　阿蘇長陽大橋
⑤　A　中央部　B　カルデラ　C　ジオパーク　D　2016年
　E　阿蘇長陽大橋

(☆☆☆◎◎◎)

【10】A，B，C，D，Eの5つの班の中から，くじ引きで2つの班を選ぶとき，C班が選ばれる確率を，次の①～⑤から1つ選び，番号で答えなさい。

①　$\frac{1}{4}$　②　$\frac{3}{4}$　③　$\frac{1}{5}$　④　$\frac{2}{5}$　⑤　$\frac{3}{5}$

(☆☆☆◎◎◎)

【11】$\sqrt{6}=2.449$，$\sqrt{60}=7.746$として，$\sqrt{0.6}$の値を，次の①～⑤から1つ選び，番号で答えなさい。

①　0.2449　②　0.7746　③　0.02449　④　0.07746
⑤　0.0022449

(☆☆☆◎◎◎)

【12】次の半円について，直径ABを軸として回転させてできる立体の体積を，以下の①～⑤から1つ選び，番号で答えなさい。

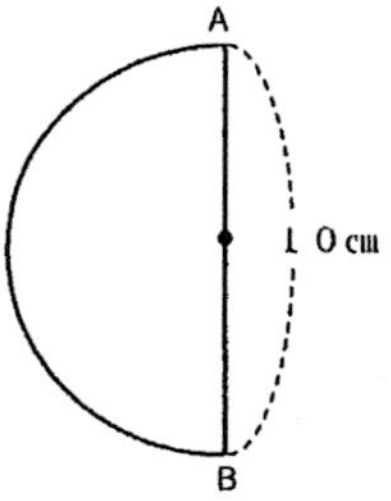

①　$\frac{50}{3}\pi\ \mathrm{cm}^3$　②　$\frac{100}{3}\pi\ \mathrm{cm}^3$　③　$\frac{125}{3}\pi\ \mathrm{cm}^3$　④　$\frac{250}{3}\pi\ \mathrm{cm}^3$
⑤　$\frac{500}{3}\pi\ \mathrm{cm}^3$

(☆☆☆◎◎◎)

【13】小学校から6km離れた中学校へ行った。午前10時に小学校を出発して，途中の公園までは時速4kmで歩き，公園で20分間ストレッチをしてから，中学校までは時速9kmで走ったところ，中学校に午前11時30分に着いた。歩いた道のりは何kmになるか。次の①～⑤から1つ選び，番号で答えなさい。

①　0.8km　②　1.2km　③　2.4km　④　3.6km　⑤　4.8km

(☆☆☆◎◎◎)

【14】次の図のように，関数$y=ax^2$のグラフ上に2点A，Bがあり，2点A，Bを通る直線とy軸との交点をCとする。A(−2，2)，Bのy座標は8であるとき，△OABの面積を，以下の①～⑤から1つ選び，番号で答えなさい。

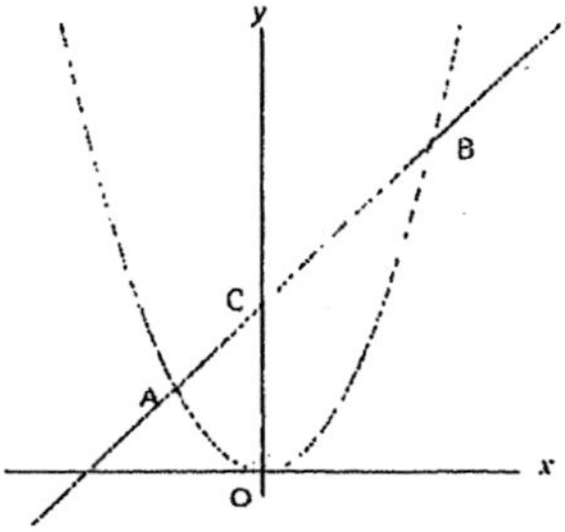

① 6　② 8　③ 12　④ 16　⑤ 24

(☆☆☆◎◎◎)

【15】小学校学習指導要領(平成29年告示)」の「第2章　第3節　算数」において，第1～3学年では，どのような内容領域の構成になっているか。組合せとして正しいものを，次の①～⑤から1つ選び，番号で答えなさい。

① A 数と計算　B 量と測定　C 図形
　D 数量関係
② A 数と計算　B 図形　C 測定
　D データの活用
③ A 数と計算　B 図形　C 変化と関係
　D データの活用
④ A 数と式　B 量と測定　C 変化と関係
　D データの活用
⑤ A 数と式　B 図形　C 測定
　D 数量関係

(☆☆☆◎◎◎)

【16】次の回路図でR_1，R_2は抵抗の大きさ，V_0は電源の起電力，V_1，V_2は各抵抗にかかる電圧の大きさ，I_0～I_3はそれぞれア～エに流れる電流の大きさを表している。$R_1=R_2$のとき，正しい記述の組合せを以下の①

～⑤から1つ選び，番号で答えなさい。ただし，導線の電気抵抗や電源の内部抵抗等は無視できるものとし，オームの法則に従うものとする。

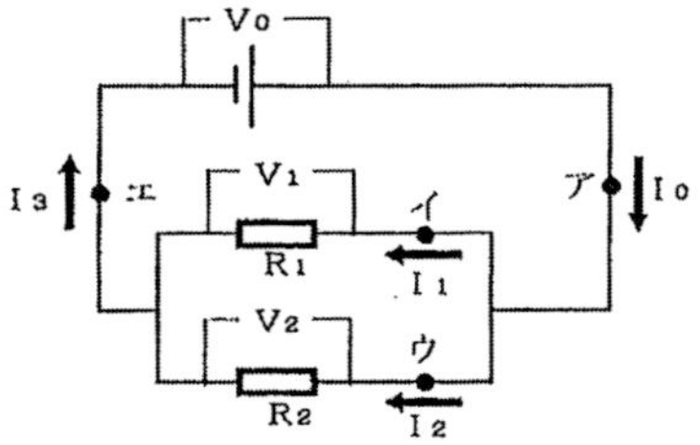

① $I_1 = I_2$　　$V_0 = V_1 + V_2$
② $I_0 + I_3 = I_1 + I_2$　　$V_0 = V_1$
③ $I_0 = I_1 + I_2$　　$V_0 = V_1 + V_2$
④ $I_0 = 2I_2$　　$V_0 = V_2$
⑤ $I_0 - (I_1 + I_2) = I_3$　　$V_2 = V_0 - V_1$

(☆☆☆◎◎◎)

【17】次のア～エは，「粒子」領域の学習内容について述べたものである。正しい記述の組合せを以下の①～⑤から1つ選び，番号で答えなさい。

ア　酸性の水溶液は青色リトマス紙を赤色に変え，マグネシウムを入れると水素が発生するという性質があり，アルカリ性の水溶液は赤色リトマス紙を青色に変え，フェノールフタレイン液を入れると赤色に変えるという性質がある。

イ　酸性やアルカリ性の強さはpHという数値で表され，pHは7が中性で，値が小さいほどアルカリ性が強く，大きいほど酸性が強い。

ウ　食塩水で湿らせたpH試験紙の中央に，うすい塩酸を1滴つけて電圧を加えると，赤色に変わった部分は陽極側に動く。

エ　BTB溶液を入れた水酸化ナトリウム水溶液に，うすい塩酸を数滴加えたが，水溶液の色は青色のままであった。このときの水溶液はアルカリ性を示しているが，中和反応は起こっている。

①　アとウ　　②　アとエ　　③　イとウ　④　イとエ

⑤　ウとエ

(☆☆☆◎◎◎◎)

【18】次のア～エは，「生命」領域の学習内容について述べたものである。正しい記述の組合せを以下の①～⑤から1つ選び，番号で答えなさい。

ア　ヒトの肺の呼吸運動について，息を吸うときは胸の筋肉によって肋骨が引き上げられるとともに，横隔膜が縮んで下がることによって，肺が広がって鼻や口から息が吸いこまれる。

イ　だ液に含まれる消化酵素(アミラーゼ)は，デンプンを，ブドウ糖が2つつながったものや3つ以上つながったものなどに分解するはたらきがある。

ウ　腎臓は，タンパク質が分解されるときにできる有害なアンモニアを尿素という無害な物質に変えるとともに，腎臓を出入りする血液をろ過して血液中の不要な物質をとり除いている。

エ　赤血球に含まれるヘモグロビンは，酸素の少ないところでは酸素と結びつき，酸素の多いところでは結びついた酸素の一部を放す性質をもつため，赤血球は酸素を運搬することができる。

①　アとイ　　②　アとウ　　③　イとウ　　④　イとエ

⑤　ウとエ

(☆☆☆◎◎◎◎)

【19】次のア～オは，「地球」領域の学習内容について述べたものである。正しい記述の組合せを以下の①～⑤から1つ選び，番号で答えなさい。

ア　花崗岩のような火山岩では，大きな鉱物が粒のよく見えない部分に散らばって見える。このようなつくりを斑状組織という。

イ　1hPaの気圧は，1m^2の面に1Nの力が加わるときの圧力である。

ウ　湿度が同じであれば，気温が高い方が空気1m^3中に含まれている水蒸気の量は多い。

エ　金星は内惑星であるため，真夜中には見えず，明け方の西の空か，夕方の東の空に見ることができる。

オ　ある地点aで地震の初期微動を10秒間観測した。P波，S波の速さを，それぞれ6km/s，3.5 km/sとすると，地点aは，震源から84km離れていると考えられる。

①　アとウ　②　アとエ　③　イとエ　④　イとオ
⑤　ウとオ

(☆☆☆◎◎◎◎)

【20】次のア～オは，「観察・実験の注意事項」について説明したものである。正しい記述の組合せを以下の①～⑤から1つ選び，番号で答えなさい。

ア　メスシリンダーを使用するときは，水平な台の上に置き，液面の最も高い位置を真横から見て，最小目盛りを目分量で読む。

イ　実験で使用する薬品は，目や口に入れたり，直接触ったりしないようにし，薬品を扱うときは保護眼鏡をかけ，有害な気体が発生する恐れがある実験は，十分な換気を行う。

ウ　こまごめピペットを使用するときは，ピペットの先が容器などにぶつかって割れることがあるので，ゴム球だけをつまんで持つようにする。

エ　ガラス器具を使用する場合には，ひび割れや残留している薬品によって予期せぬ事故や反応が起こることがあるので，事前の点検が大切である。

オ　太陽を観察する場合は，望遠鏡で観察すると危険であるため，直接目で見て観察する。

①　アとウ　②　アとオ　③　イとエ　④　イとオ
⑤　ウとエ

(☆☆☆◎◎◎)

【21】次のア～オは，「小学校学習指導要領(平成29年告示)解説　理科編」の「第2章　理科の目標及び内容」について示されたものである。正しい記述の組合せを以下の①～⑤から1つ選び，番号で答えなさい。

ア　児童が自然の事物・現象に親しむ中で興味・関心をもち，そこから問題を見いだし，予想や仮説を基に観察，実験などを行い，結果を整理し，その結果を基に結論を導きだすといった問題解決の過程の中で，問題解決の力が育成される。

イ　第3学年では，主に既習の内容や生活経験を基に，根拠のある予想や仮説を発想するといった問題解決の力の育成を目指している。

ウ　第4学年では，主に予想や仮説を基に，解決の方法を発想するといった問題解決の力の育成を目指している。

エ　第5学年では，主に観察，実験などの結果を基に結論を導きだすといった問題解決の力の育成を目指している。

オ　第6学年では，主により妥当な考えをつくりだすといった問題解決の力の育成を目指している。

①　アとウ　　②　アとオ　　③　イとウ　　④　イとエ
⑤　エとオ

(☆☆☆◎◎◎◎)

【22】次の文章は，「小学校学習指導要領(平成29年告示)」の「第2章　第6節　音楽」に示された「第2　各学年の目標及び内容〔第5学年及び第6学年〕 1　目標」である。[　A　]～[　E　]に入る言葉の組合せとして正しいものを，以下の①～⑤から1つ選び，番号で答えなさい。

(1)　曲想と音楽の構造などとの関わりについて理解するとともに，表したい音楽表現をするために必要な[　A　]の技能を身に付けるようにする。

(2)　音楽表現を考えて表現に対する[　B　]をもつことや，[　C　]のよさなどを見いだしながら音楽を味わって聴くことができるようにする。

(3)　主体的に音楽に関わり，[　D　]して音楽活動をする楽しさを味わいながら，様々な音楽に親しむとともに，音楽経験を生かして生活を[　E　]あるものにしようとする態度を養う。

	A	B	C	D	E
①	歌唱，器楽，音楽づくり	豊かな感性	楽曲や演奏者	協力	豊かで潤い
②	歌唱，器楽，音楽づくり	思いや意図	曲や演奏	協議	明るく希望
③	ソルフェージュ	豊かな感性	曲や演奏	協力	豊かで潤い
④	歌唱，器楽，音楽づくり	思いや意図	曲や演奏	協働	明るく希望
⑤	ソルフェージュ	豊かな感性	楽曲や演奏者	協働	明るく希望

(☆☆☆◎◎◎)

【23】次の和音を鍵盤楽器で演奏する時，㋐～㋛のどの鍵盤を押さえればよいか，以下の①～⑤から1つ選び，番号で答えなさい。

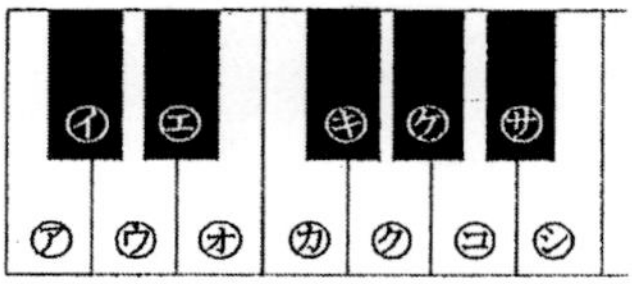

①　㋐－㋔－㋗　　②　㋐－㋓－㋕　　③　㋒－㋖－㋙

④　㋒－㋕－㋙　　⑤　㋔－㋗－㋛

(☆☆☆◎◎◎)

【24】第4学年の共通教材で，正しい組み合わせを次の①～⑤から1つ選び，番号で答えなさい。

①「茶つみ」「さくらさくら」「こいのぼり」「スキーの歌」

②「こいのぼり」「とんび」「おぼろ月夜」「まきばの朝」

③「春の小川」「茶つみ」「もみじ」「冬げしき」

④「とんび」「まきばの朝」「もみじ」「さくらさくら」

⑤「ふじ山」「われは海の子」「おぼろ月夜」「冬げしき」

(☆☆☆◎◎◎)

【25】次の楽譜は，「越天楽今様」の楽譜である。空欄の［A］～［D］の部分に当てはまる楽譜(あ～け)の組み合わせとして正しいものを，あとの①～④から1つ選び，番号で答えなさい。

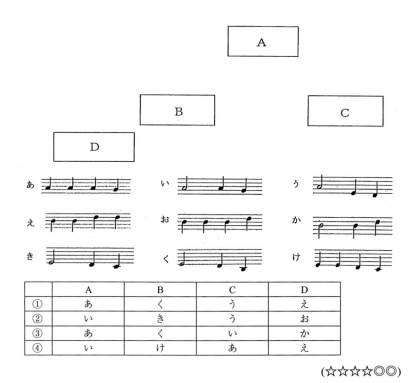

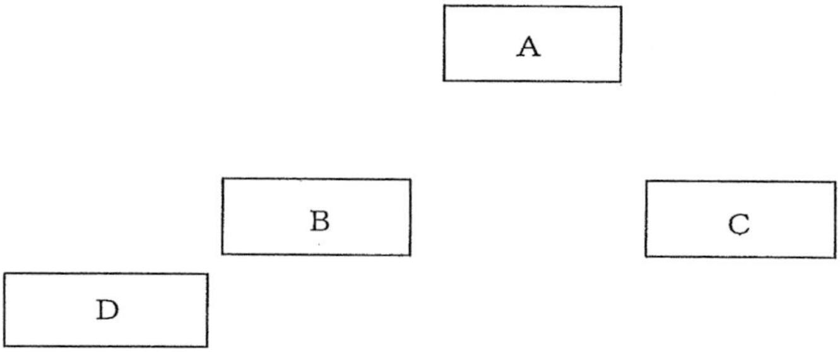

	A	B	C	D
①	あ	く	う	え
②	い	き	う	お
③	あ	く	い	か
④	い	け	あ	え

(☆☆☆☆◎◎)

【26】次の文章は，「小学校学習指導要領(平成29年告示)」の「第2章　各教科」「第7節　図画工作」に示された「第1　目標」である。空欄[　ア　]～[　エ　]に当てはまる語句の組合せを，以下の①～⑥から選び，番号で答えなさい。

表現及び鑑賞の活動を通して，[　ア　]な見方・考え方を働かせ，生活や社会の中の形や色などと豊かに関わる資質・能力を次のとおり育成することを目指す。
(1)　対象や事象を捉える造形的な視点について自分の[　イ　]や行為を通して理解するとともに，材料や用具を使い，表し方などを工夫して，創造的につくったり表したりすることができるようにする。
(2)　造形的なよさや美しさ，表したいこと，表し方などについて考え，創造的に発想や構想をしたり，作品などに対する自分の見方や感じ方を深めたりすることができるようにする。
(3)　つくりだす喜びを味わうとともに，感性を育み，楽しく豊かな[　ウ　]を創造しようとする態度を養い，豊かな[　エ　]を培う。

	ア	イ	ウ	エ
①	造形的	感覚	生活	情操
②	造形的	経験	日常	感覚
③	美術的	経験	日常	人間性
④	構成的	学び	人生	情操
⑤	構成的	感覚	人生	人間性
⑥	美術的	学び	生活	感覚

(☆☆☆◎◎◎)

【27】次の①～⑤は，「小学校学習指導要領(平成29年告示)解説　図画工作編」の「第3章　第1節」に示された第1学年及び第2学年の造形遊びについての記述である。正しいものを次の①～⑤から1つ選び，番号で答えなさい。

①　造形遊びをする活動を通してとは，児童が材料に進んで働きかけ，思いのままに発想や構想を繰り返し，知識を働かせながらつくることを通して学習することを示している。

②　身近な自然物や人工の材料とは，この時期の児童が関心や意欲をもつ，扱いやすい身近な材料のことである。自然物としては，土，粘土，砂，小石，木の葉，小枝，木の実，貝殻，新聞紙や段ボール，布などが考えられる。

③　造形的な活動を思い付くとは，児童が材料に働きかけて捉えた形や色，自分のイメージなどを基に造形的な活動を発想することである。

④　感覚や気持ちを生かしながら，どのように活動するかについて考えることの指導に当たっては，児童の活動は単調であることを踏まえた指導の工夫が必要である。

⑤　どのように活動するかについて考えるとは，新たに造形的な活動を思い付いたり，つくり方を考えたりすることである。技能的な指導を繰り返して活動することも児童にとって楽しいことであり，そのことによって資質・能力が育まれる。

(☆☆☆◎◎◎)

【28】次の表は，「小学校学習指導要領(平成29年告示)解説　図画工作編」の「第4章　指導計画の作成と内容の取り扱い」「2　内容の取扱いと指導上の配慮事項」に示された各学年で取り扱う材料や用具についての記述から抜粋したものである。空欄［ア］～［エ］に当てはまる語句の組合せを，以下の①～⑥から1つ選び，番号で答えなさい。

	材料や用具	指導上の配慮事項
第１学年及び第２学年	土，粘土，木，紙，クレヨン，パス，はさみ，のり，簡単な小刀類など	材料や用具の準備について，児童のそれまでの経験に配慮するとともに，題材の内容や指導のねらいによって，種類や範囲，数量を変えるなどして，児童が基本的な扱い方に関心をもつようにする必要がある。
第３学年及び第４学年	木切れ，板材，釘，［ア］，小刀，使いやすいのこぎり，金づちなど	刃こぼれなどがないかを確認したり，彫りやすい板材を使ったりするなど，児童が［イ］に扱えるよう配慮することや，前学年で使った用具については，一層その扱いに慣れ，自分の表現に生かす体験を深めるようにする必要がある。
第５学年及び第６学年	針金，［ウ］など	初めて扱う用具については，基本的な扱い方を踏まえた上で，用具を使うこと自体を楽しむようにすることや，前学年までに経験した用具については，その使い方に慣れるようにするとともに，簡単な［エ］をしたり，それらを大切にしたりする習慣が身に付くようにすることが必要である。

	ア	イ	ウ	エ
①	水彩絵の具	容易	糸のこぎり	整理整頓
②	アクリル絵の具	自由	油絵の具	点検
③	油絵の具	自由	彫刻刀	整理整頓
④	水彩絵の具	安全	糸のこぎり	手入れ
⑤	アクリル絵の具	安全	彫刻刀	点検
⑥	水彩絵の具	適切	アクリル絵の具	修理

(☆☆☆◎◎◎)

【29】絵や立体，工作に表す活動において，粘土を焼成して表す活動が考えられる。作り方や活動に関する説明のうち，適当でないものを次の①～⑤から1つ選び，番号で答えなさい。

① 粘土の焼成の方法としては，素焼きと本焼きがある。

② 器などを成形する方法として，ひもづくり，板づくり，手びねりなどがある。これらの方法は，いずれも電動ろくろを使わなくても成形することができる。

③ 粘土を成形する段階で粘土同士を接着する際は，接着する面を力強く押し付けて，接着させるようにする。

④ 粘土で成形した直後に焼成すると形が崩れてしまうので，日陰で2～3週間かけてしっかり乾燥させてから焼成するようにする。

⑤ 粘土作品を焼成すると，焼くことによって縮んでしまうので，実際につくりたいサイズよりも一回り大きくつくるように指導する。

(☆☆☆◎◎◎)

【30】次の文章は，「小学校学習指導要領(平成29年告示)」「第2章　第8節　家庭」の「第1　目標」である。空欄[　ア　]～[　オ　]に当てはまる語句の組合わせを以下の①～⑤から1つ選び，番号で答えなさい。

> 生活の営みに係る見方・考え方を働かせ，衣食住などに関する実践的・[　ア　]な活動を通して，生活をよりよくしようと工夫する資質・能力を次のとおり育成することを目指す。
>
> (1) 家族や家庭，衣食住，[　イ　]や環境などについて，[　ウ　]に必要な基礎的な理解を図るとともに，それらに係る技能を身に付けるようにする。
>
> (2) [　ウ　]の中から問題を見いだして課題を設定し，様々な解決方法を考え，実践を評価・改善し，考えたことを表現するなど，課題を解決する力を養う。
>
> (3) [　エ　]を大切にする心情を育み，家族や地域の人々との関わりを考え，[　オ　]として，生活をよりよくしようと工夫す

る実践的な態度を養う。

	ア	イ	ウ	エ	オ
①	問題解決的	経済	家庭生活	家庭や地域	集団の一員
②	体験的	消費	家庭生活	日常生活	家族の一員
③	主体的	経済	日常生活	家庭生活	集団の一員
④	問題解決的	消費	学校生活	家庭や地域	地域の一員
⑤	体験的	消費	日常生活	家庭生活	家族の一員

(☆☆◎◎◎◎◎)

【31】次の①～⑤の洗濯表示記号(取扱い表示)の説明として，誤っているものを1つ選び，番号で答えなさい。

①　②　③　④　⑤

① 液温は40℃を限度とし，洗濯機の弱い操作で洗濯できる。
② 液温は40℃を限度とし，手洗いによる洗濯ができる。
③ 洗濯後のタンブル乾燥はできない。
④ 温度200℃を限度としてアイロン仕上げができる。
⑤ 日陰でのつり干し乾燥がよい。

(☆☆◎◎◎◎◎)

【32】次の文章は，米飯調理について説明したものである。空欄[　ア　]～[　オ　]に当てはまる語句等の組合わせを以下の①～⑤から1つ選び，番号で答えなさい。

精米する前の米を玄米といい，玄米から[　ア　]とぬか層を取り除くと精白米となる。米の主な栄養素は[　イ　]である。

米を炊く場合，白米80gに対して水は[　ウ　]mL必要となる。

水を加え30分間以上吸水させた後，火加減の調整([　エ　])をしながら炊く。最後に，火を消して約[　オ　]分間蒸らす。

	ア	イ	ウ	エ	オ
①	はい芽	炭水化物	150	強火→中火→弱火	5
②	はい乳	炭水化物	100	中火→強火→弱火	5
③	はい芽	たんぱく質	150	中火→強火→弱火	10
④	はい芽	炭水化物	120	強火→中火→弱火	10
⑤	はい乳	たんぱく質	120	中火→強火→弱火	10

(☆☆◎◎◎◎◎)

【33】次の①～⑤は，環境に配慮した生活に関する文章である。誤っているものを1つ選び，番号で答えなさい。

① 環境省が推進する「3R」とは，リフューズ(受け取らない)，リユース(くり返し使う)，リサイクル(資源として再び利用する)である。

② 消費者が環境や資源に配慮して作られた製品を選び買うことで，その製品が世の中に出回るようになり，持続可能な社会をつくることにも関わっている。

③ 「グリーンマーク」は，原料に規定の割合以上の古紙を利用している製品に付けられる。

④ 分別収集のためのマークを見て，自治体のルールに従って出すことで，ゴミは資源として再使用・再生利用ができるようになる。

⑤ 「ペットボトルリサイクル推奨マーク」は，ペットボトルをリサイクルして作られた商品に付けられている。

(☆◎◎◎◎)

【34】「小学校学習指導要領(平成29年告示)　解説　体育編」の「第2章第2節　各学年の目標及び内容」，「第1学年及び第2学年」において，「B　器械・器具を使っての運動遊び」に例示されていないものを，次の①～⑤から1つ選び，番号で答えなさい。

① 台上前転　② かえるの足打ち　③ 馬跳び　④ ツバメ
⑤ 平均台を使った運動遊び

(☆☆☆◎◎◎)

【35】「小学校学習指導要領(平成29年告示)解説　体育編」の「第2章　第2節　各学年の目標及び内容」,「第3学年及び第4学年」において,「E　ゲーム」に例示されているものを,次の①～⑤から1つ選び,番号で答えなさい。

① ティーボールを基にした簡易化されたゲーム
② 相手コートにボールを投げ入れるゲーム
③ ソフトバレーボールを基にした易しいゲーム
④ シュートゲーム
⑤ タグラグビーやフラッグフットボールなどを基にした簡易化されたゲーム

(☆☆☆◎◎◎)

【36】次の文章は,「小学校学習指導要領(平成29年告示)解説　体育編」の「第2章　第2節　各学年の目標及び内容」,「第3学年及び第4学年」の「G　保健」の一部である。空欄[　a　]～[　c　]に当てはまる語句の組み合わせを,以下の①～⑤から1つ選び,番号で答えなさい。

(1) 健康な生活について,[　a　]を見付け,その解決を目指した活動を通して,次の事項を身に付けることができるよう指導する。
　ア　健康な生活について理解すること。
　　(ア) 心や体の調子がよいなどの健康の状態は,主体の要因や周囲の環境の要因が関わっていること。
　　(イ) 毎日を健康に過ごすには,運動,食事,休養及び睡眠の調和のとれた生活を続けること,また,体の[　b　]を保つことなどが必要であること。

> (ウ)　毎日を健康に過ごすには，[　c　]の調節，換気などの生活環境を整えることなどが必要であること

① a　課題　b　清潔　c　明るさ
② a　課題　b　調子　c　明るさ
③ a　目的　b　清潔　c　体温
④ a　目的　b　調子　c　体温
⑤ a　課題　b　清潔　c　衣服

(☆☆☆◎◎◎)

【37】次の文章は，「小学校学習指導要領(平成29年告示)解説　体育編」の「第2章　第2節　各学年の目標及び内容」，「第5学年及び第6学年」の「A　体つくり運動」の一部である。空欄[　a　]，[　b　]に当てはまる語句の組み合わせを，以下の①～⑤から1つ選び，番号で答えなさい。

> (1)　次の運動の楽しさや喜びを味わい，その行い方を理解するとともに，体を動かす心地よさを味わったり，体の動きを高めたりすること。
> ア　体ほぐしの運動では，手軽な運動を行い，[　a　]との関係に気付いたり，仲間と関わり合ったりすること。
> イ　体の動きを高める運動では，[　b　]に応じて，体の柔らかさ，巧みな動き，力強い動き，動きを持続する能力を高めるための運動をすること。

① a　健康な生活　b　自己の能力
② a　健康な生活　b　児童の実態
③ a　心と体　b　児童の実態
④ a　健康と体力　b　自己の能力
⑤ a　心と体　b　ねらい

(☆☆☆◎◎◎)

【38】次の1～3の各問いに答えなさい。

1　次の文章は，「小学校学習指導要領(平成29年告示)」の「第5章　総合的な学習の時間」に示された「第1　目標」である。[　ア　]に当てはまる最も適当な語句を以下のA群から，[　イ　]に当てはまる最も適当な語句をあとのB群からそれぞれ1つずつ選び，番号で答えなさい。

> 第1　目標
> 　探究的な見方・考え方を働かせ，横断的・総合的な学習を行うことを通して，よりよく課題を解決し，自己の生き方を考えていくための資質・能力を次のとおり育成することを目指す。
> (1)　探究的な学習の過程において，課題の解決に必要な知識及び技能を身に付け，課題に関わる概念を形成し，探究的な学習の[　ア　]を理解するようにする。
> (2)　<省略>
> (3)　探究的な学習に[　イ　]に取り組むとともに，互いのよさを生かしながら，積極的に社会に参画しようとする態度を養う。

A群	①　本質　②　見方・考え方　③　有用性　④　よさ　⑤　方法
B群	①　横断的・能動的　②　主体的・多角的　③　主体的・協働的 ④　協同的・意欲的　⑤　主体的・能動的

2　次の学習過程は，「小学校学習指導要領(平成29年告示)」の「第5章　総合的な学習の時間」「第2　各学校において定める目標及び内容」に示されたものである。探究的な学習の過程として正しいものを①～⑤から1つ選び，番号で答えなさい。

①　問いの設定→情報の収集→整理・分析→まとめ・表現
②　課題の設定→情報の選択→整理・分析→まとめ・発信
③　課題の設定→情報の選択→整理・分析→まとめ・表現
④　問いの設定→情報の収集→整理・分析→まとめ・発信
⑤　課題の設定→情報の収集→整理・分析→まとめ・表現

3　次の文章は，「小学校学習指導要領(平成29年告示)」の「第5章　総合的な学習の時間」「第2　各学校において定める目標及び内容」について述べたものである。各学校において定める目標及び内容の取り扱いについて，正しくないものを①～⑤から1つ選び，番号で答えなさい。

① 各学校において定める目標については，児童の興味・関心を踏まえ，総合的な学習の時間を通して育成を目指す資質・能力を示すこと。

② 各学校において定める目標及び内容については，他教科等の目標及び内容との違いに留意しつつ，他教科等で育成を目指す資質・能力との関連を重視すること。

③ 各学校において定める目標及び内容については，日常生活や社会との関わりを重視すること。

④ 各学校において定める内容については，目標を実現するにふさわしい探究課題，探究課題の解決を通して育成を目指す具体的な資質・能力を示すこと。

⑤ 目標を実現するにふさわしい探究課題及び探究課題の解決を通して育成を目指す具体的な資質・能力については，教科等を越えた全ての学習の基盤となる資質・能力が育まれ，活用されるものとなるよう配慮すること。

(☆☆☆◎◎◎)

【39】次の文章は，「小学校学習指導要領(平成29年告示)」の「第2章　第10節　外国語」からの抜粋である。文中の[　A　]，[　B　]に当てはまる語句を以下の①～⑤からそれぞれ1つずつ選び，番号で答えなさい。

第2　各言語の目標及び内容等

英語

1　目標

(1)～(4)　(略)

(5)　書くこと

ア　大文字，小文字を活字体で書くことができるようにする。また，[　A　]を意識しながら音声で十分に慣れ親しんだ簡単な語句や基本的な表現を書き写すことができるようにする。

イ　自分のことや身近で簡単な事柄について，[　B　]を参考に，音声で十分に慣れ親しんだ簡単な語句や基本的な表現を用いて書くことができるようにする。

A	①　文法　②　文字の高さ　③　内容のまとまり　④　語順 ⑤　単語のまとまり
B	①　言語活動　②　基本文　③　例文　④　言語材料 ⑤　経験

(☆☆☆◎◎◎)

【40】次の表は，外国語活動の学習指導案の一部である。文中の［ア］に当てはまる最も適当な英語を以下の①～⑤から1つ選び，番号で答えなさい。

Procedure	Activity		
	Students	HRT (担任)	ALT (外国語指導助手)
Presentation on Body Parts	The students listen to the conversation between the HRT and the ALT and guess the topic for the day's lesson.	The HRT helps the students realize the topic of the day's lesson and ［ア］ the students' interest by having a conversation with the ALT.　Both the HRT and the ALT speak in loud voices to get the students' attention.	While answering the HRT's questions, the ALT speaks loudly and uses gestures so that terms for body parts can be understood by the students.

①　repeats　②　explains　③　stimulates　④　describes
⑤　discourages

(☆☆☆◎◎◎)

【41】次の英文は，外国語科の授業における指導者とALT(外国語指導助手)との会話である。文中の[　ア　]，[　イ　]，[　ウ　]に当てはまる最も適当な英語を以下の①～⑨からそれぞれ1つずつ選び，番号で答えなさい。

Mr.Tanaka : What did you do last weekend?

Ms.Carter : I went to the city zoo. I like looking at animals.

Mr.Tanaka : Wow, you like animals! [　ア　]

Ms.Carter : I like elephants. When I was little, my parents often took me to the zoo.
How about you? Do you like animals?

Mr.Tanaka : Yes, I do. Especially, I like polar bears. They are very cute and swim well.
Do you have any pets in Kumamoto?

Ms.Carter : No, I don't have any in Kumamoto. But I have a dog back in my hometown.
Sometimes I miss him. [　イ　]
Look! This is my dog. His name is Dan.

Mr.Tanaka : Wow, you have a bulldog. He looks so strong. Doesn't he bite?

Ms.Carter : [　ウ　] He is very kind and loves playing with children.
Do you have any pets?

Mr.Tanaka : No, I don't. I want to have dogs someday.

Ms.Carter : OK everyone, do you have any pets? Let's talk in pairs.

① No, he doesn't.
② What kind of animals do you have?
③ I don't like any animals.
④ What is your favorite animal?
⑤ Yes, he does.
⑥ Do you like to go to the city zoo?
⑦ So my parents sent me a picture of my dog.
⑧ I go to the city zoo every Sunday.

⑨　I like watching animal programs on TV.

(☆☆☆◎◎◎)

【二次試験】

下記の【1】～【8】から1つ選んで解答する。

【1】長い間使われてきたことわざや慣用句，故事成語などの意味を知り，使う力を育てる指導をどのようにするか，指導計画の概要(単元終了時の子供の姿，適切な言語活動，評価の観点や評価の方法，導入の工夫等)を示し，本時の展開が分かるように具体的に述べなさい。　(国語)

(☆☆☆◎◎◎)

【2】我が国の農業における食料生産についての学習を通して，どのような事項を身に付けさせるか述べなさい。なお，どのように学習を進めるのか及び育成する態度等も含めて述べること。　(社会)

(☆☆☆◎◎◎)

【3】三角形の三つの角の大きさの和が180°であることをもとにして，四角形の四つの角の大きさの和の求め方をどのように指導するか，具体的に述べなさい。　(算数)

(☆☆☆◎◎◎)

【4】振り子が1往復する時間は，おもりの重さなどによっては変わらないが，振り子の長さによって変わることを理解させるような指導方法について述べなさい。　(理科)

(☆☆☆☆◎◎◎◎◎)

【5】「鑑賞についての知識を得たり生かしたりしながら，曲や演奏のよさなどを見いだし，曲全体を味わって聴くこと。」について，指導のポイントを，具体的な展開例を挙げながら述べなさい。　(音楽)

(☆☆☆☆◎◎)

【6】低学年の造形あそびにおいて，児童が材料に進んで働きかけ，思いのままに発想や構想を繰り返し，技能を働かせながら学習していくために，どのような題材を設定していけばよいか述べなさい。

(図画工作)

(☆☆☆◎◎◎)

【7】「小学校学習指導要領(平成29年告示)解説　体育編」「第2章　体育科の目標及び内容」「第2節　各学年の目標及び内容」「第3学年及び第4学年」の「A　体つくり運動」において，「イ　多様な動きをつくる運動」について授業を行う際，どのようなことに留意して指導すればよいか，育成を目指す資質・能力と関連させて具体的に述べなさい。

(体育)

(☆☆◎◎◎◎)

【8】「小学校学習指導要領(平成29年告示)解説　家庭編」の「C　消費生活・環境」の「(2)　環境に配慮した生活」についてどのように指導するか，指導内容・方法とそのポイントを具体的に述べなさい。　(家庭)

(☆☆☆☆◎◎)

熊本市

【1】

〔問1〕次の表は，「小学校学習指導要領(平成29年告示)」の「第2章　第1節　国語科の目標」に示された学年の目標の系統表である。(　A　)～(　D　)に当てはまる語句の組合せとして正しいものを，あとの①～⑥から一つ選び，番号で答えなさい。なお，(…)は，設問の都合上省略を表す。

学年の目標

	(小) 第1学年及び第2学年	(小) 第3学年及び第4学年	(小) 第5学年及び第6学年
「知識及び技能」	(1) 日常生活に必要な国語の知識や技能を身に付けるとともに，我が国の(A)に親しんだり理解したりすることができるようにする。	(1) 日常生活に必要な国語の知識や技能を身に付けるとともに，我が国の(A)に親しんだり理解したりすることができるようにする。	(1) 日常生活に必要な国語の知識や技能を身に付けるとともに，我が国の(A)に親しんだり理解したりすることができるようにする。
「思考力，判断力，表現力等」	(2) (･･･) 立てて考える力や感じたり想像したりする力を養い，日常生活における人との関わりの中で伝え合う力を高め，自分の思いや考えを (･･･) ことができるようにする。	(2) (B) 立てて考える力や豊かに感じたり想像したりする力を養い，日常生活における人との関わりの中で伝え合う力を高め，自分の思いや考えを(C)ことができるようにする。	(2) (B) 立てて考える力や豊かに感じたり想像したりする力を養い，日常生活における人との関わりの中で伝え合う力を高め，自分の思いや考えを (･･･) ことができるようにする。
「学びに向かう力，人間性等」	(3) 言葉がもつよさを感じるとともに，(･･･) 読書をし，国語を大切にして，思いや考えを伝え合おうとする態度を養う。	(3) 言葉がもつよさに気付くとともに，(･･･) 読書をし，国語を大切にして，思いや考えを伝え合おうとする態度を養う。	(3) 言葉がもつよさを認識するとともに，(D) 読書をし，国語の大切さを自覚して，思いや考えを伝え合おうとする態度を養う。

ア　論理　　イ　深める　　ウ　伝統文化　　エ　幅広く
オ　まとめる　　カ　言語文化　　キ　筋道　　ク　広げる
ケ　順序　　コ　進んで

	A	B	C	D
①	ウ	キ	オ	コ
②	カ	ケ	ク	エ
③	ウ	ケ	イ	コ
④	カ	ア	イ	エ
⑤	カ	キ	オ	コ
⑥	ウ	ア	ク	エ

〔問2〕　次の文章を読んで，(1)～(3)の各問いに答えなさい。なお，設問の都合で本文の段落に1～11の番号を付してある。

> 掲載許可が得られていませんので，掲載いたしません。

(長田　弘『なつかしい時間』による・一部改)

(1)　下線部a「そういうとき」とは，どういうときを指すのか，最も適当なものを，①～⑤から一つ選び，番号で答えなさい。

①　日米対話というような言い方をするようなとき

② コミュニケーションの手段が多様になったとき

③ 会話のかたちが思いがけなく豊富になったとき

④ 対話のありようが貧しくなったのではないかと気づかわれるとき

⑤ いろいろなことを始末したり，おおよその事を取り決めたりするとき

(2) 本文には，次の段落が抜けている。どこに入るか，最も適当なものを，以下の①～⑤から一つ選び，番号で答えなさい。

掲載許可が得られていませんので，掲載いたしません。

① 6段落の後　② 7段落の後　③ 8段落の後

④ 9段落の後　⑤ 10段落の後

(3) 本文の内容として適当でないものを，①～⑤から一つ選び，番号で答えなさい。

① いまは，たがいのあいだに，言葉の破片はたくさん飛び散っているが，言葉が考えを伝える力をもつことは難しくなってきているようだ。

② 談判というのは，いろいろなことを始末したり，おおよそのことを取り決めたりするときに，論じ合い，談じ合って交渉することである。

③ 対話のもつちからを再認識し，対話を活かすことができれば，時と場合に応じたそれぞれの思慮分別がでてくる。

④ たがいに向き合い，違ったものの見方を重ねながらお喋りを楽しむことが会話である。

⑤ コミュニケーションの手段が多様になり，会話のかたちが思いがけないほど豊富になった。

(☆☆☆◎◎◎)

【2】

〔問1〕 次のア～カの文は，「小学校学習指導要領(平成29年告示)解説 社会編」の「第2章　第1節　社会科の目標」における各学年の目標に関する記述である。この目標と各学年の内容の組合せとして正しいものを，以下の①～⑥から一つ選び，番号で答えなさい。

ア　地図帳や地球儀，統計や年表などの各種の基礎的資料を通して，情報を適切に調べまとめる技能を身に付ける。(第5学年)

イ　社会的事象の特色や相互の関連，意味を考える力，社会に見られる課題を把握して，その解決に向けて社会への関わり方を選択・判断する力，考えたことや選択・判断したことを表現する力を養う。(第5学年及び第6学年)

ウ　多角的な思考や理解を通して，我が国の歴史や伝統を大切にして国を愛する心情，我が国の将来を担う国民としての自覚や平和を願う日本人として世界の国々の人々と共に生きることの大切さについての自覚を養う。(第6学年)

エ　自分たちの都道府県の地理的環境の特色，地域の人々の健康と生活環境を支える働きや自然災害から地域の安全を守るための諸活動，地域の伝統と文化や地域の発展に尽くした先人の働きなどについて，人々の生活との関連を踏まえて理解する。(第4学年)

オ　思考や理解を通して，地域社会に対する誇りと愛情，地域社会の一員としての自覚を養う。(第5学年及び第6学年)

カ　調査活動，地図帳や各種の具体的資料を通して，必要な情報を調べまとめる技能を身に付ける。(第3学年及び第4学年)

①　ア・ウ・オ　　②　ア・エ・オ　　③　イ・エ・オ

④　イ・エ・カ　　⑤　ウ・エ・カ　　⑥　ウ・オ・カ

〔問2〕 次の1～5の文は，日本の経済に関する事柄について説明したものである。(　ア　)～(　オ　)に入る語句の組合せとして適切なものを，以下の①～⑥から一つ選び，番号で答えなさい。

1　税金は，その納め方によって，直接税と間接税に分けられる。税金を納める人とその税金を負担する人が同じ税を，直接税という。これに対し，税金を納める人と税金を最終的に負担する人が異なる税を，間接税という。消費税は(　ア　)になる。

2　経済が(　イ　)になると，中央銀行はもっている国債などを売り，社会に出回っている通貨を回収する。そうすると，通貨が少なくなった分，企業や家計はお金を借りにくくなり，生産や消費が抑えられて(　イ　)を抑えることができる。

3　需要曲線と供給曲線は，どこかで必ず交わる。この交わった点の価格で取り引きが行われると，需要量(家計が買いたい量)と，供給量(企業が売りたい量)が，ちょうど一致する。この価格を(　ウ　)という。

4　外国の通貨(外貨)に対し円の価値が高くなることを円高，低くなることを円安という。(　エ　)が進むと，主に商品を海外に輸出する企業(輸出企業)にとっては，同じ商品でも外貨での価格が上昇し，競争上不利になる。

5　企業どうしが話し合いなどをして，競争を制限するような行為を行うことは，(　オ　)によって禁止されている。(　オ　)は，公正取引委員会によって，自由で公正な競争が損なわれないよう運用されている。

	ア	イ	ウ	エ	オ
①	間接税	インフレーション	均衡価格	円高	消費者基本法
②	直接税	インフレーション	オープン価格	円安	独占禁止法
③	間接税	デフレーション	オープン価格	円高	消費者基本法
④	直接税	デフレーション	均衡価格	円安	消費者基本法
⑤	間接税	インフレーション	均衡価格	円高	独占禁止法
⑥	直接税	デフレーション	オープン価格	円安	独占禁止法

〔問3〕　次のア～オの文は，熊本市にある観光地について説明したものである。下線を引いた出来事で年代順に正しく並んでいるものを，以下の①～⑥から一つ選び，番号で答えなさい。

ア　横井小楠記念館(四時軒)

幕末維新の開明思想家として知られる横井小楠の旧居。内坪井

(現在の熊本市中央区坪井)に生まれ，沼山津に移り住んだ小楠は，家塾「四時軒」を開き，多くの門弟を養成した。坂本龍馬や「五か条の御誓文」を起草した由利公正らもこの「四時軒」を訪れている。

イ　水前寺成趣園

桃山式の回遊庭園。肥後細川初代藩主・細川忠利が御茶屋を置いたのが始まり。その後，三代目藩主綱利のときに庭園が完成し，中国の詩人陶淵明の詩「帰去来辞」に因み，成趣園と名づけられた。阿蘇の伏流水が湧き出る池を中心に，ゆるやかな起伏の築山，浮石などが配された庭園である。

ウ　夏目漱石内坪井旧居

第五高等学校(現在の熊本大学)の英語教師として夏目漱石が来熊した。彼は4年3か月の熊本滞在期間中に6回も転居。そのうち，5番目に移り住んだ家で，最も長い1年8か月を暮らしたのがこの家である。

エ　熊本城

日本三名城のひとつといわれる熊本城は，加藤清正が7年の歳月をかけ築城した天下の名城である。その構えは豪壮雄大で，城域は98ha，周囲5.3kmにも及ぶ。当時は大小天守閣はじめ，櫓49，櫓門18，その他の城門29を数え，実戦を想定した巨大要塞であった。

オ　熊本市田原坂西南戦争資料館

熊本市田原坂西南戦争資料館は，西南戦争で17昼夜にわたる戦闘が繰り広げられた激戦地，田原坂にある。実際に使われた銃や弾，古文書等，西南戦争に至る時代背景や意義について分かりやすく展示してある。

① イ → エ → ア → ウ → オ
② エ → イ → ア → ウ → オ
③ イ → エ → ウ → ア → オ
④ エ → イ → ア → オ → ウ

⑤　イ　→　エ　→　オ　→　ア　→　ウ
⑥　エ　→　イ　→　オ　→　ア　→　ウ

〔問4〕 熊本市では，2022年(令和4年)3月19日から第38回全国都市緑化くまもとフェアが36年ぶりに開催されました。次の会話文は，久しぶりに熊本を訪れた大阪さんと熊本市内に住む肥後さんとのやり取りです。2人は熊本駅から市電(熊本市電)に乗りました。(　ア　)～(　オ　)に入る言葉として適切なものを，以下の①～⑥から一つ選び，番号で答えなさい。

大阪：熊本を訪れるのは，平成27年以来2回目ですが，熊本駅前もずいぶん変わりましたね。
熊本市の人口は，どのくらいですか。
肥後：令和2年の国勢調査では，熊本市の人口は，約(　ア　)万人でしたよ。
大阪：そうでしたか。実は，市電に乗って街をながめるのが大好きなんです。水道町の電停を過ぎると白川という川を渡りますよね。向かって左側に見える山は，立田山でしたね。今日は，水前寺成趣園や熊本市動植物園に行きます。帰りは，新水前寺駅から(　イ　)のJRに乗って熊本駅に帰ります。熊本市は緑も多いし，水が豊かですね。
肥後：よく知っていますね。全国都市緑化くまもとフェアでは，熊本市の市花である(　ウ　)の展示もあったと思います。この豊かな水は，熊本市から(　エ　)の方角にある阿蘇山に降った雨が，地下に貯えられゆっくりと地下を流れてくるのです。
大阪：水が豊富だと農業も盛んで，いろいろな作物も育つでしょう。
肥後：熊本市は5つの区がありますが，それぞれの区で農業の特徴があるのですよ。せっかくなのでクイズを出します。北区は，「すいか」の名産地。中央区は，「米」や「花き」

の生産が盛んです。それでは，「なす」の生産量が多いのは，何区でしょう。分かりますか。
大阪：(　オ　)区かなあ。当たりましたか。
肥後：さすが正解！大阪さん。よく知っていますね。
大阪：実は，時々(　オ　)区に住んでいる知人から，旬の「なす」が送られてくるんですよ。
肥後：いいですね。これからももっと熊本市を好きになってください。
大阪：もちろんですよ。

	ア	イ	ウ	エ	オ
①	67	鹿児島本線	肥後サザンカ	北	南
②	81	豊肥本線	肥後ギク	南	東
③	74	豊肥本線	肥後ツバキ	東	南
④	81	鹿児島本線	肥後ギク	北	西
⑤	67	鹿児島本線	肥後サザンカ	南	西
⑥	74	豊肥本線	肥後ツバキ	東	東

(☆☆☆◎◎◎)

【3】

〔問1〕 次の文は，「小学校学習指導要領(平成29年告示)解説　算数編」の「第2章　第2節　1　内容の構成　考え方」の一部である。(　ア　)～(　ウ　)に入る語句の組合せとして正しいものを以下の①～⑤から一つ選び，番号で答えなさい。

(2)　内容領域の構成～五つの領域について～
　算数科の内容は，「A数と計算」，「B図形」，「C(　ア　)」(下学年)，「C(　イ　)」(上学年)，及び「D(　ウ　)」の五つの領域で示している。

	ア	イ	ウ
①	測定	関数	データの活用
②	測定	変化と関係	データの活用
③	量と測定	関数	数量関係
④	測定	関数	数量関係
⑤	量と測定	変化と関係	データの活用

〔問2〕 ある中学校の昨年の陸上部員数は，男女合わせて60人だった。今年は昨年に比べて，男子が20%減り，女子が30%増えたので，男女合わせて58人になった。今年の男子と女子の部員数はそれぞれ何人か，①～⑤から一つ選び，番号で答えなさい。

① 男子26人　女子32人
② 男子30人　女子28人
③ 男子36人　女子22人
④ 男子40人　女子20人
⑤ 男子32人　女子26人

〔問3〕 次の図は，AD//BCの台形ABCDで，対角線AC，BDの交点をOとする。また，交点Oを通りBCに平行な直線をひいたときのAB，DCとの交点をそれぞれ，P，Qとする。AD＝12cm，BC＝6cmのとき，POの長さは何cmか，以下の①～⑤から一つ選び，番号で答えなさい。

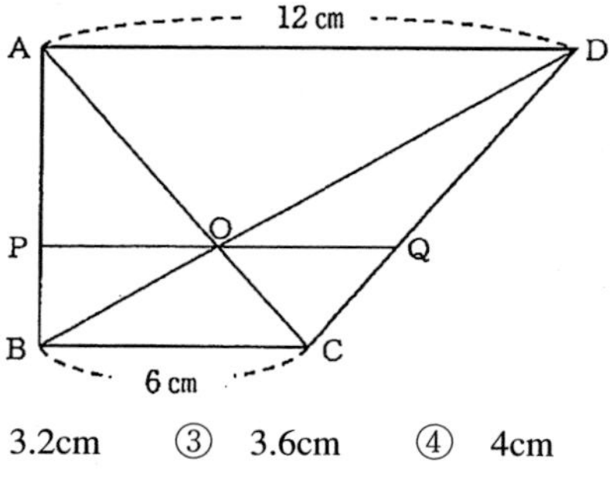

① 3cm　② 3.2cm　③ 3.6cm　④ 4cm　⑤ 4.2cm

〔問4〕 関数$y=\frac{1}{3}x^2$について，xの変域が$-3\leqq x\leqq 1$のとき，yの変域を①～⑤から一つ選び，番号で答えなさい。

① $-3\leqq y\leqq\frac{1}{3}$　② $0\leqq y\leqq\frac{1}{3}$　③ $\frac{1}{3}\leqq y\leqq 3$

④ $0\leqq y\leqq 3$　⑤ $0\leqq y\leqq 9$

(☆☆☆◎◎◎)

【4】

〔問1〕 次の文は，「小学校学習指導要領(平成29年告示)解説　理科編」の「第4章　3　事故防止　薬品などの管理」に関する記述である。内容として正しくないものを，①～⑤から一つ選び，番号で答えなさい。

① 観察，実験などの指導に当たっては，予備実験を行い，安全上の配慮事項を具体的に確認した上で，事故が起きないように児童に指導することが重要である。

② 安全管理という観点から，加熱，燃焼，気体の発生などの実験，ガラス器具や刃物などの操作，薬品の管理，取扱い，処理などには十分に注意を払うことが求められる。

③ 野外での観察，採集，観測などでは事前に現地調査を行い，危険箇所の有無などを十分に確認して，適切な事前指導を行い，事故防止に努めることが必要である。

④ 実験は座って行うことや，状況に応じて保護眼鏡を着用するなど，安全への配慮を十分に行うことが必要である。

⑤ 観察，実験の充実を図る観点から，理科室は，児童が活動しやすいように整理整頓しておくとともに，実験器具等の配置を児童に周知しておくことも大切である。

〔問2〕 次の図のような装置を用いて，凸レンズに関する実験を行った。以下の文の(　ア　)，(　イ　)に当てはまるアルファベットと言葉の組合せとして適切なものを，あとの①～⑥から1つ選び，番号で答えなさい。

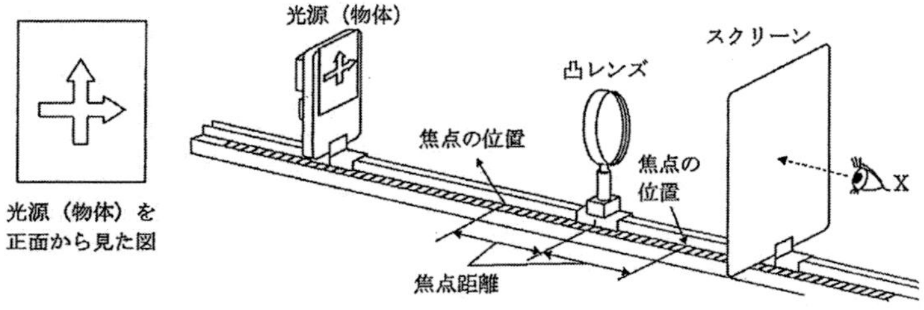

> 光源(物体)を図の場所に置き，スクリーンを動かして，スクリーンにはっきりとした像が映る場所を探した。焦点の位置と焦点距離の2倍の位置の間にスクリーンを移動させたところ，はっきりとした像をスクリーン上に確認することができた。Xから見たとき，像は次の(　ア　)のように見える。また，このときの像を(　イ　)という。

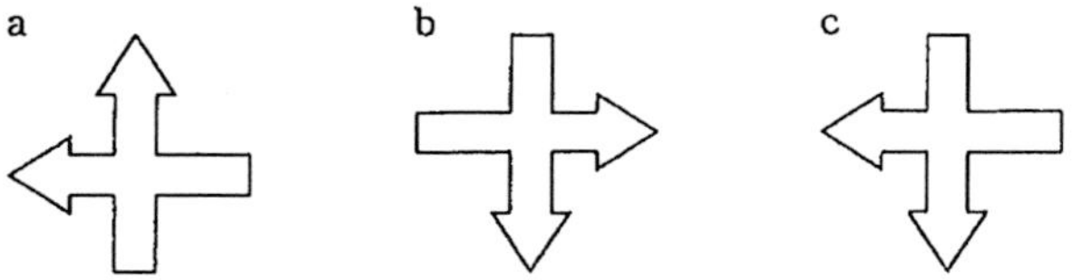

	ア	イ
①	a	実像
②	a	虚像
③	b	実像
④	b	虚像
⑤	c	実像
⑥	c	虚像

〔問3〕 次の図は，日本列島の南の海上を，前線をともなって移動する低気圧の天気図である。以下の文の(　ア　)，(　イ　)に当てはまるものの組合せとして適切なものを，あとの①～⑤から一つ選び，番号で答えなさい。

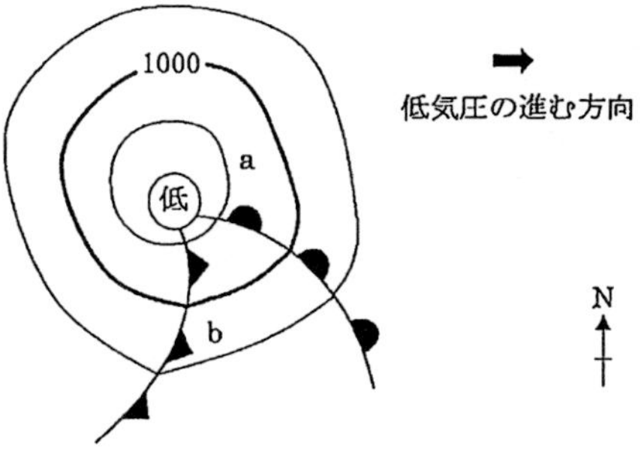

a地点の海上付近では，(　ア　)の風が吹いている。また，b地点の天気は，今後(　イ　)と予想される。

	ア	イ
①	北西	前線の通過にともない，広い範囲で雲ができ，雨は長く降り続く
②	南東	前線の通過にともない，積乱雲が発達し，強い雨が短い時間降る
③	東	前線の通過にともない，気温は上がる
④	南東	前線の通過にともない，広い範囲で雲ができ，雨は長く降り続く
⑤	北西	前線の通過にともない，積乱雲が発達し，強い雨が短い時間降る

〔問4〕マツバボタンの花の色の遺伝を調べる実験を行った。次の図は，この実験を模式的に表したものである。マツバボタンの花の色は，赤と白の2種類あり，花の色に関する遺伝子のうち，花の色を赤くする遺伝子をAとし，花の色を白くする遺伝子をaとする。また，AA，Aa，aaは遺伝子の組合せを示したものである。以下の文の(　ア　)，(　イ　)に当てはまる記号または数字の組合せとして適切なものを，あとの①～⑥から一つ選び，番号で答えなさい。

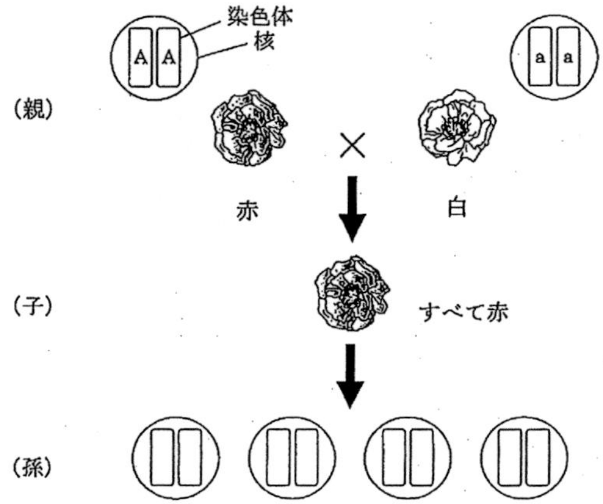

赤い花をつける純系のマツバボタンの花粉(親)を，白い花をつける純系のマツバボタン(親)のめしべにつけ，できた種子をまいたところ，すべての株(子)は赤い花を咲かせた。さらに子どうしをかけ合わせてできた孫の遺伝子の組合せは(　ア　)である。この実験によりできたマツバボタンの孫の株が350株だったとすると，白い花を咲かせる株は，およそ(　イ　)株と考えられる。

	ア	イ
①	AA	90
②	AA	260
③	AAとAa	90
④	AAとAa	260
⑤	AAとAaとaa	90
⑥	AAとAaとaa	260

(☆☆☆◎◎◎)

【5】

〔問1〕 次の文は，「小学校学習指導要領(平成29年告示)解説　音楽編」の「第3章　各学年の目標及び内容」である。(　ア　)～(　オ　)に入る語句の組合せとして正しいものを，以下の①～⑤から一つ選び，番号で答えなさい。

〔第1学年及び第2学年〕の目標

(1) 曲想と音楽の構造などとの関わりについて気付くとともに，音楽表現を楽しむために必要な歌唱，器楽，音楽づくりの技能を身に付けるようにする。

(2) 音楽表現を考えて表現に対する思いをもつことや，曲や演奏の楽しさを見いだしながら音楽を味わって聴くことができるようにする。

(3) (　ア　)音楽に関わり，協働して音楽活動をする楽しさを感じながら，身の回りの様々な音楽に親しむとともに，音楽経験を生かして生活を明るく潤いのあるものにしようとする態度を養う。

〔第3学年及び第4学年〕の目標

(1) 曲想と音楽の構造などとの関わりについて気付くとともに，表したい音楽表現をするために必要な歌唱，器楽，音楽づくりの技能を身に付けるようにする。

(2) 音楽表現を考えて表現に対する思いや(　イ　)をもつことや，曲や演奏のよさなどを見いだしながら音楽を味わって聴くことができるようにする。

(3) (　ウ　)音楽に関わり，協働して音楽活動をする楽しさを感じながら，様々な音楽に親しむとともに，音楽経験を生かして生活を明るく潤いのあるものにしようとする態度を養う。

〔第5学年及び第6学年〕の目標

(1) 曲想と音楽の構造などとの関わりについて(　エ　)とともに，表したい音楽表現をするために必要な歌唱，器楽，音楽づくりの技能を身に付けるようにする。

(2) 音楽表現を考えて表現に対する思いや(　イ　)をもつことや，

曲や演奏のよさなどを見いだしながら音楽を味わって聴くことができるようにする。

(3)　(　オ　)音楽に関わり，協働して音楽活動をする楽しさを味わいながら，様々な音楽に親しむとともに，音楽経験を生かして生活を明るく潤いのあるものにしようとする態度を養う。

	ア	イ	ウ	エ	オ
①	喜んで	意図	進んで	考える	対話的に
②	楽しく	考え	進んで	知る	対話的に
③	喜んで	意図	協力的に	理解する	主体的に
④	体験的に	考え	協力的に	知る	主体的に
⑤	楽しく	意図	進んで	理解する	主体的に

〔問2〕　次の楽譜は，小学校5年生の共通教材「こいのぼり」(文部省唱歌)の初めの2小節である。正しい楽譜を，①～⑤から一つ選び，番号で答えなさい。

①
②
③
④
⑤

掲載許可が得られていませんので，掲載いたしません。

(☆☆☆☆◎◎◎◎◎)

【6】

〔問1〕　次の文は，「小学校学習指導要領(平成29年告示)解説　図画工作編」の「第3章　第3節　第5学年及び第6学年の目標と内容　2　内容『A　表現』」の一部である。(　a　)～(　c　)に当てはまる語句の組合せとして正しいものを，以下の①～⑤から一つ選び，番号で答えなさい。

(1)　表現の活動を通して，発想や構想に関する次の事項を身に付けることができるよう指導する。

ア　造形遊びをする活動を通して，材料や(　a　)，空間などの特徴を基に造形的な活動を思い付くことや，構成したり周囲の様子を考え合わせたりしながら，どのように活動するかについて考えること。
イ　絵や立体，工作に表す活動を通して，感じたこと，想像したこと，見たこと，伝え合いたいことから，表したいことを(　b　)ことや，形や色，材料の特徴，構成の美しさなどの感じ，用途などを考えながら，どのように(　c　)表すかについて考えること。

	a	b	c
①	場所	見付ける	作品に
②	用具	見付ける	主題を
③	場所	考える	作品に
④	用具	考える	作品に
⑤	場所	見付ける	主題を

〔問2〕 次の文は，図画工作で使う材料や用具について述べたものである。授業中に刃物を扱うときの留意点として適切でないものを，①～⑤から一つ選び，番号で答えなさい。

① カッターナイフを使うときは，刃の進む方向に手を置かない。
② カッターナイフで曲線を切るときは，紙を少しずつ回しながら切る。
③ はさみを使わないときは，刃を閉じて机の上や箱の中などに置くようにする。
④ 彫刻刀の持ち方は，片方の手で刀の柄を鉛筆を持つようにし，もう一方の手で刀の根元を押さえて彫り進める。
⑤ 木版画で三角刀を使うときは，彫刻刀と版木の角度を大きくし，指先で刀を押し出すように彫る。

(☆☆☆◎◎◎)

【7】

〔問1〕 次の文は,「小学校学習指導要領(平成29年告示)」の「第2章 第8節　第2　1　B　衣食住の生活」の一部である。(a)~(c)に入る語句の組合せとして正しいものを，以下の①~⑤から一つ選び，番号で答えなさい。

> (5) 生活を(a)にするための布を用いた製作
> 　ア 次のような知識及び技能を身に付けること。
> 　　(ア) 製作に必要な(b)が分かり，製作計画について理解すること。
> 　　(イ) 手縫いやミシン縫いによる(c)に応じた縫い方及び用具の安全な取扱いについて理解し，適切にできること。

	a	b	c
①	快適	材料や方法	場所
②	豊か	材料や手順	目的
③	豊か	材料や方法	場所
④	快適	材料や手順	場所
⑤	豊か	材料や方法	目的

〔問2〕 次のア～オの文について，内容が適切でないものの組合せを，以下の①~⑤から一つ選び，番号で答えなさい。

> ア 特定保健用食品マークとは，おなかの調子を整える，虫歯の原因になりにくいなど，特定の保健効果が期待できる食品に付けられる。
> イ 12～14歳の食品群別摂取量の目安は，2群が300g，3群が100gである。
> ウ 腰囲(ヒップ)を採寸する際は，腰のいちばん太いところを1周水平に測る。
> エ 幼児は成人と比べて呼吸数，脈拍数が多い。
> オ クーリング・オフ制度は，一定期間内に口頭や電話で通知

すれば契約を解除できる制度である。

① ア・ウ　② イ・エ　③ ウ・エ　④ ア・オ
⑤ イ・オ

(☆☆☆◎◎◎)

【8】

〔問1〕 次のア～オの文は，「小学校学習指導要領(平成29年告示)解説 体育編」の「第2章　第2節　各学年の目標及び内容　第5学年及び第6学年　2　内容　A体つくり運動　(3)　学びに向かう力，人間性等」に関する記述である。正しく記述されているものがいくつあるか，以下の①～⑤から一つ選び，番号で答えなさい。

ア　体つくり運動や体の動きを高める運動に積極的に取り組むこと。
イ　運動を行う際の約束を守り，仲間と助け合うこと。
ウ　運動を行う場の設定や用具の片付けなどで，分担された役割を果たすこと。
エ　運動の行い方について仲間と気付きや考え，取組を互いにアドバイスすること。
オ　運動の場の危険物を取り除くとともに，用具の使い方や周囲の安全に気を配ること。

① 1つ　② 2つ　③ 3つ　④ 4つ　⑤ 5つ

〔問2〕 次のア～オの文から，「小学校学習指導要領(平成29年告示)解説　体育編」の「第2章　第2節　各学年の目標及び内容　第3学年及び第4学年　2　内容　G保健」に関する記述として正しいものの組合せを，以下の①～⑤から一つ選び，番号で答えなさい。

ア　けがなどの簡単な手当ては，速やかに行う必要があること。
イ　病原体が主な要因となって起こる病気の予防には，病原体が体に入るのを防ぐことや病原体に対する体の抵抗力を高めることが必要であること。
ウ　心や体の調子がよいなどの健康の状態は，主体の要因や周囲の環境の要因が関わっていること。

エ　生活習慣病など生活行動が主な要因となって起こる病気の予防には，適切な運動，栄養の偏りのない食事をとること，口腔の衛生を保つことなど，望ましい生活習慣を身に付ける必要があること。

オ　体は，思春期になると次第に大人の体に近づき，体つきが変わったり，初経，精通などが起こったりすること。また，異性への関心が芽生えること。

①　ア・イ　②　ア・ウ　③　イ・ウ　④　ウ・オ

⑤　エ・オ

(☆☆◎◎◎◎)

【9】

〔問1〕 次の文は，「小学校学習指導要領(平成29年告示)解説　外国語活動・外国語編」の「第2部　第1章　2　外国語科導入の趣旨と要点　(2)改訂の要点　①目標」の一部である。(　ア　)～(　エ　)に当てはまる語句の組合せとして正しいものを，以下の①～⑤から一つ選び，番号で答えなさい。

> 外国語学習においては，語彙や文法等の個別の(　ア　)がどれだけ身に付いたかに主眼が置かれるのではなく，児童生徒の学びの過程全体を通じて，(　ア　)・(　イ　)が，実際の(　ウ　)において活用され，思考・(　エ　)・表現することを繰り返すことを通じて獲得され，学習内容の理解が深まるなど，資質・能力が相互に関係し合いながら育成されることが必要である。

	ア	イ	ウ	エ
①	理解	技能	対話	応答
②	知識	意欲	コミュニケーション	判断
③	知識	技能	コミュニケーション	応答
④	理解	意欲	対話	応答
⑤	知識	技能	コミュニケーション	判断

〔問2〕 次の英文は，外国語の授業で学級担任がテーマに沿って英語で児童とやり取りをしている場面である。ア～オに当てはまる語句の組合せとして最も適切なものを，以下の①～⑤から一つ選び，番号で答えなさい。

担任：Look. This is my bag. It's heavy.
Please feel it. (自分のカバンを児童に差し出しながら)
What's (ア) it? Can you guess?
児童：Pen?
担任：A Pen? Pens? (イ), but not pens, sorry.
Listen. (カバンを少し振って見せながら)
What (ウ) I have in my bag?
児童：A watch?
担任：A watch? Watches?
Great! (エ) Look, a watch. (腕時計を1つ取り出しながら)
Look, another watch. And another watch. Oh, one more watch.
Wow, another watch. Umm, anymore? Oh, one more watch.
OK. (オ) watches?
児童：Six watches.

	ア	イ	ウ	エ	オ
①	inside	Good idea	do	That's right.	How many
②	outside	Good idea	should	That's right.	How much
③	inside	No problem	do	That's right.	How many
④	outside	No problem	should	I'm not sure.	How much
⑤	inside	Good idea	do	I'm not sure.	How much

〔問3〕 次の英文の内容として適切でないものを，以下の①～⑤から一つ選び，番号で答えなさい。

掲載許可が得られていませんので，掲載いたしません。

① We need the power of science to respond to global issues.

② Global issues include infectious diseases and the environment.

③ Only science can solve our problems because the power of science is indispensable.

④ It's difficult to reach one answer because there ate opposing values and interests.

⑤ We must bring knowledge together to overcome our problems.

(☆☆☆◎◎◎)

【10】

〔問1〕 次の文は，「小学校学習指導要領(平成29年告示)」の「第3章 特別の教科　道徳　第3　指導計画の作成と内容の取扱い」の一部である。(　A　)～(　C　)に当てはまる語句の組合せとして正しいものを，以下の①～⑤から一つ選び，番号で答えなさい。

> 3　教材については次の事項に留意するものとする。
>
> (2) 教材については，教育基本法や学校教育法その他の法令に従い，次の観点に照らし適切と判断されるものであること。
>
> ア　児童の発達の段階に即し，ねらいを達成するのにふさわしいものであること。
>
> イ　(　A　)の精神にかなうものであって，(　B　)，人間関係の理解等の課題も含め，児童が(　C　)考えることができ，人間としてよりよく生きる喜びや勇気を与えられるものであること。
>
> ウ　多様な見方や考え方のできる事柄を取り扱う場合には，特定の見方や考え方に偏った取扱いがなされていないものであること。

	A	B	C
①	人権尊重	心情の変化	主体的に
②	人間尊重	悩みや葛藤等の心の揺れ	深く
③	人権尊重	悩みや葛藤等の心の揺れ	主体的に
④	人間尊重	悩みや葛藤等の心の揺れ	主体的に
⑤	人権尊重	心情の変化	深く

〔問2〕 次の文は，「小学校学習指導要領(平成29年告示)」の「第2章　第5節　生活　第1　目標」の一部である。(　ア　)，(　イ　)に当てはまる語句の組合せとして正しいものを，以下の①～⑤から一つ選び，番号で答えなさい。

> 第1　目標
> 具体的な活動や体験を通して，身近な生活に関わる見方・考え方を(　ア　)，自立し生活を(　イ　)していくための資質・能力を次のとおり育成することを目指す。

	ア	イ
①	生かし	豊かに
②	生かし	創造
③	働かせ	よりよく
④	働かせ	豊かに
⑤	働かせ	創造

〔問3〕 次のア～オの文は，「小学校学習指導要領(平成29年告示)」の「第5章　総合的な学習の時間　第2　3　各学校において定める目標及び内容の取扱い」に関する記述である。「目標を実現するにふさわしい探究課題」の例として正しいものの組合せを，以下の①～⑤から一つ選び，番号で答えなさい。

ア　児童の興味・関心に基づく課題

イ　国際理解，情報，環境，福祉・健康などの現代的な諸課題に対応する横断的・総合的な課題

ウ　家庭生活をよりよくするための課題

エ　地域の人々の暮らし，伝統と文化など地域や学校の特色に応じた課題

オ　特定教科の補充・発展学習の役割を担える課題

①　ア・ウ・オ　②　ウ・エ・オ　③　ア・イ・オ

④　イ・ウ・エ　⑤　ア・イ・エ

〔問4〕 次の文は，「小学校学習指導要領(平成29年告示)」の「第6章 特別活動　第1　目標」である。文中の(　　)に共通して当てはまる語句として正しいものを，以下の①～⑤から一つ選び，番号で答えなさい。

第1　目標 集団や社会の形成者としての見方・考え方を働かせ，様々な集団活動に(　　)に取り組み，互いのよさや可能性を発揮しながら集団や自己の生活上の課題を解決することを通して，次のとおり資質・能力を育成することを目指す。 (1)　多様な他者と協働する様々な集団活動の意義や活動を行う上で必要となることについて理解し，行動の仕方を身に付けるようにする。 (2)　集団や自己の生活，人間関係の課題を見いだし，解決するために話し合い，合意形成を図ったり，意思決定したりすることができるようにする。 (3)　(　　)な集団活動を通して身に付けたことを生かして，集団や社会における生活及び人間関係をよりよく形成するとともに，自己の生き方についての考えを深め，自己実現を図ろうとする態度を養う。

①　自主的，実践的　②　主体的，対話的　③　多面的，多角的

④　積極的，協力的　⑤　能動的，共感的

(☆☆☆◎◎◎)

解答・解説

熊　本　県

【一次試験】

【1】1　④　　2　①

〈解説〉1 「二人三脚の結び目をそのままにしていた」のは，二人三脚でゴールしたときの気持ちを持ち続けていたいという，二人の気持ちの高まりの表れである。そのため，二人三脚をしながら二人の気持ちがどのようになりゴールしたのかを，読み取るとよい。また，この気持ちは二人の間の気持ちであり，他者の存在や周囲の状況は大きな影響を持っていないことにも気付くことが必要である。　2 「二人三脚」を成功させたのは，チームを組む二人がどのような関係になってきたかに着目して，読むことが必要である。「二人三脚の結び目をそのままにしていた」ことから，感動は二人が同様に感じていたものであることを踏まえ，各選択肢で「M」への捉え方として示されている，①「無二の存在」，②「庇護してくれる存在」，③「師匠のような存在」，④「利用できる存在」，⑤「畏怖すべき存在」に着目して，それに相応しい関係とはどのようなものかを考えるとよい。

【2】1　②　　2　③　　3　③

〈解説〉1　接続詞等を選択して補う問題は，まず選択肢に挙げられている接続詞等の働き方を確認する。選択肢①は要約，言い換えの副詞，②は逆説の接続詞，③は事態の順接を表す接続詞，④は因果関係での順接を表す接続詞，⑤は選択，累加の接続詞である。次に，問題文の設問の接続詞等の前の部分と接続詞等の直後の部分を読み，どのような関係かを考え，ふさわしい語を選ぶ。　2　本文の内容との一致の検討は，選択肢が本文中の語句を多く用いたり，似た言い回しをしたりしていても文意と異なることを述べている場合がある。そのため，まず選択肢の文意を主語と述語等に絞るなどして，明確に捉え，本文と比較することが必要である。次に，文意の中心となる短い主述が本文と食い違っていない場合は，修飾語や説明の添加部分の述べ方を注意して読み，本文の述べ方との違いを丁寧に読んでいくことが必要である。　3　この形の設問では，「とても勇気の出る話です。」の「話」の内容は，必ずこの一文の前に述べられている。また，「勇気の出る」と述べていることから，さらに「勇気の出る話」の前に，困ったり，意欲がなえたりするような，マイナスの印象を受ける状況があり，元気のなくなる状況→元気を喚起する話→「とても勇気の出る話です。」という展開になっている可能性もある。こうした展開を予想して，指定された一文の前の部分をていねいに読んで探すとよい。

【3】⑤

〈解説〉指導事項は児童の発達を踏まえて，指導の中心的な内容が学年進行して示されている。各学年の内容の特徴を踏まえると，学年を判断しやすい。　ア「書く内容の中心を明確にし」は，低学年の「自分の思いや考えを明確になるようにし」を発展した視点となっていることから，中学年の指導事項である。　イ　書く対象が「経験したことや想像したことなど」とあり，経験値の浅い段階と分かることから，低学年の指導事項である。　ウ「引用して書く」指導は，高学年の事項である。　エ　低学年に引き続き「間違いを正す」ことが含まれ，「文や文章を整える」ことが加わっていることから，中学年の指導事項である。　オ　共有のポイントが，中学年の「書こうとしたことが明確になっているかなど」から，「文章全体の構成や展開が明確になっているかなど」に発展した指導内容となっていることから，高学年の指導事項である。

【4】⑨

〈解説〉A　第4学年では，地域社会の社会的事象について学習する。自分たちの都道府県の地理的環境の特色，地域の人々の健康と生活を支える働き，自然災害から地域の安全を守る活動など，いずれにおいても，地域の人々の生活との関連を考えることを通して，地域における社会生活について理解することが求められている。 B 目標(2)は，思考力，判断力，表現力等に関するものである。教科の目標(2)には，「その解決に向けて社会への関わり方を選択・判断したりする力，考えたことや選択・判断したことを適切に表現する力を養う」ことが示されている。まずは，教科の目標を確実に押さえることが重要である。 C 目標(3)は，学びに向かう力，人間性等に関するものである。教科の目標(3)には，「よりよい社会を考え主体的に問題解決しようとする態度を養う」ことが示されている。「主体的」は，各教科の目標(3)に多く用いられる言葉であり，キーワードである。

【5】⑤

〈解説〉単に紛争や暴力がない状態だけでなく，さまざまな地球的規模の脅威から人間の生命，身体，安全，財産を守り，すべての人々が人間らしく安心して生きることができる社会を目指す考え方を，「人間の安全保障」という。

【6】②

〈解説〉18世紀後半から19世紀前半は，江戸時代の化政文化の時期である。
① 本居宣長が『古事記伝』を書きおえたのは，1798年のことである。
② 松尾芭蕉(1644～94)は，17世紀後半の元禄文化の時期に活躍した俳人である。 ③ 錦絵が流行したのは，18世紀後半である。
④ 伊能忠敬が日本地図を作成したのは，19世紀初めの頃である。
⑤ 寺子屋は，江戸時代の前から存在していたが，江戸時代に入り政治が安定していった18世紀から19世紀前半にかけて，大幅に増加した。

【7】③

〈解説〉イ 御成敗式目を制定したのは，三代執権の北条泰時である。北条時宗は，蒙古襲来時の執権である。 エ 五人組は，江戸幕府が

1630年前後の寛永期に制度化したものである。

【8】①

〈解説〉発電量の内訳で，特に特徴があるのがDとEである。Dについて，大部分を水力発電が占める国は，ブラジルである。世界最大規模のアマゾン川の豊富な水力資源を活用しており，エネルギー輸入依存度が少ない国の一つである。Eについて，電力の大部分を原子力が占める国は，フランスである。フランスは，世界で最も原子力発電を推進する国である。A・B・Cはいずれも火力に頼っている国だが，次に原子力の割合が多いBがアメリカ，次に水力の割合が多いAが中国で，残ったCが日本である。

【9】③

〈解説〉A　熊本県は，北の福岡県と南の鹿児島県にはさまれ，九州の中央部に位置している。　B　阿蘇には噴火によって生じたくぼ地，世界有数のカルデラがある。シラスは，九州南部に分布する火山灰地である。　C　ユネスコ世界ジオパークは，国際的に地質学的意義のあるサイトや景観が保護，教育，持続可能な開発のすべてを含んだ総合的な考え方によって管理された，1つにまとまったエリアのことである。阿蘇のほかに，洞爺湖有珠山，島原半島などが登録されている。ユネスコエコパークは，豊かな生態系を有し，地域の自然資源を活用した持続可能な経済活動を進めるモデル地域である。　D　熊本地震は，2016(平成28)年4月14日以降に発生した地震である。熊本県では，14日と16日に震度7を観測し，16日の地震がマグニチュード7.3を記録したため，本震とされた。　E　大きな被害を受けた阿蘇大橋にかわり，2021(令和3)年に完成したのは新阿蘇大橋である。元の場所から600m下流に架橋された。阿蘇長陽大橋も損害を受けたが，こちらは補修により復旧した。

【10】④

〈解説〉A，B，C，D，Eの5つの班の中から，くじ引きで2つの班を選ぶとき，全ての選び方は$_5C_2=\frac{5\cdot4}{2\cdot1}=10$〔通り〕。また，C班以外の4つの班から2班選ばれる選び方は，$_4C_2=\frac{4\cdot3}{2\cdot1}=6$〔通り〕　よって，C班が選ばれる確率は，$\frac{10-6}{10}=\frac{2}{5}$　である。

【11】②

〈解説〉$\sqrt{0.6}=\sqrt{\frac{60}{100}}=\frac{\sqrt{60}}{\sqrt{100}}=\frac{\sqrt{60}}{10}=\frac{7.746}{10}=0.7746$である。

【12】⑤

〈解説〉できる立体は，半径が5cmの球である。半径rの球の体積は$\frac{4}{3}\pi r^3$だから，求める体積は$\frac{4}{3}\pi\times5^3=\frac{500}{3}\pi$〔$cm^3$〕である。

【13】④

〈解説〉歩いた道のりを$x$kmとすると，歩いた時間が$x\div4=\frac{x}{4}$〔時間〕，公園でストレッチをした時間が　20分$=\frac{20}{60}$時間$=\frac{1}{3}$時間，走った時間が$(6-x)\div9=\frac{6-x}{9}$〔時間〕，小学校を出発して中学校に着くまでにかかった時間が午前11時30分－午前10時＝1時間30分$=1\frac{30}{60}$時間$=\frac{3}{2}$時間だから，かかった時間の関係から，$\frac{x}{4}+\frac{1}{3}+\frac{6-x}{9}=\frac{3}{2}$　両辺に36をかけて，$9x+12+4(6-x)=54$　これを解いて，$x=\frac{18}{5}=3.6$　歩いた道のりは3.6kmになる。

【14】③

〈解説〉関数$y=ax^2$は点A$(-2,\ 2)$を通るから，$2=a\times(-2)^2=4a$　$a=\frac{1}{2}$
点Bは$y=\frac{1}{2}x^2$上にあるから，そのx座標は$8=\frac{1}{2}x^2$　$x^2=16$　$x>0$より$x=\sqrt{16}=4$　よって，B$(4,\ 8)$　これより，直線ABは，傾きが$\frac{8-2}{4-(-2)}=1$で，点Aを通るから，その式は$y-2=x-(-2)$　$y=x+4$　よって，C$(0,\ 4)$　以上より，$\triangle$OAB$=\triangle$OAC$+\triangle$OBC$=\frac{1}{2}\times$OC$\times|$点Aのx座

標 $|+\frac{1}{2}\times OC\times|$点Bの$x$座標$|=\frac{1}{2}\times 4\times|-2|+12\times 4\times|4|=12$

【15】②

〈解説〉今回の学習指導要領改訂において，算数の内容は，系統性や発展性の全体を中学校数学科との接続も視野に入れて，第1～第3学年は「A数と計算」，「B図形」，「C測定」，「Dデータの活用」，第4～第6学年は「A数と計算」，「B図形」，「C変化と関係」，「Dデータの活用」に整理された。

【16】④

〈解説〉並列つなぎなので，$V_0=V_1=V_2$，$I_0=I_3=I_1+I_2$である。また$R_1=R_2$なので，$I_1=I_2$である。　①・③　$V_0=V_1=V_2$より，$V_0\neq V_1+V_2$　②　$I_0=I_3=I_1+I_2$より，$I_0+I_3\neq I_1+I_2$　④　$I_0=I_1+I_2$　また，$I_1=I_2$より，$I_0=2I_2$　$V_0=V_2$　で，どちらも正しい記述である。　⑤　$I_0=I_3$より，$I_0-(I_1+I_2)\neq I_3$　また，$V_0=V_1=V_2$　より，$V_2\neq V_0-V_1$

【17】②

〈解説〉イ　pHが小さいほど酸性が強く，大きいほどアルカリ性が強い。ウ　pH試験紙は，水素イオン濃度が水酸化物イオン濃度より大きいときに赤く変わる。水素イオンは陰極側に動く。

【18】①

〈解説〉ウ　有害なアンモニアを比較的無害な尿素につくりかえるのは，肝臓の働きである。　エ　ヘモグロビンは，肺などの酸素の多いところでは酸素と結びつき，酸素の少ないところでは酸素を放す働きで，酸素を運搬している。また，全身の細胞から二酸化炭素を回収する役割をはたしている。

【19】⑤

〈解説〉ア　斑状組織が見られるのは，地表付近でできる火山岩である。

花崗岩は，地下の深いところでできる深成岩の一種で，深成岩では等粒状組織が見られる。　イ　1hPaの気圧は，1m³の面に100N(約10kg)の力が加わるときの圧力である。　エ　金星は，地球の内側を回っているため，夜中には見られない。金星は明け方の東の空か，夕方の西の空に見ることができる。どちらも，その時刻に太陽が見える方向に見える。

【20】③

〈解説〉ア　メスシリンダーの目盛りを読むときは，液面の最も低い位置を読み取る。　ウ　こまごめピペットのゴム球のみをつまんで持つと，不意に中の液体が飛び出す恐れがある。こまごめピペットは，親指と人差し指でゴム球をはさみ，残りの指でガラス部分を持つ。　オ　太陽を観察するときは，専用のフィルター等を通して観察するようにする。直接目で見ると目を傷めるので，絶対に行ってはいけない。

【21】②

〈解説〉教科の目標(2)の「観察，実験などを行い，問題解決の力を養う」ことについての解説からの出題である。小学校理科では，学年を通して育成を目指す問題解決の力を，学年ごとに示している。イは第4学年，ウは第5学年についての説明である。

【22】④

〈解説〉A　目標(1)は知識及び技能に関するもので，後半は技能に関する目標である。技能に関しては，「A表現」の3分野である「歌唱」，「器楽」，「音楽づくり」の技能を身に付けることが，目標として示されている。ソルフェージュとは，楽譜を読むことを中心とした基礎訓練のことである。　B・C　目標(2)は，思考力，判断力，表現力等に関するもので，前半は表現領域に関する目標で，後半は鑑賞領域に関する目標である。表現領域においては，音楽表現に対する考えについて，低学年では「思いをもつこと」，中・高学年では「思いや意図をもつこと」として，発達段階を踏まえて質的な高まりの差で示されている。「豊かな感性」は，幼稚園教育要領において幼児期の終わりまでに育ってほしい姿として示されている。鑑賞領域においては，音楽の聴き方について，低学年では「曲や演奏の楽しさを見いだしながら」，中・高学年では「曲や演奏のよさなどを見いだしながら」として，質的に高まっていくように示されている。　D・E　目標(3)は，学びに向かう力，人間性等に関するものである。ここでは，自ら音楽に関わり，協働して音楽活動をする楽しさを感じたり味わったりしながら，様々な音楽に親しむこと，音楽経験を生かして生活を明るく潤いのあるものにしようとすることについて，全学年に共通の目標として示されている。

【23】③

〈解説〉和音を鍵盤楽器で弾く演奏の仕方の問題である。楽譜の和音は，音名で下の音から順に「一点ニ」「嬰一点ヘ」「一点イ」である。したがって，鍵盤は下から㋒ー㋖ー㋙である。楽譜にはシャープ(♯)があるため，下から2番目の音は黒鍵を演奏することになる。

【24】④

〈解説〉各学年の共通教材からの出題である。出題は第4学年の楽曲である。「茶つみ」，「春の小川」，「ふじ山」は第3学年，「こいのぼり」，「スキーの歌」，「冬げしき」は第5学年，「おぼろ月夜」，「われは海の子」は第6学年の共通教材である。

【25】①

〈解説〉第6学年の歌唱共通教材「越天楽今様」から，楽譜の穴埋め問題である。「越天楽今様」の楽譜は教科書にもある通り，全4段の各4小節で合わせて16小節で構成されている。出題箇所はAが3小節目，Bが10小節目，Cが12小節目，Dが13小節目となっている。歌唱共通教材は各学年4曲の全24曲であるが，すべて頻出曲なので曲名，作曲者，拍子，調，階名，歌詞など，楽譜全体を確認しておくことが重要である。

【26】①

〈解説〉ア 「造形的な見方・考え方」は，図画工作科の特質に応じた物事を捉える視点や考え方を示している。「造形的」は，図画工作科における重要なキーワードである。 イ 目標(1)は，知識及び技能に関するもので，前半が知識に関する目標である。「自分の感覚や行為を基に，形や色などの造形的な特徴を理解すること」などが，知識として位置付けられている。 ウ 目標(3)は，学びに向かう力，人間性等に関するものである。図画工作科においては，形や色などに能動的に関わり，心楽しく豊かな生活を自らつくりだそうとする態度を養うことを，全学年を通して目指している。また，美しいものや優れたものに接して感動したり，情感豊かになったりする心である情操の育成を目指している。

【27】③

〈解説〉① 「知識」ではなく，「技能」を働かせながらつくることを通した学習であることが記述されている。 ② 「新聞紙や段ボール，布など」は自然物ではなく，人工の材料の例示として示されている。
④ 「児童の活動は単調」ではなく，「児童の活動は多様」であることを踏まえた指導の工夫が必要であることが記述されている。 ⑤ 「技能的な指導を繰り返して活動」ではなく，「発想や構想を繰り返して活動」することが記述されている。

【28】④

〈解説〉「第4章 指導計画の作成と取扱い」「2 内容の取扱いと指導上の配慮事項」には，(6)として各学年で取り扱う材料や用具について示されている。 ア 水彩絵の具は，学校で取り扱う基本的な絵の具であり，中学年の児童が形や色を表すために適した用具として示されている。アクリル絵の具は，共用絵の具として用意されることが多いが，油絵の具は小学校ではあまり使われない。　イ・エ　用具については，基本的な扱い方を踏まえて使うことが大切である。イについては，空欄の前に「刃こぼれがないか」などと記述されていることから，「安全」である。　ウ　高学年については，児童の表現方法の広がりに対応した材料や用具として，針金と糸のこぎりが示されている。

【29】③

〈解説〉粘土を成形する段階で粘土同士を接着させるときは，「どべ」を使用する。「どべ」は，粘土を水で溶いた接着剤のようなものである。接着面にたっぷりと塗り，圧着させる。酢を入れると，より強力な接着剤になるといわれている。

【30】⑤

〈解説〉ア「衣食住などに関する実践的・体験的な活動を通して」は，家庭科における学習方法の特質が示されたものである。家庭科においては，実践的・体験的な活動を通して，資質・能力の三つの柱の育成を目指している。　イ・ウ　目標(1)は，知識及び技能に関するものである。その冒頭には，家庭科の内容である「家族・家庭生活」，「衣食住の生活」，「消費生活・環境」に関連する語句が列挙されている。それらは，家庭科で習得する日常生活に必要な知識である。
エ・オ　今回の学習指導要領改訂において，生涯の家庭生活を支える基盤となる能力を育むという視点から，従前の「家庭生活への関心を高める」を「家庭生活を大切にする心情を育み」と改められている。

【31】③

〈解説〉△は，漂白処理記号である。△に×が付いている記号は，漂白処理ができないことを表している。タンブル乾燥記号は，□の中に○で表された記号である。洗濯表示記号とその説明が消費者庁から出されているので，調べておくとよい。

【32】④

〈解説〉ア　玄米から取り除かれるぬかや胚芽には，ビタミンB群やミネラル，食物繊維，たんぱく質などの栄養素が豊富に含まれている。　イ　米の77％が炭水化物である。　ウ　80gの米は約100mLである。体積の場合は1.2倍の水が必要である。100×1.2＝120で，120mLの水が必要となる。一般的には，1合(180mL，約150g)の米に200mLの水が目安とされているが，学校で扱われる比率はそれと異なるため，注意が必要である。　エ・オ　火加減は，少ない量なら中火から徐々に弱くするなど，炊く米の量によって強さを調整し，水分がなくなっていることを確認してから，蒸らしに入るとよい。

【33】①

〈解説〉①「3R」とは，リデュース(むだを減らす)，リユース(くり返し使う)，リサイクル(資源として再び利用する)である。この順番は，取り組みの優先順位も表している。リフューズは，ごみのもとになるものを受け取らないという意味で，修理して使うという意味のリペアと合わせて，5Rと呼ばれている。

【34】①

〈解説〉①　台上前転は，中学年の跳び箱の回転系の技である。
②～⑤　かえるの足打ちは，マットを使った運動遊びの例示。馬跳びは，跳び箱を使った運動遊びの例示。ツバメは，鉄棒を使った運動遊びの例示。平均台を使った運動遊びは，固定施設を使った運動遊びの例示である。

【35】③

〈解説〉「易しいゲーム(中学年)」と「簡易化されたゲーム(高学年)」の違いを理解しているかが，正解を得るための鍵となる。また，低学年のボールゲーム，中学年のゲーム，さらに高学年のボール運動における「ゴール型」「ネット型」「ベースボール型」といった類型を基にした学習の発展を理解しておくことが大切である。　①　高学年のベースボール型における例示である。　②・④　どちらも，低学年のボールゲームにおける例示である。　⑤　高学年のゴール型における例示である。

【36】①

〈解説〉a　保健領域については，全てのテーマに対して，まず「課題を見付け」ることから指導をはじめていることを押さえておきたい。
b　健康の保持増進には，運動，食事，休養，睡眠のほかに，手や足などの清潔や，体に関わるハンカチや衣服などの清潔を保つことが大切である。　c　生活環境に関するものであることから，「明るさ」である。

【37】⑤

〈解説〉a 「体ほぐしの運動」は，「心と体を一体としてとらえる」といった体育科における重要な観点に基づいて，平成10年改訂の学習指導要領において示されたものである。空欄の後に「関係に気付く」とあることから，「心と体」が当てはまる。　b 「体の動きを高める運動」は，直接的に体力の向上をねらう運動であることを理解しておく必要がある。したがって，その「ねらい」に応じて，児童が運動を行うように指導することとなる。

【38】1　ア　④　　イ　③　　2　⑤　　3　①

〈解説〉1　ア　学習指導要領解説(平成29年7月)には，様々な場面で児童自らが探究的に学習を進めるようになることが，「探究的な学習のよさ」を理解することの目的である，と解説されている。　イ　小学校学習指導要領(平成29年告示)総合的な学習の時間の「3　各学校において定める目標及び内容の取扱い」には，「学びに向かう力，人間性等については，自分自身に関すること及び他者や社会との関わりに関することの両方の視点を踏まえること」と示されている。このことは，主体的であることと協働的であることの両方が重要であることを示したものといえる。　2　同じく「3　各学校において定める目標及び内容の取扱い」の中で，探究課題の解決を通して育成を目指す具体的な資質・能力についての配慮事項として，「思考力，判断力，表現力等については，課題の設定，情報の収集，整理・分析，まとめ・表現などの探究的な学習の過程において発揮され，…」と示されている。この探究的な学習のプロセスは，総合的な学習の時間において重要なものであることから，確実に押さえておく必要がある。　3　①「3　各学校において定める目標及び内容の取扱い」において，各学校において定める目標については，「児童の興味・関心を踏まえ」ではなく，「各学校における教育目標を踏まえ」として示されている。各学校においては，年度当初に児童や地域などの実態に基づいて学校の教育目標を設定して，その目標に沿って学習活動や特別活動，生徒指導，人権教育などの教育課題の目標が設定されている。

【39】A　④　　B　③

〈解説〉A　外国語科の目標の(2)には，「語順を意識しながら書いたり」とあり，「書くこと」の領域においては，「語順を意識」することが，主要なテーマとなっていることが分かる。　B　小学校の外国語科の「書くこと」においては，簡単な語句や基本的な表現を書き写したり，例文の中から選んで書く活動が中心となる。思ったことや考えたことを直接書く活動は，中学校になってからとなる。

【40】③

〈解説〉指導案についての穴埋め問題。指導に関する考え方とともに，英単語に対する語彙力も問われている。HRTの役割の一つは，ALTとの会話を通じて生徒の関心を「刺激すること」なので，③のstimulatesが適切。

【41】ア　④　　イ　⑦　　ウ　①

〈解説〉ALTとの会話に関する穴埋め問題。　ア　週末に市の動物園に行って動物を見た，という話を受けての発言。直後に「象が好き」と答えているので，好きな動物を聞いている④が適切。　イ「実家の犬に会いたくなることがある」，空欄をはさんで「見てください。これは私の愛犬です。」と話していることから，⑦の「だから両親が犬の写真を送ってくれた」が適切。　ウ　飼っている犬が噛むのか聞かれているので，それを否定する①が適切。

【二次試験】

【１】(解答例)

1　単元名　ことわざ・慣用句4コマまんがを作ろう(第3学年)

2　指導目標

(1)　長い間使われてきたことわざや慣用句，故事成語などの意味を知り，使っている。〔知識及び技能〕(3)イ

(2)　段落相互の関係に着目しながら，考えとそれを支える理由や事例との関係などについて，叙述を基に捉えている。〔思考力，判断力，表現力等〕C(1)ア

(3)　言葉がもつよさに気付くともに，幅広く読書をし，国語を大切にして，思いや考えを伝え合おうとする。〔学びに向かう力，人間性等〕

3　単元で取り上げる言語活動

ことわざや慣用句の辞典を読んで，「ことわざ・慣用句4コマまんが」を作る活動

4　単元の評価規準

知識・技能	思考・判断・表現	主体的に学習に取り組む態度
①　長い間使われてきたことわざや慣用句などの意味を知り，4コマまんがで表現している。((2)イ)	①　ことわざや慣用句辞典を読み，意味とその説明に使われている事例の関係に注目しながら，的確に捉えている。(C(1)　ア)	進んで4コマまんがを作り，言語文化について興味をもったことを，振り返りに書いている。

5　指導と評価の計画概要(4時間計画)

時	学習活動	指導上の留意点	評価規準・評価方法等
第1時	○教師が作ったことわざ4コママンガをみて，興味をもつ。 ○単元の目標を確認し，学習計画を立てる。 ○自分が調べることわざを決め，辞典で調べる。	○子どもが興味をもつよう，子どもの知っている「猿も木から落ちる」でマンガを作る。この際，猿が木から落ちるマンガも見せ，後者が事例ではないことに気づかせる。 ○教師が作ったリストの中からことわざを選ばせる。	主体的に学習に取り組む態度①　(振り返り) ○ことわざ・慣用句の4こまマンガを作ることに意欲的になっているか。 〔知識及び技能〕①(絵コンテ) ○ことわざ・慣用句の意味をニュアンスも含めて適切に理解しているか。
第2時	○自分が調べたいことわざ・慣用句について調べる。 ○　絵コンテを作る。	○ことわざ・慣用句の意味がわかっているか，その事例が適切かどうか絵コンテで確認する。	〔思考力，判断力，表現力等〕①(絵コンテ) ○ことわざ・慣用句の内容を適切な事例で表現しているか。

第3時	○4コマまんがを作る	○図画工作ではないので，表現に拘る必要はないことを確認する。	〔思考力，判断力，表現力等〕②(4コマまんが) ○ことわざ・慣用句の内容を適切な事例で表現しているか。
第4時(本時)	○それぞれの4コマまんがを読み合い，自分で作った事例を伝える。 ○振り返りを書く。	○相手のまんがを読み，「わかったよ！ぼくも使ってみるね。○○が△△した。これって□□ってことだよね」という感想を伝えさせる。	〔知識及び技能〕②(発言) ○友達の作った4コマまんがを読み，適切な事例で感想を言っているか。 〔主体的に学習に取り組む態度〕②(振り返り) ○ことわざ・慣用句を使うことに意欲的になっているか。

6　本時の展開(第4時)

	学習活動	指導上の留意点	評価規準・評価方法等
導入	1　本時のめあてを確認し，学習の見通しをもつ。	○「自分が説明したことわざ・慣用句」が相手に理解してもらえたらうれしくなることを伝える。	
	めあて　4コマまんがを読み合って感想を伝え合おう		

展	2　感想の伝え方を理解する。	○ただ感想を言うのではなく，そのことわざ・慣用句を使った例文を作って伝えるよう指導する。教師の例や何人か児童の例を示し，イメージをもたせる。	思考力，判断力，表現力等 （発言） ○友達の作った4コマまんがを読み，適切な事例で感想を言っているか。
開	3　ペアでお互いに感想を伝え合う。	○椅子に座って落ち着いた状態で交流させる。 ○わかってもらえなかったら，ヒントを出したり，一緒に考えてあげたりしてもよいことを伝える。	
まとめ	5　学習を振り返る。	○ことわざ・慣用句について，前向きな感想を言うように楽しい雰囲気にする。	主体的に学習に取り組む態度〕②（振り返り） ○ことわざ・慣用句を使うことに意欲的になっているか。

〈解説〉設問の，「長い間使われてきたことわざや慣用句，故事成語などの意味を知り，使う力を育てる指導」は，第3学年及び第4学年で行われる。ここでは使うことが求められているので，ただ教師が一方的に知識を与えるのではなく，子ども自身が意味を理解して伝え合うような指導にすることが重要である。公開解答では評価の観点として，次の6点が示されている。(1)語句の表現や記述が適切であり，論理的で分かりやすい構成になっている。(2)自分の考えを具体的に述べ，教師としての資質(熱意，誠実さ，向上心，柔軟性，協調性，発想力など)が窺える。(以上，全教科共通の観点)　(3)目標を明確に示し，その目標に沿った評価の観点や方法を述べている。(4)目標達成のために適切な言語活動の設定を行い，そのことを述べている。(5)課題意識が高まる導入の工夫について述べている。(6)効果的で分かりやすい学習活動

を設定し，そのことを述べている。(以上，国語独自の観点)　これらの観点に触れながら指導法について述べている解答が求められる。観点(3)の目標の明示と目標に沿った評価の観点や方法の述べ方は，「『指導と評価の一体化』のための学習評価に関する参考資料」(国立教育政策研究所)に，小学校学習指導要領(平成29年告示)に示された学力観を踏まえた書き方が示されてあり，それを踏まえることが必要である。観点(4)の目標達成のための適切な言語活動を設定することは，学習したことを活用する目的的活動を設定するということで，解答例では「4コマまんが」をつくる活動を設定している。観点(5)の課題意識が高まる導入の工夫は，単元の目標，言語活動の設定と呼応した導入であることが必要で，解答例は，教師が楽しい作品例を示し，子どもも「やりたい」から授業が始まるようにした。観点(6)の効果的でわかりやすい学習活動の設定は，子どもの思考を可視化することが重要である。解答例では，4コマまんがで児童の考えた事例を可視化する活動を，単元を通じて設定している。全教科に共通する評価の観点(1)，(2)に関わっては，国語科教育の専門家として教育研究の専門語を適切に使って書くこと，小学校学習指導要領(平成29年告示)，小学校学習指導要領解説国語編(平成29年7月)，「『指導と評価の一体化』のための学習評価に関する参考資料」等を踏まえていること，児童の活動を予想し，活動の仕方について教師が示範や例示で示すなど，つまずきへの対応が十分準備されたりしていることが必要である。これらのことを踏まえて，「指導上の配慮事項」等に明記しておくとよい。

【2】(解答例)　我が国の農業における食料生産の学習で身に付けさせたいこととして，知識及び技能については，「我が国の食料生産は，自然条件を生かして営まれていることや，国民の食料を確保する重要な役割を果たしていることを理解すること」，「食料生産に関わる人々は，生産性や品質を高めるよう努力したり輸送方法や販売方法を工夫したりして，良質な食料を消費地に届けるなど，食料生産を支えていることを理解すること」，「地図帳や地球儀，各種の資料で調べ，まとめる

こと」の3つが挙げられる。思考力・判断力，表現力については，「生産物の種類や分布，生産量の変化，輸入など外国との関わりなどに着目して，食料生産の概要を捉え，食料生産が国民生活に果たす役割を考え，表現すること」，「生産の工程，人々の協力関係，技術の向上，輸送，価格や費用などに着目して，食料生産に関わる人々の工夫や努力を捉え，その働きを考え，表現すること」の2つが挙げられる。

次に学習を進める方法について述べる。例えば，米づくりのさかんな地域の単元では，以下のように学習を進める。

① 「わたしたちが食べる米はどのように生産され，届けられているのだろう」という学習課題を，話し合いながら作る。
② 庄内平野の気候や地形を調べることで，米の生産地と自然条件との関わりを考える。
③ 農家の生産工程を調べることを通して，品質を高めるためにどのような工夫や努力を行っているかを考える。
④ 圃場整備や農業機械を調べることを通して，技術の向上によってどのように生産できるようになったかを考える。
⑤ 品種改良について調べることを通して，どのような消費者のニーズや生産者の思いがあったかを考える。
⑥ 農業協同組合や共同経営を調べることで，農家を支える仕組みにはどのようなものがあるかを考える。
⑦ 生産地から消費地への輸送を調べることを通して，どのようにして生産地から輸送されているか，その結果何が起こっているかを考える。
⑧ 調べたことをまとめ，学習課題について話し合い，リーフレットにまとめる。
⑨ ⑧の続きを行う。
⑩ 米作りに関わる新たな取組を調べることで，日本の農業の課題について考える。
⑪ これまで学習したことを基に，農業の現状を改善するためにどうしたらよいかを考え，ノートにまとめる。

①〜⑨では，社会的事象について主体的に学習の問題を解決しようとする態度，⑩や⑪では，よりよい社会を考え学習したことを社会生活に生かそうとする態度，②，⑩，⑪では，多角的な思考や理解を通して，我が国の国土に対する愛情，我が国の産業の発展を願い我が国の将来を担う国民としての自覚を養う。

〈解説〉食料生産に関する学習は，第5学年の指導事項である。公開解答では評価の観点として，次の6点が示されている。(1)語句の表現や記述が適切であり，論理的で分かりやすい構成になっている。(2)自分の考えを具体的に述べ，教師としての資質(熱意，誠実さ，向上心，柔軟性，協調性，発想力など)が窺える。(3)「我が国の食料生産は，自然条件を生かして営まれていること」「我が国の食料生産は，国民の食料を確保する重要な役割を果たしていること」「食料生産に関わる人々は生産性や品質を高めるよう努力したり輸送方法や販売方法を工夫したりして，良質な食料を消費地に届けるなど，食料生産を支えていること」を述べている。(4)「地図帳や地球儀，各種の資料で調べ，まとめること」を述べている。(5)「生産地の種類や分布，生産量の変化，輸入など外国との関わりなどに着目して，食料生産の概要を捉え，食料生産が国民生活には足る役割を考え，表現すること」「生産の工程，人々の協力関係，技術の向上，輸送，価格や費用などに着目して，食料生産に関わる人々の工夫や努力を捉え，その働きを考え，表現すること」を述べている。(6)「社会的事象について，主体的に学習の問題を解決しようとする態度」「よりよい社会を考え学習したことを社会生活に生かそうとする態度」「我が国の国土に対する愛情」「我が国の産業の発展を願い我が国の将来を担う国民としての自覚」を述べている。これらの観点にふれながら指導法について述べている解答が求められる。社会科独自の観点は(3)〜(6)である。観点(3)については，例示の①〜⑦に記述されている。観点(4)については，①〜⑦における調べる活動において示されている。観点(5)については，①〜⑦の各活動における考察の活動及び，⑧以降の考えたことを話し合ったり，まとめたりするなどの表現する活動において行われている。観点(6)については，全体を通して，児童に主体的に調べ，考えさせる活動が示され，⑩，⑪では，我が国の国土に対する愛情や，我が国の農業の発展を願うことの指導が示されている。いずれも教師が一方的に教えるのではなく，主体的に調べ，考えさせて，理解させるための指導が必要となる。日頃から学習指導要領及びその解説を読み込み，自分の考えを分かりやすくまとめることが必要である。また，学習指導要領及びその解説や教科書などを基に，どのように一体的に指導するか，またどのような順で指導すればよいか，またどのような資料を基に子どもに考えさせるか等を踏まえて，学習指導計画を立てられるようにしていくことが重要である。その際に学びに向かう力・人間性等も含めてどの時間にどの資質・能力を身に付けるのかを，明確にしておくことが重要になる。

【3】(解答例)　四角形の内角の和を求める学習は，第5学年の「B図形」における指導事項である。ここでは，その中の「(1)平面図形　ア　知識及び技能　(イ)三角形や四角形など多角形についての簡単な性質を理解すること，イ　思考力・判断力・表現力等　(ア)図形を構成する要素及び図形間の関係に着目し，構成の仕方を考察したり，図形の性質を見いだし，その性質を筋道立てて考え説明したりすること」を指導する。そのために以下のように指導する。

[i] 日常の生活場面や具体物を用いるなど教材提示を工夫するとともに，学習課題を明確にすること，問題の構造を正しく捉えることを指導する。

問題としては，四角形の内角の和は何度かを考えさせる際に，抽象的な四角形から入るのではなく，多様な身の回りの四角形を基に「みんながもっている四角形の内角の和は何度か」を問う。児童は身の回りにある具体的な四角形を基に考えることができ，具体的な学習活動になる。

[ii] 数学的活動を通して，子どもの主体的活動を取り入れた指導をする。

数学的活動としては，「ア　日常の事象から算数の問題を見いだして解決し，結果を確かめたり，日常生活に生かしたりする活動」を行う。具体的には身の回りにある四角形をもとに，四角形の内角の和は何度か，という算数の問題を見いだし，それを作図で解決し，分度器による計測で確認するというプロセスで学習する。

[iii] 演繹的に内角の和を求める。

ここでは四角形の内角の和を，二つの方法でもとめる。一つは1本の対角線を基に四角形を三角形2つに分ける方法，もう一つは2本の対角線をもとに三角形4つに分けて，真ん中の360°を引くという方法である。児童自身が見つけられるよう補助線を引くよう指導する。クラス全員で多様な四角形を作り，その四角形の内角の和は360°になるという帰納的な求め方は，確認のときに用いる。

[iv] 子どものつまずきや誤答を予想し，それに対応する適切な指導

子どものつまずきは，大きくわけて二つ予想される。一つは補助線を引くことができないつまずきである。四角形に線を引いて三角形を作ってみようというアドバイスを行ったり，途中まで線を引いたものを見せたりするなどして，直接教えず，子どもが自分で見つけたという喜びを与えられるよう指導する。二つ目は，補助線を引いても内角の和が求められないつまずきである。三角形の内角の和が180°であったことを確認する際に頂点を黒く塗り，内角の和という概念に着目できるようにしたり，角度は合わせて何度か実際に計測させたりする。

[v] まとめ

この方法を用いれば，五角形以上でももとめることができる。五角形以上の内角の和を求めさせることで，図形を補助線で分割して合計するという考え方を手続きとして一般化できるようにしておきたい。そのことで，図形の面積も同様に求めることができるようになる。

〈解説〉

①
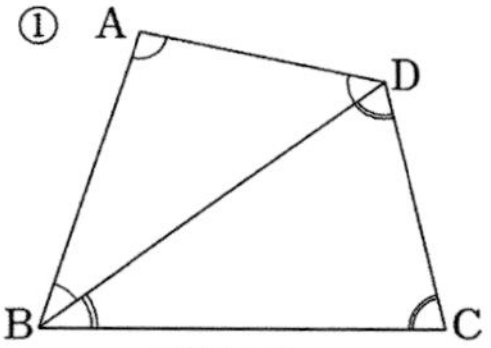

180× 2

②
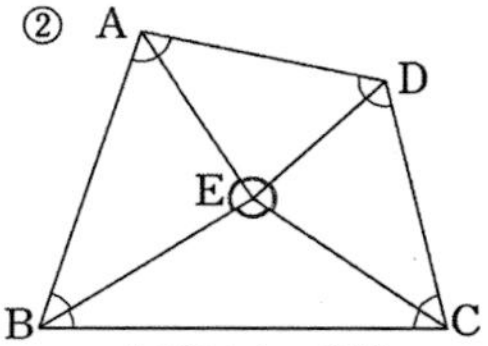

180× 4 −360

図のように，四角形の内角の和は2通りの方法で求めることができる。このように演繹的に求めるだけではなく，様々な四角形の内角の和を分度器で計測して360°になるという帰納的な方法もあるので，両方で子どもに理解をさせるよう指導していく。教師が一方的に教えるのではなく，児童が見つけられるようにどのようなヒントを出せばよいか，想定しておくことが重要である。公開解答では，評価の観点として次の6点が示されている。(1)語句の表現や記述が適切であり，論理的でわかりやすい構成になっている。(2)自分の考えを具体的に述べ，教師としての資質(熱意，誠実さ，向上心，柔軟性，協調性，発想力など)が窺える。(3)日常の生活場面や具体物を用いるなど，教材提示を工夫するとともに，学習課題を明確にした指導について述べている。(4)数学的活動を通して，子どもの主体的活動を取り入れた指導について述べている。(5)子どものつまずきや誤答を予想し，それに対応する適切な指導について述べている。(6)学習を振り返る活動など確実な定着を図る活動や，発展的に考える指導について述べている。算数科独自の観点は(3)～(6)である。これらの観点に触れながら，指導法について述べている解答が求められる。

【4】(解答例)　振り子の運動の学習について，次のように指導する。

①ブランコ遊びやメトロノームの動きなどから，振り子に興味を持たせ，1往復にかかる時間はどのように変わるかを予想させる。

②振り子の振れ幅，長さ，おもりの重さをそれぞれ変えたときの1往復にかかる時間を調べる実験を行い，結果をまとめる。実験の際は，調べたい条件のみを変え，他は変えないように適切に処理し，考察

できるように指導する。なお，振り子の長さについては，糸などをつるした位置からおもりの重心までであることに留意する必要がある。

③学習のまとめや振り返りをした後，学習した内容を生かして振り子のおもちゃを作る活動を行う。

〈解説〉振り子の運動の学習は，第5学年の指導事項である。第5学年で育成する能力の条件制御を，実験を通して行えるようにする。また，第5学年では，主に予想や仮説を基に，解決の方法を発想する力や主体的に問題解決しようとする態度の育成を踏まえた指導が求められる。公開解答では，評価の観点として次の6点が示されている。(1)語句の表現や記述が適切であり，論理的でわかりやすい構成になっている。(2)自分の考えを具体的に述べ，教師としての資質(熱意，誠実さ，向上心，柔軟性，協調性，発想力など)が窺える。(3)課題をつかみ，見通しを持たせる工夫について述べている。(4)課題の解決に向けて適切な観察，実験の方法等について述べている。(5)観察，実験の結果から考察の場を設定することについて述べている。(6)学習したことをまとめたり，学習を振り返ったりする活動について述べている。これらの観点に触れながら，指導法について述べている解答が求められる。理科独自の観点は(3)～(6)である。観点(3)については①のステップに，観点④及び⑤については②のステップに，観点(6)については③のステップに，それぞれ示されている。

【5】(解答例)

(指導のポイント)

「鑑賞についての知識を得たり生かしたりしながら，曲や演奏のよさなどを見いだし，曲全体を味わって聴くこと」は，中・高学年の鑑賞分野における「思考力・判断力・表現力」の資質・能力の指導内容である。曲や演奏のよさなどを見いだし，曲全体を味わって聴くことができるようにすることをねらいとしている。また鑑賞についての「知識」とは，「曲想及びその変化と音楽の構造との関わりについて気付くこと」と示されている。この指導のポイントとしては，曲や演奏のよさを見いだし，曲全体を味わって聴くためには，曲の雰囲気や表情とその移り変わりを感じ取って聞いたり，音楽全体がどのように形づくられているのかを捉えて聴いたりすることが必要となることから，「知識」の事項との関連を図ることが重要となる。また，児童が学習の初期に抱いた印象，例えば「この曲は面白い」とか「この曲は生き生きとした感じがする」などを起点とし，児童の意識が曲や演奏の部分的なよさに留まることなく，音楽の流れを感じながら聴くことができるようにすることが大切である。

(展開例)

1　どんな曲かな？曲の魅力を見つけよう。→旋律の流れに留意して，曲全体を聴く。

2　曲の特徴を捉えよう。→音楽に合わせて体を動かしたり，歩いたり，指揮の動きをしたり，楽器の弾きまねをしながら聴く。

3　曲のイメージを共有しよう。→気が付いたことや感じ取ったことを友達と話し合う。

4　「主な旋律」を見つけよう。→曲全体に繰り返し現れる「主な旋律」を見つける。

5　曲の特徴を表などに書き留めよう。→表には，たとえば旋律の流れを初め・中・終わりというように横軸に整理し，縦軸には「聞こえてきた旋律がどの旋律か」「速さや強さ」「聴こえた楽器」「音楽の感じ」「他に気が付いたこと」など，言葉で整理する。

6　気付いたことなどを伝え合おう。→音楽のもとになる「旋律」「速度」「強弱」「音色」「反復」「変化」「調」など，友達から学んだことも各自の表に付け加える。

7　この曲のよいと思ったところや，おもしろいと思ったところなどを伝え合おう。→表に書いたことをもとに，よいところやおもしろいところを話し合う。

8　曲全体をじっくり聴こう。→最後に，学び合ったことやよいと思ったところを確認しながら聴き深める。

〈解説〉公開解答では，評価の観点として次の6点が示されている。(1)語句の表現や記述が適切であり，論理的でわかりやすい構成になっている。(2)自分の考えを具体的に述べ，教師としての資質(熱意，誠実さ，向上心，柔軟性，協調性，発想力など)が窺える。(3)学習指導要領の視点が踏まえられた記述内容である。(4)体験活動等を通して，児童が主体的に取り組むことができる内容である。(5)音楽的な根拠に基づいて，曲がもつよさや様々な演奏形態や演奏者などによる演奏のよさなどについての考えをもったり，曲や演奏のよさなどについて考えをもち，曲全体を聴き深めていくことができるような指導の工夫について具体的に述べている。(6)児童の実態を考慮した学習内容で，実現可能である。これらの観点に触れながら，指導法について述べている解答が求められる。音楽科独自の観点は(3)～(6)である。観点(3)については，(指導のポイント)に記述されている。観点(4)については，(展開例)の2～4を中心に記述されている。観点(5)については，(展開例)全体を通して記述されている。観点(6)については，(展開例)が実現可能な内容で構成されている。

【6】(解答例)

「児童が材料に進んで働きかけ，思いのままに発想や構想を繰り返し，技能を働かせながら学習する」指導は，造形遊びをする活動を通して育成する技能についての指導事項である。

低学年の造形遊びでは，次の二つの視点から指導の展開を図る必要がある。

一つ目の視点は，身近な自然物や人工の材料の形や色などを基に，造形的な活動を思い付くことの指導である。ここでは，児童が材料と十分に関わることができるようにすることが大切である。自然物として，土，砂，小石，粘土，木の葉，枝など，人工の材料としては，新聞紙や段ボール，布などがある。これらの材料を使って，並べたり，つないだり，積んだりするなどしながら活動できるような題材を設定する。

二つ目の視点は，感覚や気持ちを生かしながら活動するテーマを考えるということである。ここでは，児童の活動が多様であることを踏まえた指導の工夫が大切である。また，「感覚や気持ち」と「活動すること」を切り離して指導しないよう配慮することがポイントである。低学年の造形遊びをする活動の題材例として，「さらさら　どろどろ」「しんぶんしとあそぼう」「色水あそび」などが考えられる。

〈解説〉公開解答では，評価の観点として次の6点が示されている。(1)語句の表現や記述が適切であり，論理的でわかりやすい構成になっている。(2)自分の考えを具体的に述べ，教師としての資質(熱意，誠実さ，向上心，柔軟性，協調性，発想力など)が窺える。(3)図画工作科の教材や指導方法についての正しい知識をもっている。(4)図画工作科に関する正しい知識を基に，児童の確かな学力を育もうとする意欲が窺える。(5)提示された課題の意図を正確に捉えて論述している。(6)図画工作科の基本的知識を基盤として独自性や創意工夫がある。図画工作科独自の観点は(3)～(6)である。これらの観点に触れながら，指導法について述べている解答が求められる。

【7】(解答例)「第3学年及び第4学年」の「A　体つくり運動」における「イ　多様な動きをつくる運動」の学習では，例示された運動の行い方を知り，それらの動きや組み合わせた動きを身に付け，動きのレパートリーを広げるとともに，動きの質を高め，高学年の体つくり運動の学習につなげていくことが目標となる。その際，相互の動きを見たり話し合ったりしながら自己の課題を見付け，その解決に取り組む中で互いの考えを認めるとともに，きまりを守り，場や用具の安全に気を付けながら，学習を進めることができるようにすることが大切である。

この「多様な動きをつくる運動」は，(ア)体のバランスをとる運動，(イ)体を移動する運動，(ウ)用具を操作する運動，(エ)力試しの運動，(オ)基本的な動きを組み合わせる運動，で構成されている。

指導にあたって，まず「多様な動きを身に付ける」ことができるようにするために，これらの運動の中から低学年で経験したり身に付けたりした動きをもう一度取り上げ，動きに慣れながらより確かな動きに高めていく。さらに，条件を変えながら複雑な動きを経験することで，様々な動きがより滑らかにできるようにすることを目指したい。また，児童の運動経験や動きの実態を踏まえて「動きを確認する時間」と「動きを楽しみながら工夫する時間」を設定したり，「基本的な動きを組み合わせた運動」に挑戦する場を設定したりするなど，児童の意欲を引き出す工夫を行いたい。

次に「思考力，判断力，表現力等」の育成に向けては，これまで行った運動から，もっとやってみたい動きを選んで行ったり，新たな動きに挑戦したりする活動を基本にして学習を進めたい。その際，個人活動，ペアやグループ活動といった学習形態を組み合わせながら，自分の運動の行い方と友達の運動の行い方を比較し自己の課題を見付けたり，互いの良い動きに気付かせたりする活動を通して，動きを工夫する視点を広げることを目指したい。

「学びに向かう力，人間性等」の育成に向けては，なによりも運動に意欲的に取り組むことができるようにすることが大切であると考える。そのため，運動に意欲的でない児童に対しては，友達の動きを真似させる中で，徐々に取り組むことができるようにする配慮や，少しでも取り組もうとする姿勢を称賛したり，励ましたりするなどの支援を行いたい。更に，運動を選んだり組み合わせたりする活動が多くなることから，安全に注意しながら使用する用具の準備や片付けを友達と一緒に行ったり，用具や活動する場の安全を自ら確かめたりすることができるよう指導を行っていきたい。

〈解説〉「多様な動きづくり」に係る学習は，児童が意欲的に取り組むことができるよう基本的な動きを基にして，単調な活動の繰り返しとならないように高さ，数，方向，組み合わせといった変化を付けたり，児童自らが選び挑戦する活動や児童相互の学び合いの場の設定を行うなど，学習の仕方を工夫して行うことが大切である。具体的な方法は，学習指導要領解説体育編(平成29年7月)や，文部科学省が作成している指導資料等を参考にするとよい。公開解答では，評価の観点として次の6点が示されている。(1)語句の表現や記述が適切であり，論理的でわかりやすい構成になっている。(2)自分の考えを具体的に述べ，教師としての資質(熱意，誠実さ，向上心，柔軟性，協調性，発想力など)が窺える。(3)学習指導要領で構成された多様な動きをつくる運動について述べている。(4)学習指導要領で示された動きを身に付けるための運動とその行い方，その手立てについて述べている。(5)思考力・判断力・表現力等の内容をもとに，その手立てについて述べている。(6)学びに向かう力，人間性等の内容をもとに，その手立てについて述べている。体育科独自の観点は(3)～(6)である。学習指導要領解説体育編を，しっかりと理解しておくことが大切である。

【8】(解答例) 「C消費生活・環境」「(2)環境に配慮した生活」では，自分の生活が身近な環境から影響を受けたり，影響を及ぼしたりしていることや，環境に配慮した物の使い方などの理解を図ることが，知識及び技能の指導内容となる。また，思考力，判断力，表現力等に関しては，環境に配慮した生活とはどのようなものかを課題として設定し，その課題を解決するために，持続可能な社会の構築などの視点から，自分の生活と身近な環境との関わりや，ものの使い方などを考え，工夫することができるようにする指導が求められる。

〈ポイント〉

・購入するときには，品質や価格などを調べて，目的に合った品質の良い物を選んで，適切に購入できるようにする。

・環境にできるだけ負荷を掛けないように無駄なく使い切ったり，資源やエネルギーを視点として，調理実習における材料や水，電気，ガスなどの使い方や，ごみを減らす工夫を考えて継続的に取り組むなど，家庭での実践に生かすために工夫する。

・実習の振り返りでは，計画通りできたこと，できなかったこと，実習の中で考えたことなどを評価し，実践発表会などを通して，どのように改善したらよいかを考えることができるようにする。

〈解説〉現代の消費生活が環境と深く関わっていることから，消費生活と環境に関する学習を統合して，「C消費生活・環境」として1つにまとめられている。これにより，衣食住など他の内容との関連を明確にし，物や金銭の活用の視点から生活を見つめ，限りある資源や物，金銭が大切であることに気付くことをねらいとしている。また，自分の生活が身近な環境に与える影響に気付き，主体的に生活を工夫することができる消費者としての素地を育てることを意図している。題材指導に当たっては，同じ「C消費生活・環境」の「(1)物や金銭の使い方と買物」と関連させて，購入した物の活用について振り返り，環境に配慮した物の使い方を見直すことなどが考えられる。また，内容「B衣食住の生活」と関連させて，実習材料などを無駄なく使うことを考えたり，ごみの分別や減量の仕方を工夫したりすることなどが考えられる。調理実習後に，材料や水，電気，ガスなどの使い方を振り返り，グループで話し合う活動を通して，環境に配慮した生活の工夫について検討させる。公開解答では，評価の観点として次の6点が示されている。(1)語句の表現や記述が適切であり，論理的でわかりやすい構成になっている。(2)自分の考えを具体的に述べ，教師としての資質(熱意，誠実さ，向上心，柔軟性，協調性，発想力など)が窺える。(3)自分の生活と身近な環境との関わりについて，考えさせる学習内容となっている。(4)環境に配慮した物の使い方について，基礎的・基本的な事柄をおさえている。(5)既習事項や生活経験と関連付けた，問題解決的な学習を取り入れた学習内容等の工夫がされている。(6)他の内容及び他教科等との関連を図っている。家庭科独自の観点は(3)〜(6)である。これらの観点に触れながら，指導法について述べている解答が求められる。

熊本市

【1】問1　⑤　　問2　(1)　④　　(2)　③　　(3)　④

〈解説〉問1　A　目標(1)は，知識及び技能に関するものである。知識及び技能の内容が「(1)言葉の特徴や使い方に関する事項」,「(2)情報の扱い方に関する事項」及び「(3)我が国の言語文化に関する事項」であることを押さえていれば，答えることができる。　B　目標(2)は，思考力，判断力，表現力等に関するものである。考える力については，低学年では「順序立てて考える力」，中・高学年では「筋道立てて考える力」と，発達段階に応じて育成の重点が置かれている。　C　自分の思いや考えについては，低学年では「もつこと」，中学年では「まとめること」，高学年では「広げること」が，それぞれできるようにすることとして，育成の重点が置かれている。　D　目標(3)は，学びに向かう力，人間性等に関するものである。読書については，低学年が「楽しんで」，中学年が「幅広く」，高学年が「進んで」読書することとして，育成の重点が置かれている。　問2　(1)「そういうとき」は，直前で述べられた出来事や思いなどを受けた言葉である。したがって，「そういうとき」の直前の文章に新しい事態や思いが起こったことが述べられていないかを探し，その事態や思いが「そういうとき」の後に述べられていることと呼応するかどうかを考えるとよい。

(2)　段落の挿入は，①挿入する段落内容は何について述べているか，あるいはその段落固有の内容を表す語句を見つけて，内容の把握をする。②本文の各段落の内容の要点と，挿入段落との関係を考え，論述順として適切な位置を探す。③挿入する段落の始めの一文や接続詞等と直前になる段落の終わりとのつながり方，挿入する段落の終わりの一文と直後になる段落の始めの接続詞や始めの一文とのつながり方が適切かどうかを検討する，という手順で決める。　(3)　本文の内容との一致の検討は，各選択肢の文意を短く(まずは主語と述語で)明確に捉えることが必要である。本文中の語句を多く用いたり，似た言い回しをしたりしていても，文意と異なることを述べている場合があるからである。選択肢のそれぞれの考えについて，本文で述べているかどうかを検討するとよい。

【2】問1　⑤　　問2　⑤　　問3　④　　問4　③

〈解説〉問1　ア　第6学年の目標(1)の一部である。第5学年については，「統計や年表などの各種の基礎的資料」の部分が，「統計などの各種の基礎的資料」として示されている。　イ　思考力，判断力，表現力等に関する目標(2)は，2学年のまとまりとして示され，第5学年及び第6学年の目標(2)だが，「意味を考える力」と最後の「表現する力」の部分が誤っており，「意味を多角的に考える力」，「説明したり，それらを基に議論したりする力」が，それぞれ正しい表現である。　オ　学びに向かう力，人間性等に関する目標(3)だが，第3学年及び第4学年の2学年のまとまりとして示されているものである。　問2　1　直接税には，所得税，法人税，自動車税，相続税などがある。間接税には，消費税のほかに，酒税，たばこ税，関税，印紙税などがある。

2　インフレーションは，物価が上がり続けて，お金の価値が下がり続けること。デフレーションは，物価が下がり続けて，お金の価値が上がり続けることである。中央銀行が公開市場操作などの金融政策を実施し，物価の安定を図っている。　3　実際に商品が市場で取引されるときの「市場価格」は，均衡価格より高かったり，低かったりするが，需要量と供給量の差によって市場価格が動かされ，均衡価格へ導かれていくことになる。オープン価格とは，メーカーが小売価格を提示せず卸価格だけを設定する価格表示形式である。一方，メーカーが小売店に対して価格を示すのが，希望小売価格である。　4　円高のメリットとしては，円の価値が高くなることで，外貨が安くなり，海外の製品やサービスを安く買うことができる。円安のメリット・デメリットは，円高の逆を考えればよい。　5　独占禁止法の正式名称は，「私的独占の禁止及び公正取引の確保に関する法律」で，公正かつ自由な競争を促進し，事業者が自主的な判断で自由に活動できるようにすることを目的としている。消費者基本法は，消費者の利益を保護・増進するための行政的施策を規定し，国民の消費生活の安定・向上を確保することを目的とする法律である。　問3　ア　四時軒は横井小楠の旧居で，横井小楠が1855年から1868年まで暮らし，家塾を構えて門弟の指導にあたっていた。　イ　細川忠利が参勤交代の休息・宿泊施設として御茶屋を置いたのは，1640年のことである。　ウ　夏目漱石は，1896年に愛媛県の松山中学から，熊本県の第五高等学校に赴任している。　エ　加藤清正は1607年，茶臼山に熊本城を築城した。オ　西南戦争は，1877年，西郷隆盛を中心とした鹿児島士族が起こした反乱である。　問4　ア　令和2(2020)年国勢調査による，令和2(2020)年10月1日現在の熊本市の人口は，738,865人で，九州地方では福岡市，北九州市に次いで3番目に多い政令指定都市である。
イ　豊肥本線は，熊本駅と大分駅を結ぶ九州横断路線の一つである。白川・大野川流域を走り，阿蘇山を横断する。豊肥本線と熊本市電水前寺線の乗り換えが不便であったため，新水前寺駅が設置された。鹿児島本線は，九州北東端の門司港から九州西岸を南下して鹿児島にいたる幹線鉄道。　ウ　熊本県の代表的な花は，肥後ギク，肥後花ショウブ，肥後サザンカ，肥後アサガオ，肥後シャクヤク，肥後ツバキの六つの花で，肥後六花と呼ばれている。　エ　熊本市は県の北西に，阿蘇山は北東部に位置している。　オ　西南部では，なす及びメロン等施設園芸作物と米の複合経営が行われている。熊本市では，恵まれた自然環境と地域の特性を十分に活かした農産物が生産されている。

【3】問1　②　　問2　⑤　　問3　④　　問4　④
〈解説〉問1　今回の学習指導要領改訂において，算数の内容は，系統性や発展性の全体を中学校数学科との接続も視野に入れて，第1～第3学年は「A数と計算」，「B図形」，「C測定」，「Dデータの活用」，第4～第6学年は「A数と計算」，「B図形」，「C変化と関係」，「Dデータの活用」に整理された。　問2　昨年の男子陸上部員数をx人とすると，今年の陸上部員数の関係から，$x\times\left(1-\frac{20}{100}\right)+(60-x)\times\left(1+\frac{30}{100}\right)=58$　xを求めると，$x=40$　より，昨年の男子の人数は40人で，女子は60－40＝

20で20人。よって，今年の男子は$40\times\left(1-\frac{20}{100}\right)=32$〔人〕，女子は$20\times\left(1+\frac{30}{100}\right)=26$〔人〕である。　問3　平行線と線分の比についての定理を用いて，AO：OC＝AD：BC＝12：6＝2：1　PO：BC＝AO：AC＝AO：(AO＋OC)＝2：(2＋1)＝2：3　以上より，$PO=6\times\frac{2}{3}=4$〔cm〕である。　問4　xの変域に0が含まれているから，yの最小値は0　$x=-3$のとき，$y=\frac{1}{3}\times(-3)^2=3$　$x=1$のとき，$y=\frac{1}{3}\times1^2=\frac{1}{3}$　よって，yの最大値は3，yの変域は$0\leqq y\leqq3$である。

【4】問1　④　　問2　⑤　　問3　②　　問4　⑤

〈解説〉問1　「実験は座って行う」の部分は，正しくは「実験は立って行う」である。　問2　物体を凸レンズの焦点の外側に置いているので，上下左右さかさまの実像が映る。物体を凸レンズの焦点の内側に置くと，物体と同じ向きの虚像が見られる。スクリーンを焦点から焦点距離の2倍の位置に移動させたところで，はっきりした像が映ったことから，同じ大きさの像である。焦点の外側で，焦点距離の2倍より短いところに置くと，物体より大きい像が見られる。　問3　低気圧には，反時計回りの風向で風が吹き込むので，a付近は南東寄りの風となる。またbは，やがて寒冷前線が通過するので，急激に気温が下がり積乱雲が生じて短期間で強い雨が想定される。　問4　第二世代の遺伝子は「Aa」のパターンとなり，この世代はすべて，優性であるAの遺伝子の影響で赤い花の色となる。「Aa」をかけ合わせる第三世代では，AA：Aa：aaが1：2：1の割合で起こるため，赤い花が3に対して白い花が1の割合で生じる。350株のうちの4分の1が白い花をつけると考えられることから，350÷4＝87.5で，およそ90株となる。

【5】問1　⑤　　問2　④

〈解説〉問1　エについて，目標(1)は，知識及び技能の習得に関するもので，前半が知識に関する目標，後半が技能に関する目標を示している。

知識に関する目標では，「理解する」という表現が用いられることが多い。イについて，目標(2)は，思考力，判断力，表現力等の育成に関するもので，前半が表現領域，後半が鑑賞領域に関する目標である。表現領域では，全学年とも「音楽表現を考えて」とし，その上で，低学年では「表現に対する思いをもつ」，中・高学年では「表現に対する思いや意図をもつ」として，発達段階や学習の系統性を踏まえて示されている。ア・ウ・オについて，目標(3)は，学びに向かう力，人間性等の涵養に関する目標である。音楽への関わり方について，低学年では「楽しく」，中学年では「進んで」，高学年では「主体的に」として，発達段階に応じて示されている。　問2　第5学年の共通教材「こいのぼり」からの出題である。楽譜を読むことに慣れていない場合は，音の高さ(音程)より，音のリズムに注目するとよい。歌唱共通教材は各学年4曲の全24曲であるが，すべて頻出曲なので曲名，作曲者，拍子，調，階名，歌詞など，楽譜全体を確認しておくことが重要である。

【6】問1　⑤　　問2　⑤

〈解説〉問1　図画工作科の内容は，「A表現」と「B鑑賞」から構成されている。「A表現」の(1)では「思考力，判断力，表現力等」の育成を，(2)では「技能」の育成を目指す内容として構成されている。さらに，(1)ア及び(2)アでは「造形遊びをする」こと，(1)イ及び(2)イでは「絵や立体，工作に表す」ことが示されている。高学年のアでは，中学年と同じ「材料や場所」のほかに，「空間」が加えられている。イでは，自分のイメージを基に表したいことを発想することや，児童自身が主題を発想することの大切さなどが示されている。　問2　刃の角度が深すぎると，ひっかかりが生じてしまうので，浅めにする。力を抜き，少しだけ力を加えて，板木を押さえつけるように彫っていく。図画工作科の授業では，カッターナイフやはさみ，彫刻刀などの刃物を扱う。正しい使い方を指導することは，安全指導の面からも大切なことである。

【7】問1　②　　問2　⑤

〈解説〉問1　「衣食住の生活」の内容は6項目で構成され，そのうち衣生活は「衣服の着用と手入れ」と，「生活を豊かにするための布を用いた製作」の2項目である。今回の学習指導要領改訂において，「生活を豊かにするための布を用いた製作」では，ゆとりや縫いしろの必要性を理解するために，日常生活で使用する物を入れるための袋などの製作を扱うことが，新たに加えられた。　問2　イ　2群の目安は，400gである。　オ　クーリング・オフは，書面(はがき可)または電磁的記録で通知を行うとされている。

【8】問1　③　　問2　④

〈解説〉問1　正しく記述されているのは，イ・ウ・オである。　ア　第5学年及び第6学年の体つくり運動の内容が，「ア　体ほぐしの運動」と「イ　体の動きを高める運動」によって構成されていることを理解していれば，容易に判断できる。　エ　第5学年及び第6学年の目標(3)に「仲間の考えや取組を認めたり」とあることを踏まえれば，「仲間と…互いにアドバイスする」ではなく，「仲間の考えや取組を認め」あうことであると判断できる。　問2　ウは第3学年の「健康な生活」の内容で，オは第4学年の「体の発育・発達」の内容である。他の選択肢については，アが第5学年の「けがの防止」の内容で，イ・エはどちらも，第6学年の「病気の予防」の内容である。

【9】問1　⑤　　問2　①　　問3　③

〈解説〉問1　資質・能力の三つの柱を理解していれば，ア・イは「知識及び技能」の「知識」と「技能」，エは「思考力，判断力，表現力等」の「判断」と分かる。ウについては，文章からは判別しにくいが，外国語活動・外国語科における目標が，コミュニケーションを図る素地(基礎)となる資質・能力を育成することであり，「コミュニケーション」という語句が多く用いられていることから類推できる。　問2　ア　カバンの中身を尋ねていることが予想できるので，insideが適切。

イ　問題の解答に対する感想なので，Good ideaが適切。　ウ　今実際に持っているものを聞いているので，doが適切。　エ　当たった場面なので，That's right.が適切。　オ　直後で個数を答えているので，How manyが適切。　問3　適切でないものを選ぶ点に注意。選択肢から，グローバル・イシューについての論述と推測できる。この手の問題は，一般に科学の力だけで解決できるものではなく，学際的な取り組みが求められることを述べていることが多い。

【10】問1　②　　問2　①　　問3　⑤　　問4　①

〈解説〉問1　小学校学習指導要領(平成29年告示)道徳科の「指導計画の作成と内容の取扱い」において，道徳科に用いられる教材の具備する要件として示された留意事項である。そのうちのイとして示された観点には，3つの要素が示されている。それは，「人間尊重の精神にかなうもの」,「悩みや葛藤等の心の揺れ，人間関係の理解等の課題も含め，児童が深く考えることができるもの」,「人間としてよりよく生きる喜びや勇気を与えられるもの」である。道徳科の教材の作成に当たっては，人間としての生き方に迫ることができるよう，題材の選択，構成の工夫等に努めることが求められている。　問2　生活科の目標の柱書からの出題である。柱書には，生活科の前提となる特質や，生活科固有の見方・考え方，生活科における究極的な児童の姿が示されている。他教科と異なり，「見方・考え方を働かせ」とせず，「生かし」としているのは，幼児期における未分化な学習との接続という観点からによるものと，学習指導要領解説(平成29年7月)において解説されている。　問3　小学校学習指導要領(平成29年告示)総合的な学習の時間の各学校において定める目標及び内容の取扱いには，目標を実現するにふさわしい探究課題について，「学校の実態に応じて，例えば，国際理解，情報，環境，福祉・健康などの現代的な諸課題に対応する横断的・総合的な課題，地域の人々の暮らし，伝統と文化など地域や学校の特色に応じた課題，児童の興味・関心に基づく課題などを踏まえて設定すること」が示されている。目標に即した探究課題にふさわしい題材を取り上げて指導するという場面を想定して，理解を深めておくことが大切である。　問4　特別活動の目標の柱書には，特別活動がどのような教育活動であるかが示されている。今回の学習指導要領改訂では，資質・能力を育成するために，「様々な集団活動に自主的，実践的に取り組み，互いのよさや可能性を発揮しながら集団や自己の生活上の課題を解決することを通して」という学習過程が示された。

2022年度　実施問題

熊　本　県

【一次試験】

【1】次の文章を読んで，以下の1，2の各問いに答えなさい。

(文章略)

1 [　　]に入る言葉として最も適当な語句を，次の①～⑤から1つ選び，番号で答えなさい。

① 消極的な　② 営利的な　③ 能動的な　④ 協働的な

⑤ 楽天的な

2 「私」が，みすぼらしい鍋を使い続けているのはなぜか。その理由として最も適当だと考えられるものを，次の①～⑤から1つ選び，番号で答えなさい。

① フードプロデューサーとしての肩書きを示すものだったから

② 失敗したときの不安を忘れさせてくれるものだったから

③ 人生をばら色に変えるきっかけを作ってくれたものだったから

④ 生きていく上で必要なことを与えてくれたものだったから

⑤ はじめてひとり暮らしをするときに，母がくれたものだったから

(☆☆☆◎◎◎)

【2】次の文章を読んで，以下の1～3の各問いに答えなさい。

(文章略)

1 筆者が述べている「これからの時代」とはどのような時代か，最も適当だと考えられるものを，次の①～⑤から1つ選び，番号で答えなさい。

① 高度な知的作業だけを人工知能に任せる時代
② 人間の仕事がすべて人工知能に奪われてしまう時代
③ 社会や経済を大きく変えていくような変革が起こる時代
④ 多くの情報が集まり，将来が見通しやすい時代
⑤ 誰にでも同じようなビジネスチャンスが訪れる時代

2 文章中の[　　]に当てはまる最も適当な語句を，次の①～⑤から1つ選び，番号で答えなさい。

① 喪失感　② 抵抗感　③ 義務感　④ 正義感
⑤ 満足感

3 筆者は，これからの時代，どういう頭の使い方が必要だと考えているか，最も適当だと考えられるものを，次の①～⑤から1つ選び，番号で答えなさい。

① できるだけ多くの情報を集めて，できるだけ正しく未来を予測するような頭の使い方
② 人とは違う情報のみを集めて，自分なりの発想や，自分なりの考え方を組み立てる頭の使い方
③ 人とは違う情報のみを材料にして，人と違う発想でおもしろいことを考える頭の使い方
④ 人と同じような情報から，人と同じことを考えて，人と同じ正解が出せるという頭の使い方
⑤ 人と同じような情報であっても，そこから人と違うものを考えて付加価値を生み出す頭の使い方

(☆☆☆◎◎◎)

【3】次のア～オは，「小学校学習指導要領(平成29年告示)解説　国語編」の「第2章　国語科の目標及び内容」の「第2節　国語科の内容」の「2〔知識及び技能〕の内容」の「(2)　情報の扱い方に関する事項」を

示したものである。それぞれに該当する学年を正しく示した組合せを，以下の①～⑤から1つ選び，番号で答えなさい。

ア　原因と結果など情報と情報との関係について理解すること。

イ　共通，相違，事柄の順序など情報と情報との関係について理解すること。

ウ　情報と情報との関係付けの仕方，図などによる語句と語句との関係の表し方を理解し使うこと。

エ　考えとそれを支える理由や事例，全体と中心など情報と情報との関係について理解すること。

オ　比較や分類の仕方，必要な語句などの書き留め方，引用の仕方や出典の示し方，辞書や事典の使い方を理解し使うこと。

	ア	イ	ウ	エ	オ
①	(3・4年)	(1・2年)	(5・6年)	(5・6年)	(3・4年)
②	(5・6年)	(3・4年)	(3・4年)	(1・2年)	(5・6年)
③	(3・4年)	(1・2年)	(5・6年)	(5・6年)	(1・2年)
④	(5・6年)	(3・4年)	(1・2年)	(3・4年)	(1・2年)
⑤	(5・6年)	(1・2年)	(5・6年)	(3・4年)	(3・4年)

(☆☆☆◎◎◎)

【4】次の文章は，「小学校学習指導要領(平成29年告示)解説　社会編」の「第3章　第1節　1　第3学年の目標」である。次の文章中の[　A　]～[　C　]に入る語句a～iの組合せとして適当なものを，あとの①～⑨から1つ選び，番号で答えなさい。

> 社会的事象の見方・考え方を働かせ，学習の問題を追究・解決する活動を通して，次のとおり資質・能力を育成することを目指す。
> (1)　身近な地域や市区町村の[　A　]，地域の安全を守るための諸活動や地域の産業と消費生活の様子，地域の様子の移り変わりについて，人々の生活との関連を踏まえて理解するとともに，調査活動，地図帳や各種の具体的資料を通して，必要

な情報を調べまとめる技能を身に付けるようにする。
(2)　社会的事象の特色や相互の関連，意味を考える力，社会に見られる課題を把握して，その解決に向けて社会への関わり方を選択・判断する力，考えたことや選択・判断したことを[　B　]力を養う。
(3)　社会的事象について，主体的に学習の問題を解決しようとする態度や，よりよい社会を考え学習したことを[　C　]に生かそうとする態度を養うとともに，思考や理解を通して，地域社会に対する誇りと愛情，地域社会の一員としての自覚を養う。

a　自然環境　　b　社会的環境　　c　地理的環境
d　表現する　　e　説明する　　f　議論する
g　日常生活　　h　社会生活　　i　国民生活

	①	②	③	④	⑤	⑥	⑦	⑧	⑨
A	a	b	c	a	b	c	a	b	c
B	f	e	d	e	d	f	d	f	e
C	g	h	h	i	i	g	i	g	h

(☆☆☆◎◎◎)

【5】次のア～オは，持続可能な開発目標(SDGs)と，それに関連する取組について述べたものである。誤った記述の組合せを①～⑤から1つ選び，番号で答えなさい。

ア　2040年までに達成することを目指した17の目標があり，国際連合に加盟する国の全てが賛成して採択された。
イ　「地球上の誰一人として取り残さない」をスローガンに，先進国だけでなく，発展途上国も取り組むべきものとされている。
ウ　すべての人に公平で質の高い教育を提供し，生涯学習の機会を促進することは，目標の一つに含まれている。
エ　マイクロクレジットは，人々が自立することで貧困から脱却することを目指しており，目標達成に寄与するものとして注目を集めている。

オ　地球温暖化の対策として，先進国だけに温室効果ガスの排出量の削減を義務付けるパリ協定が採択された。

①　アとイ　②　アとオ　③　イとエ　④　イとオ
⑤　ウとエ

(☆☆☆◎◎◎)

【6】平成27年(2015年)7月に，荒尾市の「万田坑」及び宇城市の「三角西港」が世界遺産として登録された。これらは，日本の近代化を象徴する貴重な文化遺産である。日本の近代化が進められた明治初期の頃の社会の状況として，適当でないものを次から1つ選び，番号で答えなさい。

①　日本で初めて鉄道が開通するとともに，郵便制度が始まるなど，国内各地が結びついた。
②　外国人技術者を積極的に招き，欧米の進んだ技術や機械を取り入れた。
③　政府は，国民に土地の所有権を認めた上で，地租改正を実施した。
④　学制が公布され，6歳以上の男女はすべて小学校に通うように定められた。
⑤　徴兵令が出され，満18歳以上の男子は3年間兵役につくことが義務付けられた。

(☆☆☆◎◎◎)

【7】次の資料は，5つの部門・品目別産出額における上位の都道府県の構成割合を表したものである。A～Eの県を表す組合せとして適当なものを以下の①～⑤から1つ選び，番号で答えなさい。

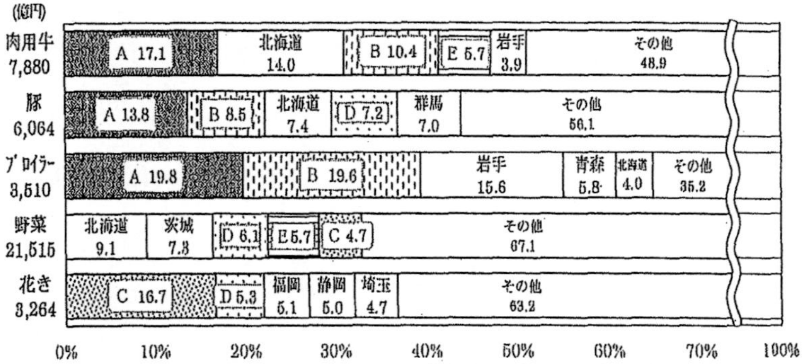

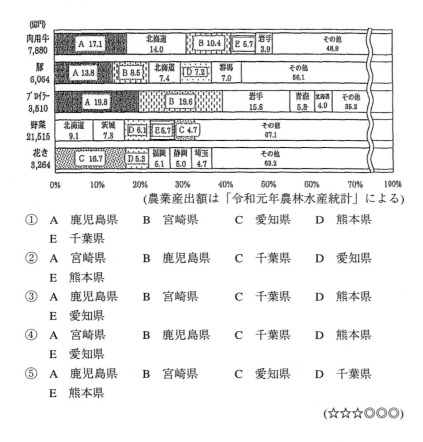

(農業産出額は「令和元年農林水産統計」による)

① A　鹿児島県　B　宮崎県　C　愛知県　D　熊本県　E　千葉県

② A　宮崎県　B　鹿児島県　C　千葉県　D　愛知県　E　熊本県

③ A　鹿児島県　B　宮崎県　C　千葉県　D　熊本県　E　愛知県

④ A　宮崎県　B　鹿児島県　C　千葉県　D　熊本県　E　愛知県

⑤ A　鹿児島県　B　宮崎県　C　愛知県　D　千葉県　E　熊本県

(☆☆☆◎◎◎)

【8】日本国憲法と人権について説明した，次の①～⑤の文章の中で，誤っているものを1つ選び，記号で答えなさい。

① 憲法の改正は，衆議院と参議院それぞれの総議員の3分の2以上の賛成を得て，国会が発議する。

② 憲法は，「個人の尊重」の考えをもとに，人が生まれながらにもつ自由や平等の権利などを，基本的人権として保障している。

③ すべての国民は，「健康で文化的な最低限度の生活を営む権利」である生存権を保障されている。

④　社会の変化にともなって，財産権，知る権利，自己決定権など，日本国憲法には直接的に規定されていない権利が主張されるようになった。

⑤　憲法には，子供に普通教育を受けさせる義務，勤労の義務，納税の義務の三つを定めている。

(☆☆☆◎◎◎)

【9】次の文章は，自然災害について説明したものである。文章中の[　A　]～[　E　]に当てはまる語句の組合せとして適当なものを以下の①～⑤から1つ選び，番号で答えなさい。

> 日本では，梅雨や[　A　]により長く続く大雨で，河川の水があふれたり，[　B　]や土石流などが起こったりする。令和2年の7月3日から7月31日にかけては，日本付近に停滞した前線の影響により各地で大雨となり，人的被害や物的被害が発生した。気象庁は，この大雨の名称を[　C　]と定めた。熊本県では，この大雨により[　D　]や佐敷川が氾濫し，県南地域を中心に大きな被害が発生した。熊本県は，被災された方々の痛みを最小化することや，[　E　]復興を目指すこと等を，復旧・復興の原則としている。

①　A　台風　B　土砂くずれ　C　令和2年7月豪雨
　　D　球磨川　E　発展的

②　A　台風　B　土砂くずれ　C　令和2年熊本豪雨
　　D　白川　E　創造的

③　A　温暖化　B　液状化現象　C　令和2年熊本豪雨
　　D　球磨川　E　発展的

④　A　台風　B　土砂くずれ　C　令和2年7月豪雨
　　D　球磨川　E　創造的

⑤　A　温暖化　B　液状化現象　C　令和2年熊本豪雨
　　D　白川　E　発展的

(☆☆☆◎◎◎)

【10】5本中3本の当たりが入っているくじがある。

A，Bの2人がこの順に1本ずつくじを引くとき，2人とも当たりを引く確率を，次の①～⑤から1つ選び，番号で答えなさい。

ただし，Aが引いたくじは元には戻さないこととする。

①　$\frac{1}{2}$　②　$\frac{3}{5}$　③　$\frac{1}{8}$　④　$\frac{3}{10}$　⑤　$\frac{1}{25}$

(☆☆☆◎◎◎)

【11】$\sqrt{147n}$が自然数になるような自然数nのうち，もっとも小さい値を，次の①～⑤から1つ選び，番号で答えなさい。

①　2　②　3　③　4　④　5　⑤　6

(☆☆☆◎◎◎)

【12】次のような図形を，直線ℓを軸として回転させてできる立体の体積を，以下の①～⑤から1つ選び，番号で答えなさい。

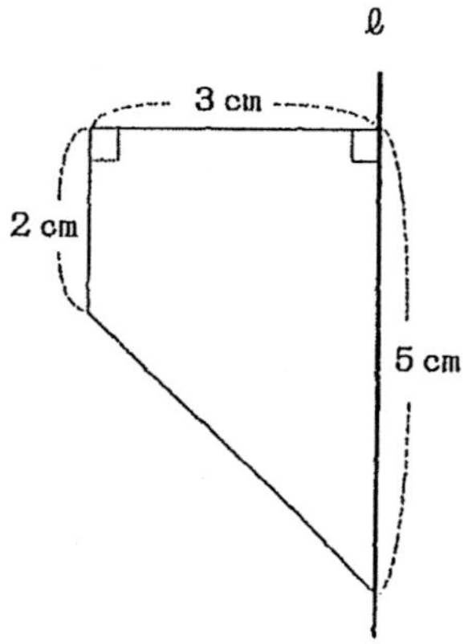

①　15π cm³　②　18π cm³　③　24π cm³　④　27π cm³

⑤　45π cm³

(☆☆☆◎◎◎)

【13】兄は午前10時に家を出発して，走って公園に向かった。

弟は午前10時10分に家を出発して，自転車で兄を追いかけた。

兄の走る速さを分速150m，弟の自転車の速さを分速250mとすると，弟が兄に追いつくのは，午前10時何分になるか。次の①～⑤から1つ選び，番号で答えなさい。

① 午前10時15分　② 午前10時20分　③ 午前10時25分
④ 午前10時30分　⑤ 午前10時35分

(☆☆☆◎◎◎)

【14】関数$y=ax^2$について，xの値が2から4まで増加するときの変化の割合が，関数$y=2x+5$の変化の割合と等しいとき，aの値を次の①～⑤から1つ選び，番号で答えなさい。

① $\frac{1}{2}$　② $\frac{1}{3}$　③ $\frac{1}{4}$　④ 2　⑤ 3

(☆☆☆◎◎◎)

【15】次の文章は「小学校学習指導要領(平成29年告示)」の「第2章　第3節　算数」に示された「第1　目標」である。[　ア　]～[　ウ　]にあてはまる語句の組合せとして正しいものを，以下の①～⑤から1つ選び，番号で答えなさい。

数学的な見方・考え方を働かせ，数学的活動を通して，数学的に考える資質・能力を次のとおり育成することを目指す。

(1) 数量や[　ア　]などについての基礎的・基本的な概念や性質などを理解するとともに，日常の事象を数理的に処理する技能を身に付けるようにする。

(2) 日常の事象を数理的に捉え見通しをもち筋道を立てて考察する力，基礎的・基本的な数量や[　ア　]の性質などを見いだし統合的・[　イ　]に考察する力，数学的な表現を用いて事象を簡潔・明瞭・的確に表したり目的に応じて柔軟に表したりする力を養う。

(3)　数学的活動の楽しさや数学のよさに気付き，学習を振り返ってよりよく[　ウ　]しようとする態度，算数で学んだことを生活や学習に活用しようとする態度を養う。

①　ア　図形　　イ　応用的　　ウ　問題発見
②　ア　計算　　イ　発展的　　ウ　問題解決
③　ア　関数　　イ　論理的　　ウ　問題分析
④　ア　図形　　イ　発展的　　ウ　問題解決
⑤　ア　関数　　イ　論理的　　ウ　問題発見

(☆☆☆◎◎◎)

【16】次のア～エは，「エネルギー」領域の学習内容について述べたものである。正しい記述の組合せをあとの①～⑤から1つ選び，番号で答えなさい。

ア　静止していた物体が自由落下したときの運動は，等速直線運動になる。

イ　床の上にある物体に横から力を加えても，物体が動かないときがある。これは，加えた力が物体にはたらく摩擦力よりも小さいからである。

ウ　200Nの力で荷物を1m持ち上げる仕事を10秒間で行ったときの仕事率は20Wである。

エ　次の図のように，同じ重さ同じ体積のおもりをばねばかりにつり下げ，深さをかえて水に沈めたとき，ばねばかりの値は同じ大きさを示す。ただし，おもりをつるしている糸の体積は考えない。

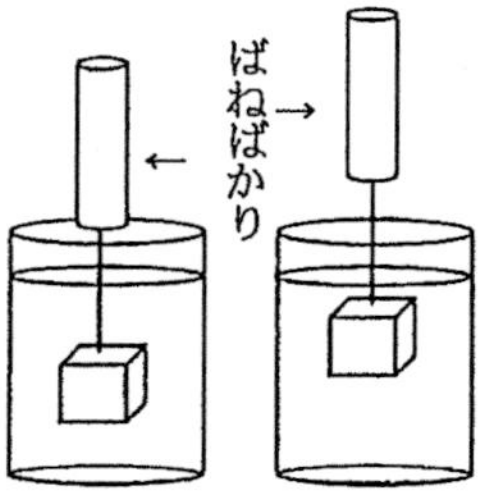

① アとイ　② アとエ　③ イとウ　④ イとエ
⑤ ウとエ

(☆☆☆◎◎◎)

【17】次のア～エは，「粒子」領域の学習内容について述べたものである。正しい記述の組合せを以下の①～⑤から1つ選び，番号で答えなさい。

ア　鉄や鉛，銅などは金属と呼ばれる。これらの金属は，金属光沢をもつ，電気や熱をよく伝える，磁石に引きつけられるなどの性質を持つ。

イ　ある物質の体積と質量をはかったところ，体積25cm^3，質量35gであった。この物質は水に沈む。

ウ　水80gに塩化ナトリウム20gをとかした塩化ナトリウム水溶液の質量パーセント濃度は25%である。

エ　通常，水100gにとかすことのできる物質の最大の質量の値を，その物質の溶解度という。溶解度は物質の種類と温度によって決まっている。

① アとイ　② アとウ　③ イとウ　④ イとエ
⑤ ウとエ

(☆☆☆◎◎◎◎)

【18】次のア～オは，「生命」領域の学習内容について述べたものである。誤った記述の組合せを以下の①～⑤から1つ選び，番号で答えなさい。

ア　種子植物は，胚珠が子房の中にある被子植物と，子房がなく胚珠がむきだしになっている裸子植物に分けられる。

イ　双子葉類は，網状脈(網の目状に広がる葉脈)を持ち，その根は，主根とそこから枝分かれするひげ根からなる。

ウ　道管は，植物が根から吸収した水や水にとけた養分を，体の様々な場所へ運ぶ管である。

エ　双子葉類の茎の維管束は輪のように並んでいるのに対して，単子葉類の茎の維管束は散らばっている。

オ　根から吸い上げられた水は，植物の体の表面にある気孔から水蒸気として出ていく。これを光合成という。

①　アとウ　　②　イとウ　　③　イとオ　　④　ウとエ
⑤　エとオ

(☆☆☆◎◎◎◎)

【19】次のア～オは，「地球」領域の学習内容について述べたものである。正しい記述の組合せを以下の①～⑤から1つ選び，番号で答えなさい。

ア　気温は，地上およそ1.8mの高さに乾湿計の感温部を置き，直射日光が当たらない所で測る。

イ　温暖前線は，暖気が寒気の上にはい上がっていくため，雲ができる範囲が狭く，雨は狭い範囲に短時間に降る。

ウ　雨上がりの寒い朝に霧が発生することがある。これは，気温が下がり露点に達して，空気中の水蒸気の一部が水滴となって現れたためである。

エ　山の頂上のような高いところに登ると，その高さに相当する分だけ大気の質量が増えるので気圧は低くなる。

オ　気温17℃のとき飽和水蒸気量は14.5g/m^3である。気温17℃，湿度40％のとき，空気1m^3中に含まれる水蒸気量は5.8gである。

①　アとウ　　②　イとエ　　③　ウとエ　　④　ウとオ
⑤　エとオ

(☆☆☆◎◎◎◎)

【20】次のア～オは，「観察・実験の注意事項」について説明したものである。正しい記述の組合せを以下の①～⑤から1つ選び，番号で答えなさい。

ア　薬品のにおいをかぐときには，一度手であおいだあとに直接鼻を近づけにおいを確かめるようにする。

イ　気体が発生する実験では換気に注意し，重金属イオンを含む廃液は決められた容器に集める。

ウ　水溶液を蒸発皿などを用いて加熱し，溶液から溶媒を蒸発させる場合は，溶媒が少し残っている状態で加熱をやめる。

エ　試薬びんからビーカーに試薬を注ぐときは，ラベルのついた面を上に向けて持ち，ビーカーのふちに試薬ビンの口をつけて注ぎ入れる。

オ　ルーペを使って観察するとき，観察するものに近づけて持ち，ルーペを前後させてよく見える位置を探す。

①　アとエ　　②　アとオ　　③　イとウ　　④　イとエ
⑤　ウとオ

(☆☆☆◎◎◎◎)

【21】次のア～オは，「小学校学習指導要領(平成29年告示)解説　理科編」の「第3章　各学年の目標及び内容」について示されたものである。学年と学年の目標が合っていない組合せを以下の①～⑤から1つ選び，番号で答えなさい。

ア　[第3学年]身の回りの生物，太陽と地面の様子について追究する中で，主に既習内容や生活経験を基に，根拠のある予想や仮説を発想する力を養う。

イ　[第4学年]空気，水及び金属の性質，電流の働きについて追究する中で，主に差異点や共通点を基に，問題を見いだす力を養う。

ウ　[第5学年]物の溶け方，振り子の運動，電流がつくる磁力について追究する中で，主に予想や仮説を基に，解決の方法を発想する力を養う。

エ　[第5学年]生命の連続性，流れる水の働き，気象現象の規則性について追究する中で，主に予想や仮説を基に，解決の方法を発想する力を養う。

オ　[第6学年]燃焼の仕組み，水溶液の性質，てこの規則性及び電気の性質や働きについて追究する中で，主にそれらの仕組みや性質，規則性及び働きについて，より妥当な考えをつくりだす力を養う。

①　アとイ　　②　アとウ　　③　イとエ　　④　ウとエ

⑤　エとオ

(☆☆☆◎◎◎◎◎)

【22】次の文は，「小学校学習指導要領(平成29年告示)」の「第2章　第6節　音楽」に示された「第1　目標」である。[　A　]～[　E　]に入る言葉の組合せとして正しいものを以下の①～⑤から1つ選び，番号で答えなさい。

> 表現及び鑑賞の活動を通して，音楽的な見方・考え方を働かせ，生活や社会の中の[　A　]と豊かに関わる[　B　]を次のとおり育成することを目指す。
> (1)　曲想と音楽の構造などとの関わりについて理解するとともに，表したい音楽表現をするために必要な[　C　]を身に付けるようにする。
> (2)　音楽表現を工夫することや，音楽を味わって聴くことができるようにする。
> (3)　音楽活動の楽しさを体験することを通して，音楽を[　D　]と音楽に対する感性を育むとともに，音楽に親しむ態度を養い，[　E　]を培う。

	A	B	C	D	E
①	音や音楽	資質・能力	技術	表現する喜び	豊かな情操
②	音や表現	資質・能力	知識	愛好する心情	豊かな情操
③	音や音楽	資質・技能	演奏	表現する喜び	豊かな発想
④	音や音楽	資質・能力	技能	愛好する心情	豊かな情操
⑤	音や表現	資質・技能	能力	愛好する心情	豊かな表現

(☆☆☆◎◎◎)

【23】次の楽譜は，共通教材「うみ」の楽譜である。この曲のAの部分に入る楽譜を以下の①～⑤から1つ選び，番号で答えなさい。

(楽譜略)
(選択肢略)

(☆☆☆◎◎◎)

【24】次の楽譜は，共通教材「ふるさと」の楽譜の一部である。楽譜中のAの音を，ソプラノリコーダーで吹くときの運指について，どの穴を押さえればよいか，あとの①～⑤から1つ選び，番号で答えなさい。

(楽譜略)

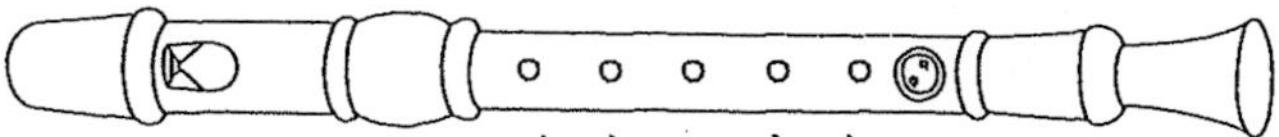

① アイウエ　② アイエカ　③ アイエオ　④ アイウオ
⑤ アイウエカ

(☆☆☆◎◎◎)

【25】次の楽譜は，ある楽曲の一部である。この曲の曲名と調の組合せとして適切なものを以下の①～⑤から1つ選び，番号で答えなさい。

(楽譜略)

① 「ラバーズ　コンチェルト」・ハ短調
② 「エーデルワイス」・イ短調
③ 「メヌエット」・ハ長調
④ 「エーデルワイス」・ト長調
⑤ 「ラバーズ　コンチェルト」・ハ長調

(☆☆☆◎◎)

【26】次の文章は，「小学校学習指導要領(平成29年告示)」の「第2章　各教科」「第7節　図画工作」に示された「第2　各学年の目標及び内容」〔第3学年及び第4学年〕「2　内容」の一部である。空欄[　ア　]～[　ウ　]に当てはまる語句の組合せを，以下の①～⑥から1つ選び，番号で答えなさい。

> B　鑑賞
>
> (1)　鑑賞の活動を通して，次の事項を身に付けることができるよう指導する。
>
> ア　身近にある作品などを鑑賞する活動を通して，自分たちの作品や身近な美術作品，製作の[　ア　]などの造形的なよさや面白さ，表したいこと，いろいろな表し方などについて，感じ取ったり考えたりし，自分の見方や感じ方を広げること。
>
> 〔共通事項〕
>
> (1)　「A表現」及び「B鑑賞」の指導を通して，次の事項を身に付けることができるよう指導する。
>
> ア　自分の感覚や行為を通して，形や色などの[　イ　]が分かること。
>
> イ　形や色などの[　イ　]を基に，自分の[　ウ　]をもつこと。

番号	ア	イ	ウ
①	工夫	特徴	イメージ
②	工夫	よさ	感性
③	多様さ	感じ	視点
④	多様さ	よさ	感性
⑤	過程	感じ	イメージ
⑥	過程	特徴	視点

(☆☆☆◎◎◎)

【27】次の①～⑤は，「小学校学習指導要領(平成29年告示)解説　図画工作編」の「第3章　第3節」に示された第5学年及び第6学年の鑑賞につ

いての記述である。適当なものを次の①～⑤から1つ選び，番号で答えなさい。

① 児童が自ら鑑賞の対象を選んだり，児童が興味や関心をもてる写真を活用したりするなど，様々な方法が考えられる。ただし，アニメーションについては活用を検討する必要がある。

② 工芸品などを実際に使って確かめたり，置き場所を考えたりするなど，児童一人一人が実感的に「知識や技能」を働かせることができるような手立てを工夫する。

③ 鑑賞活動の充実のためには，教師が一方的に情報を与え基本的な知識を身に付けてから，言語活動をすると効果的である。

④ 児童自身が決めたテーマで鑑賞の作品を集めたり，それを基に適切な人数で話し合ったりするなど，他者との交流を重視した活動を取り入れることが大切である。

⑤ 児童が表現をしている時に設定した鑑賞の時間や，独立して設定した鑑賞の時間には新たな発想や構想，技能の手掛かりを得ることもある。児童が材料や表現方法などの視点をもって作品を見るように一律に形式的な相互鑑賞する時間を設けるようにする。

(☆☆☆◎◎◎)

【28】次の①～⑤は，「小学校学習指導要領(平成29年告示)解説　図画工作編」の「第4章　指導計画の作成と内容の取扱い」に示された各学年で取り扱う材料や用具についての記述である。適当でないものを次の①～⑤から1つ選び，番号で答えなさい。

① 第1学年及び第2学年においては，手や体全体の感覚などを十分に働かせ，感触や手応えを楽しめるような土粘土に親しませることが重要である。

② 第1学年及び第2学年においては，枝，根っこ，木片，おがくず，厚紙，新聞紙，段ボール，大きな包装紙などの児童が扱いやすい材料を用いることが考えられる。

③ 第3学年及び第4学年においては，水彩絵の具は，児童が形や色を

表すために適した用具として示されている。色を重ねて塗ったり，混ぜたり，にじませたり，ぼかしたりして，いろいろな形や色をつくることができる。クレヨンやパスなどとの併用はできない。

④　第3学年及び第4学年においては，筆などの水彩絵の具に関連する用具については，刷毛や細い筆などの様々な種類を使う，パレットや絵の具皿を使うなど，児童がいろいろな扱い方を見付けるようにすることが大切である。

⑤　第5学年及び第6学年においては，針金，糸のこぎりなどが児童の表現方法の広がりに対応した材料や用具として示されている。また，糸のこぎりは板材を曲線に切ったり，切り抜いたりするなど，切断が思いのままできるので，児童の発想や構想などに幅ができるものとして示されている。

(☆☆☆◎◎◎)

【29】第1学年及び第2学年の児童に，カッターナイフや段ボールカッターの適切な使い方の指導を行う場合に，用具の適切な使い方について，適当なものを次の①～⑤から1つ選び，番号で答えなさい。

①　カッターナイフの持ち方は，小さいものや短いものを切るときには「にぎりもち」をし，大きいものや長いものを切るときには「えんぴつもち」をするように指導する。

②　カッターナイフの刃は，スライダーをゆっくり前に押し出して刃を出し，紙がよく切れるように5～6目もり出すようにする。製作途中に刃がきれにくくなったら，溝にそって刃を折り，新しい刃で切るよう指導する。

③　カッターナイフで紙を真っ直ぐに切るには，定規の目もりがない方に刃を当て，定規を手でしっかり押さえながら切るようにする。曲がった線を切るときは，紙ではなくカッターナイフの向きを変えて切るように指導する。また，切る方向によっては，刃の進む向きに紙を押さえている手を置いて切るように指導する。

④　段ボールカッターで段ボールを切る時には，刃を差し込み，ゆっ

くり上下に動かしながら手前に向かって切るようにする。曲がった線を切る時は箱を回しながら切るように指導する。

⑤　段ボールカッターで板状の段ボールを切るときには，別の薄い段ボールの上に置き，重心をかけ手でしっかり押さえて切るように指導する。

(☆☆☆◎◎◎)

【30】次の1～5の文章は，「小学校学習指導要領(平成29年告示)」「第2章」「第8節　家庭」の「第2　各学年の内容」における「2　内容の取扱い」について述べたものである。空欄[　ア　]～[　オ　]に入る語句の組合わせとして，正しいものを以下の①～⑤から1つ選び，番号で答えなさい。

1　家族や地域の人々との関わりについては，幼児又は低学年の児童や[　ア　]など異なる世代の人々との関わりについても扱うこと。

2　調理の基礎については，ゆでる材料として青菜や[　イ　]などを扱うこと。

3　栄養を考えた食事については，献立を構成する要素として主食，主菜，[　ウ　]について扱うこと。

4　生活を豊かにするための布を用いた製作については，[　エ　]で使用する物を入れる袋などの製作を扱うこと。

5　快適な住まい方については，主として暑さ・寒さ，通風・換気，採光，及び[　オ　]を取り上げること。

	ア	イ	ウ	エ	オ
①	成人	じゃがいも	副菜	学校生活	音
②	高齢者	卵	汁物	家庭生活	生活臭
③	成人	卵	汁物	日常生活	生活臭
④	高齢者	じゃがいも	副菜	日常生活	音
⑤	高齢者	卵	汁物	学校生活	音

(☆☆☆◎◎◎)

【31】住生活に関する説明として，誤っているものを次から1つ選び，番号で答えなさい。

① 住まいには，主に風雨や暑さ・寒さなどの過酷な自然から人々を守る働きがある。

② 生活する上で出る様々な音は，時間帯や場所に合わせ他人の迷惑にならないかに気を配る必要がある。

③ 暑い夏は，直射日光をさえぎるために，すだれやよしずを利用したり，家の周囲の温度を下げるためにうち水をしたりするとよい。

④ 寒い冬は，室内の熱を逃さず効率よく暖めるために，常に窓を閉め切ったまま暖房器具を使う。

⑤ 日本は四季の変化に富むことから，季節の変化に合わせて日光や風など自然の力を効果的に活用する生活文化がある。

(☆◎◎◎◎)

【32】家庭科でみそ汁の調理実習を指導する際，手順として最も適切なものを，以下の①～⑤から1つ選び，番号で答えなさい。

ア	大根(厚さ5mmのいちょう切り)を入れる。
イ	なべを火にかけ，加熱する。
ウ	頭と腹わたを取った煮干しを入れる。
エ	少量のだし汁で溶いたみそを入れる。
オ	油あげ(幅1cmの短冊切り)を入れる。

① 鍋に分量の水を入れる。→ ウ → イ → ア → オ → エ

② 鍋に分量の水を入れる。→ イ → ウ → ア → オ → エ

③ 鍋に分量の水を入れる。→ ウ → ア → オ → イ → エ

④ 鍋に分量の水を入れる。→ ウ → イ → エ → ア → オ

⑤ 鍋に分量の水を入れる。→ ア → オ → ウ → イ

→　エ

(☆☆◎◎◎◎)

【33】買い物に関する説明として，誤っているものを次から1つ選び，番号で答えなさい。

① 買い物は売買契約であるため，購入後，買った人の理由だけでは返品できないこともある。

② 買い物の仕組みで売買契約が成立するのは，支払いを済ませ商品を受け取ったときである。

③ 支払い方法には，現金，商品券，プリペイドカードなど，色々な方法がある。

④ 品物を選ぶ際は，品質や安全性などを示す表示やマークをよく見て，選ぶようにする。

⑤ 買い物でのトラブルや困り事は，都道府県や市区町村ごとに設けられている消費生活センターに相談するとよい。

(☆☆◎◎◎◎◎)

【34】次の文章は，「小学校学習指導要領(平成29年告示)解説　体育編」の「第2章　体育科の目標及び内容」「第1節　教科の目標及び内容」「1　教科の目標」の一部である。[　　]にあてはまる語句を以下の①～⑤から1つ選び，番号で答えなさい。

> 体育や保健の見方・考え方を働かせ，課題を見付け，その解決に向けた学習過程を通して，[　　]を一体として捉え，生涯にわたって心身の健康を保持増進し豊かなスポーツライフを実現するための資質・能力を次のとおり育成することを目指す。

① 思考力，判断力，表現力等　② 運動と健康　③ 心と体
④ 知識及び技能　⑤ 指導と評価

(☆☆☆☆◎◎◎)

【35】「小学校学習指導要領(平成29年告示)解説　体育編」の「第2章　体育科の目標及び内容」「第2節　各学年の目標及び内容」「第1学年及び第2学年」において，「C　走・跳の運動遊び」の内容として例示されているものを次の①～⑤から1つ選び，番号で答えなさい。

① いろいろなリズムでの小型ハードル走
② 周回リレー
③ 短い助走からの幅跳び
④ 30～40m程度のかけっこ
⑤ 短い助走からの高跳び

(☆☆☆☆◎◎◎)

【36】「小学校学習指導要領(平成29年告示)解説　体育編」の「第2章　体育科の目標及び内容」「第2節　各学年の目標及び内容」「第3学年及び第4学年」において，「D　水泳運動」の内容として例示されているものを次の①～⑤から1つ選び，番号で答えなさい。

① バブリングやボビング
② 25～50m程度を目安にしたクロール
③ くらげ浮き，伏し浮き，大の字浮きなど浮く遊び
④ け伸び
⑤ 25～50m程度を目安にした平泳ぎ

(☆☆☆☆◎◎◎)

【37】「小学校学習指導要領(平成29年告示)解説　体育編」の「第2章　体育科の目標及び内容」「第2節　各学年の目標及び内容」「第5学年及び第6学年」「G　保健」において，第5学年の内容として取り扱わないものを次の①～⑤から1つ選び，番号で答えなさい。

① 心は，いろいろな生活経験を通して，年齢に伴って発達すること。
② 心と体には，密接な関係があること。
③ 不安や悩みへの対処には，大人や友達に相談する，仲間と遊ぶ，運動をするなどいろいろな方法があること。

④　けがなどの簡単な手当は，速やかに行う必要があること。

⑤　病気は，病原体，体の抵抗力，生活行動，環境が関わりあって起こること。

(☆☆☆☆◎◎◎)

【38】次の1，2の各問いに答えなさい。

1　次の文章は，「小学校学習指導要領(平成29年告示)」「第5章　総合的な学習の時間」の「第1　目標」である。文中の[　ア　]に当てはまる最も適当な語句をA群から，[　イ　]に当てはまる最も適当な語句をB群から，[　ウ　]に当てはまる最も適当な語句をC群からそれぞれ1つずつ選び，番号で答えなさい。

> 第1　目標
>
> 探究的な見方・考え方を働かせ，横断的・総合的な学習を行うことを通して，よりよく課題を解決し，[　ア　]を考えていくための資質・能力を次のとおり育成することを目指す。
>
> (1)　(略)
>
> (2)　実社会や実生活の中から問いを見いだし，[　イ　]課題を立て，情報を集め，整理・分析して，まとめ・表現することができるようにする。
>
> (3)　探究的な学習に主体的・協働的に取り組むとともに，互いのよさを生かしながら，積極的に[　ウ　]しようとする態度を養う。

A群	①　新たな課題　②　自己の生き方　③　新たな方策 ④　新たな価値　⑤　よりよい生き方
B群	①　前年度の実践から　②　学習指導要領の内容に沿って ③　学校目標に沿って　④　学校の年間計画に沿って　⑤　自分で
C群	①　学んだことを発信　②　社会に参画　③　学校行事に参加 ④　ボランティアを体験　⑤　友達と協力

2　次の文章は，「小学校学習指導要領(平成29年告示)」「第5章　総合的な学習の時間」の「第3　指導計画の作成と内容の取扱い」につ

いて述べたものである。正しいものを次の①～⑤から1つ選び，番号で答えなさい。

① 総合的な学習の時間において，国際理解に関する学習を行う際には，スキルの習得に重点を置く活動を設けなければならない。

② 総合的な学習の時間において，情報に関する学習を行う際は，タブレット端末などの情報手段の操作の習得を十分に行った後に，探究的な学習に取り組む。

③ 総合的な学習の時間では体験活動を重視しているため，積極的に取り入れ，体験活動については，探究的な学習の過程に位置付けなくてもよい。

④ 各学校における総合的な学習の時間の名称については，各学校において適切に定めるものとされている。

⑤ 各学年の目標を踏まえた学習を進めるため，学年単体での学習を基本とし，異年齢の児童が一緒に活動する学習形態は取り入れない。

(☆☆☆◎◎◎◎)

【39】次の文章は，「小学校学習指導要領(平成29年告示)」の「第2章　第10節　外国語」からの抜粋である。文中の[　A　]，[　B　]に当てはまる語句を以下の①～⑤からそれぞれ1つずつ選び，番号で答えなさい。

> 第1　目標
>
> 外国語によるコミュニケーションにおける見方・考え方を働かせ，外国語による聞くこと，読むこと，話すこと，書くことの[　A　]を通して，コミュニケーションを図る基礎となる資質・能力を次のとおり育成することを目指す。
>
> (1)～(2)　(略)
>
> (3) 外国語の背景にある文化に対する理解を深め，[　B　]に配慮しながら，主体的に外国語を用いてコミュニケーションを図ろうとする態度を養う。

A	① 学習活動　② 体験活動　③ 言語活動　④ 協働活動　⑤ 外国語活動
B	① 聞き手　② 相手　③ 言語の働き　④ 話題　⑤ 他者

(☆☆☆◎◎◎◎◎)

【40】次の表は，外国語活動の学習指導案の一部である。文中の［ア］に当てはまる最も適当な英語を以下の①～⑤から1つ選び，番号で答えなさい。

児童の活動	指導上の留意点
Make-Believe Shopping (Students participate in this activity, taking on the roles of shopper and shopkeeper.)	- Have the students watch the HRT and ALT as they demonstrate the activity. - Together, chant expressions used in shopping. - Have one group of 3~4 students play the role of the shopper and another play the role of the shopkeeper. - The HRT and ALT should participate using gestures and rich facial expressions. - ［ア］ students who are actively participating, e.g. using gestures and speaking loudly and clearly.

① Precise　② Praise　③ Proactive　④ Principal
⑤ Practice

(☆☆☆◎)

【41】次の英文は，外国語科の授業における指導者と児童との会話である。文中の[　ア　]～[　ウ　]に当てはまる最も適当な英語を以下の①～⑨からそれぞれ1つずつ選び，番号で答えなさい。

Mr. Kato　:　It's really hot these days.

Ms. White　:　Yes. It's hot and humid. Summer has come!

Mr. Kato　:　You're right. Ms. White, what food do you want to eat in summer?

Ms. White　:　Ice cream! I want to eat ice cream in summer. How about you, Mr. Kato?

Mr. Kato	:	I want to eat *somen*. Do you know *somen*, Ms. White?
Ms. White	:	[　ア　] I love *somen*. Last summer, I tried it for the first time and it was really good.
Mr. Kato	:	I'm glad you can enjoy Japanese food. Now everyone, what food do you want to eat in summer? How about you, Keita?
Keita	:	*Kakigori*!
Mr. Kato	:	Oh, you want to eat *kakigori*! I want to eat *kakigori*, too! By the way, how do you say *kakigori* in English? [　イ　] Does anyone know? No? OK, I'll ask Ms. White. How do you say it in English?
Ms. White	:	It's "shaved ice." I also love shaved ice in summer like Keita.
Mr. Kato	:	Oh, shaved ice! I see. Thank you for telling us. [　ウ　]
Ms. White	:	Shaved ice.
All students	:	Shaved ice.
Mr. Kato	:	Good! Well, Keita wants to eat shaved ice in summer. How about you, class? What food do you want to eat in summer? Let's talk in pairs.

① Repeat after me.
② Let's practice after Ms. White.
③ It's my turn.
④ Who likes cold and sweet foods?
⑤ Not really.
⑥ Could you ask for volunteers?
⑦ Of course.
⑧ I'll give you a hint.
⑨ Try to say it in English.

(☆☆☆◎◎◎◎◎)

【二次試験】

下記の【1】～【8】から1つ選んで解答する。

【１】登場人物の気持ちの変化や性格，情景について，場面の移り変わりと結び付けて具体的に想像する力を育てる指導をどのようにするか，指導計画の概要を示し，本時の展開が分かるように教材を例に挙げて具体的に述べなさい。

(☆☆☆◎◎◎◎)

【２】江戸幕府が政治を行った頃の学習を通して，どのような事項を身に付けさせるか述べなさい。また，どのように学習を進めるのか及び育成する態度等も含めて述べなさい。

(☆☆☆◎◎◎)

【３】ある時刻から50分過ぎると11時30分であった。このとき，ある時刻の求め方を理解できるようにしたい。どのように指導するか，具体的に述べなさい。

(☆☆☆◎◎◎)

【４】水及び空気は，温めたり冷やしたりすると，それらの体積が変わるが，その程度には違いがあることをとらえさせるような指導法について述べなさい。

(☆☆☆☆◎◎◎◎◎)

【５】「各声部の歌声や全体の響き，伴奏を聴いて，声を合わせて歌う技能」についての指導のポイントについて，具体的な展開例を挙げながら述べなさい。

(☆☆☆☆◎◎)

【6】中学年で，段ボール等を利用して広い空間で造形遊びの授業を行う場合，その評価をどのような視点で行ったらよいか述べなさい。

(☆☆☆◎◎◎)

【7】「小学校学習指導要領(平成29年告示)解説　体育編」「第2章　体育科の目標及び内容」「第2節　各学年の目標及び内容」〔第5学年及び第6学年〕の「2　内容」「B　器械運動」「ア　マット運動」において，回転系や巧技系の技について学習する際，どのようなことに留意して指導すればよいか，学習内容と関連させて具体的に述べなさい。

(☆☆◎◎◎◎)

【8】「小学校学習指導要領(平成29年告示)解説　家庭編」の「A　家族・家庭生活」の「(3)　家族や地域の人々との関わり」についてどのように指導するか，指導内容・方法とそのポイントを具体的に述べなさい。

(☆☆☆☆◎◎)

熊本市

【1】

〔問1〕次の文は，「小学校学習指導要領(平成29年告示)」の「第2章　第1節　国語　第2　各学年の目標及び内容　2　内容〔知識及び技能〕」に関する記述である。第3学年及び第4学年に関する記述の組合せとして正しいものを，①～⑤から一つ選び，番号で答えなさい。

ア　様子や行動，気持ちや性格を表す語句の量を増し，話や文章の中で使うとともに，言葉には性質や役割による語句のまとまりがあることを理解し，語彙を豊かにすること。

イ　比較や分類の仕方，必要な語句などの書き留め方，引用の仕方や出典の示し方，辞書や事典の使い方を理解し使うこと。

ウ　原因と結果など情報と情報との関係について理解すること。
エ　話し言葉と書き言葉との違いに気付くこと。
オ　幅広く読書に親しみ，読書が，必要な知識や情報を得ることに役立つことに気付くこと。

① ア・イ・オ
② イ・エ・オ
③ ウ・エ・オ
④ ア・ウ・オ
⑤ イ・ウ・エ

〔問2〕次の文章を読んで，(1)～(3)の各問いに答えなさい。なお，設問の都合で本文の段落に1～5の番号を付してある。

掲載許可が得られていませんので，掲載いたしません。

(1)　空欄[　ア　]，[　イ　]には，接続詞が入る。[　ア　]，[　イ　]に入る接続詞の働きとして適当な組合せを，①～⑤から一つ選び，番号で答えなさい。

	ア	イ
①	逆接	逆接
②	転換	順接
③	言換	転換
④	逆接	転換
⑤	言換	逆接

(2)　本文には，次の段落が欠けている。どこに入るか，最も適当なものを，①～⑤から一つ選び，番号で答えなさい。

掲載許可が得られていませんので，掲載いたしません。

① 1段落の後
② 2段落の後
③ 3段落の後
④ 4段落の後

⑤　5段落の後

(3)　本文の内容として適当でないものを，①～⑤から一つ選び，番号で答えなさい。

①　自立と依存を反対であると単純に考えるのは間違いで，自立は依存の裏打ちがあってこそ，生まれると思われる。

②　ヨーロッパでは，つき合いの機会を多くすることで，自立が破壊されるというおそれを感じていないと思われる。

③　日本では，自立しているから，親と会ったり，話し合ったりする必要はない，と考える傾向があると思われる。

④　一見対立していても実はお互いに共存し，裏づけとなっているものは，生き方に厚みをだすと思われる。

⑤　依存が自立を助けるというような見方で，自分の排除しようとしていたものを見ると，価値に気づくことがあると思われる。

(☆☆☆◎◎◎)

【2】

〔問1〕次の文は，「小学校学習指導要領(平成29年告示)」の「第2章　第2節　社会　第2　各学年の内容」に関する記述である。それぞれ第3学年～第6学年のどの学年で扱うかについて，組合せとして正しいものを，①～⑤から一つ選び，番号で答えなさい。

ア　過去に発生した地域の自然災害，関係機関の協力などに着目して，災害から人々を守る活動を捉え，その働きを考え，表現すること。

イ　災害の種類や発生の位置や時期，防災対策などに着目して，国土の自然災害の状況を捉え，自然条件との関連を考え，表現すること。

ウ　施設・設備などの配置，緊急時への備えや対応などに着目して，関係機関や地域の人々の諸活動を捉え，相互の関連や従事する人々の働きを考え，表現すること。

エ　歴史的背景や現在に至る経過，保存や継承のための取組などに着目して，県内の文化財や年中行事の様子を捉え，人々の願いや努力を考え，表現すること。

オ　世の中の様子，人物の働きや代表的な文化遺産などに着目して，我が国の歴史上の主な事象を捉え，我が国の歴史の展開を考えるとともに，歴史を学ぶ意味を考え，表現すること。

カ　地形や気候などに着目して，国土の自然などの様子や自然条件から見て特色ある地域の人々の生活を捉え，国土の自然環境の特色やそれらと国民生活との関連を考え，表現すること。

	第3学年	第4学年	第5学年	第6学年
①	ア・ウ	オ	イ・カ	エ
②	イ・ウ	ア	オ	エ・カ
③	ウ	ア・エ	イ・カ	オ
④	イ・カ	ア	ウ・エ	オ
⑤	ア	ウ・エ	イ	オ・カ

〔問2〕次の文は，日本国憲法について説明したものである。内容として適切なものの組合せを，①～⑥から一つ選び，番号で答えなさい。

ア　日本国憲法は，「すべて国民は，社会的で文化的な最低限度の生活を営む権利を有する」(第25条)と定めています。これを，社会権の最も基本となる生存権とよんでいます。

イ　日本国憲法の前文を読むと，この憲法が制定された理由や理念，目的などが書かれています。日本国民が憲法の制定者であること，自由のもたらす恵みを確保すること，そして再び戦争を起こすことなく恒久の平和主義を決意し，世界と協調することが高らかに宣言されています。こうした前文から，日本国憲法は，国民主権，基本的人権の尊重，平和主義の三つの考え方を基本的な原理としていることが読み取れます。

ウ　基本的人権の一つである，私たちが政治に参加する権利を参政権といいます。その中心は，国民が代表者を選ぶ選挙権と，代表者として国民に選出される被選挙権です。選挙権は，18歳以上，被選挙権は，35歳以上の国民に認められています。

エ　日本国憲法では，「国会は，国権の最高機関であ(つ)て，国の唯一の立法機関である」(第41条)と定めています。国民の代表機関である国会は，国の政治の中心として，さまざまな機関の中でも最も重要な地位にあるのです。

オ　日本国憲法は，「すべて国民は，法の下に平等であ(つ)て，人種，信条，性別，社会的身分又は門地により，政治的，経済的又は社会的関係において，差別されない。」(第14条)と定めています。

①　ア・イ・エ　②　ア・イ・オ　③　ア・ウ・オ
④　イ・ウ・エ　⑤　イ・エ・オ　⑥　ウ・エ・オ

〔問3〕次のア～オの文章は，日本の江戸時代の終わりごろの出来事について説明したものである。下線を引いた出来事で年代順に正しく並んでいるものを，①～⑤から一つ選び，番号で答えなさい。

ア　対立していた長州藩と薩摩藩は，土佐藩の坂本龍馬らのなかだちにより，ひそかに<u>同盟を結び</u>，幕府を倒す(倒幕)運動へと動き出しました。長州藩の態度の変化を知った幕府は，長州藩を攻撃しましたが失敗し，幕府の威信はさらに低下しました。

イ　15代将軍徳川慶喜は，幕府だけで政治を行うことは難しくなったと考え，新しい政権の中で幕府勢力の地位を確保しようとして，<u>天皇に政権の返上を申し出</u>ました。

ウ　イギリス・フランス・アメリカ・オランダの四国連合艦隊が，長州藩の外国船砲撃に対する報復として<u>下関の砲台を攻撃</u>しました。その力をみた長州藩の高杉晋作・木戸孝允らも，攘夷は不可能であることを自覚し，幕府を倒して，天皇中心の政権をつくる考えを強めていきました。

エ　幕府側の立場だった薩摩藩は，薩摩藩士によるイギリス人殺傷事件の報復として，<u>イギリス艦隊から鹿児島を砲撃</u>されました。その結果，攘夷が難しいことをさとり，下級武士から登用された西郷隆盛や大久保利通らが藩の中心となりました。

オ　アメリカの東インド艦隊司令長官<u>ペリーは浦賀に軍艦四隻で来航</u>し，開国を求める大統領の国書をさし出しました。幕府はオランダからの情報で事前に来航を知っていましたが，軍艦の威力におされ，国書を受け取りました。

① オ → エ → ウ → ア → イ
② オ → ウ → エ → ア → イ
③ ア → イ → オ → ウ → エ
④ ウ → オ → エ → ア → イ
⑤ ウ → エ → オ → ア → イ

〔問4〕小学校3年生の社会科のまとめの学習で，子どもたちが，熊本市を紹介する動画を作成して配信することになった。熊本市を紹介する原稿の一部は，次のとおりである。

(　ア　)～(　オ　)に当てはまる語句の組合せとして適切なものを，①～⑥から一つ選び，番号で答えなさい。

熊本市は，2012年(平成24年)に政令指定都市になりました。5つの区からできていて，九州新幹線が(　ア　)つの区を通っています。気候は，寒暖の差が大きく，夏には「肥後の夕なぎ」といわれる蒸し暑い日が続きます。熊本市役所の14階から熊本市をながめると，西に金峰山，(　イ　)の方角に江津湖があります。自然豊かな熊本市のシンボルは，鳥が「(　ウ　)」，花が「肥後ツバキ」，木が「イチョウ」です。

熊本市の給食では，「ひごまるデー」といって熊本市で作られる野菜をたっぷりと使ったメニューを毎月19日近辺に実施しています。2018年(平成30年)の農業産出額の多い順は，野菜，果実，(　エ　)となっています。漁業産出額で1番多いのは，(　オ　)です。

2019年度(令和元年度)には，総務省から「SDGs未来都市」に選ばれ，ますます発展が楽しみな熊本市です。

	ア	イ	ウ	エ	オ
①	3	北西	ヤマガラ	米・麦・豆類	貝藻類
②	4	南東	シジュウカラ	畜産	乾のり
③	3	南	ヤマガラ	米・麦・豆類	貝藻類
④	3	北東	シジュウカラ	畜産	貝藻類
⑤	4	南東	ヤマガラ	米・麦・豆類	乾のり
⑥	4	東	シジュウカラ	畜産	乾のり

(☆☆☆◎◎◎)

【3】

〔問1〕次の文は,「小学校学習指導要領(平成29年度告示)解説　算数編」の「第2章　第2節　算数科の内容　2　各領域の内容の概観　D　データの活用」に関する記述である。それぞれどの学年で指導することか，その組合せとして正しいものを，①～⑤から一つ選び，番号で答えなさい。

ア　質的データの個数か，あるいは量的データの大きさに相当する長さの棒の長さで違いを示す棒グラフに表したり，読み取ったりすることを指導する。

イ　量的データの分布の様子を示す柱状グラフに表したり，読み取ったりすることを指導する。

ウ　一つ一つのデータを抽象的な絵で表し，それらを整理し揃えて並べることで数の大小を比較する簡単なグラフに表したり，読み取ったりすることを指導する。

エ　時系列データの変化の様子を示す折れ線グラフに表したり，読み取ったりすることを指導する。

オ　データの割合を示す円グラフや帯グラフに表したり，読み取ったりすることを指導する。

カ　データを○や□などに抽象化して並べる簡単なグラフに表したり，読み取ったりすることを指導する。

第1学年　第2学年　第3学年　第4学年　第5学年　第6学年

①	カ	ウ	エ	ア	オ	イ
②	ウ	カ	エ	ア	イ	オ
③	ア	ウ	カ	エ	オ	イ
④	カ	ウ	ア	エ	イ	オ
⑤	ウ	カ	ア	エ	オ	イ

〔問2〕aを自然数とするとき，$\sqrt{35-2a}$の値が自然数となるaの値は，全部でいくつあるか，①～⑤から一つ選び，番号で答えなさい。

① 1つ　② 2つ　③ 3つ　④ 4つ　⑤ 5つ

〔問3〕次図の円Oにおいて∠xの大きさは何度か，①～⑤から一つ選び，番号で答えなさい。

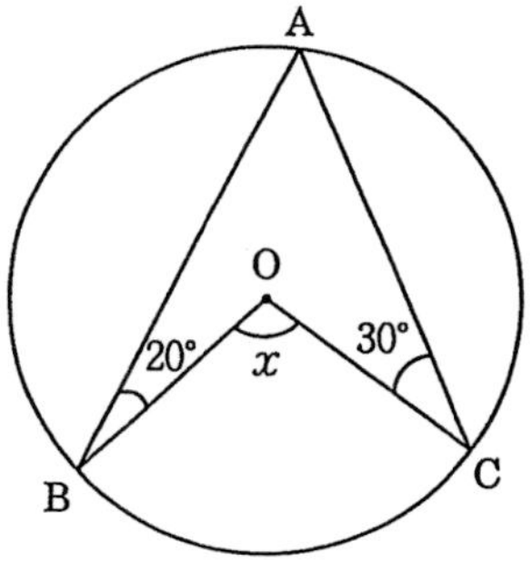

① 90°　② 100°　③ 110°　④ 120°　⑤ 130°

〔問4〕次のA～Cでそれぞれの金額を高い方から順に並べた場合，適切に並んでいるものを，①～⑤から一つ選び，番号で答えなさい。

A　デジタルカメラを定価の25%引きで買うと，代金は7800円だった。このデジタルカメラの定価。

B　定価15000円のプリンターを，20%引きで販売したが売れなかったので，その売値からさらに15%引きの値を付けた。最終のプリンターの売値。

C　定価の2割の儲けを見込むときと1割5分の儲けを見込むときでは，515円の差が出るマフラーの定価。

① ABC　② ACB　③ BAC　④ CAB　⑤ CBA

(☆☆☆◎◎◎)

【４】

〔問1〕次の文は，「小学校学習指導要領(平成29年告示)」の「第2章　第4節　理科　第1　目標」に関する記述である。(　ア　)に当てはまる語句として正しいものを，①～⑤から一つ選び，番号で答えなさい。

自然に親しみ，理科の見方・考え方を働かせ，(　ア　)観察，実験を行うことなどを通して，自然の事物・現象についての問題を科学的に解決するために必要な資質・能力を次のとおり育成することを目指す。

①　見通しをもって
②　根拠のある予想や仮説をもち
③　解決の方法を予想し
④　より妥当な考えをつくりだし
⑤　問題を見いだし

〔問2〕次の図のように，モノコードを用いて，弦の長さ，弦を張る強さ，弦の太さを変え，音の違いを調べる実験を行った。弦は常に同じ強さではじいて音を出した。以下の文の(　ア　)と(　イ　)に当てはまる語句の組合せとして適切なものを，①～⑤から一つ選び，番号で答えなさい。

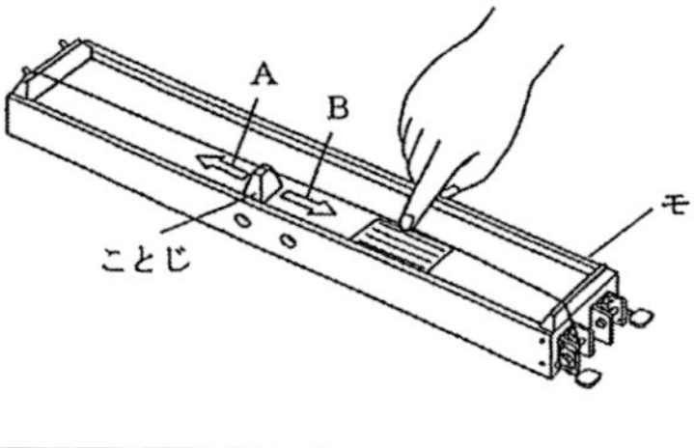

モノコードの弦を張る強さを同じにして，弦をはじいたとき，いちばん高い音が出るのは(　ア　)である。図のモノコードの場合で，より低い音を出したいときは，モノコードのことじを，(　イ　)の方向に動かせばよい。

	ア	イ
①	太い弦で，はじく弦が長い場合	A
②	太い弦で，はじく弦が短い場合	B
③	細い弦で，はじく弦が長い場合	B
④	細い弦で，はじく弦が短い場合	A
⑤	細い弦で，はじく弦が短い場合	B

〔問3〕次の図のように，水酸化ナトリウム水溶液に塩酸を加えたときの水溶液の性質を調べる実験を行った。以下の文の(　ア　)と(　イ　)に当てはまる語句の組合せとして適切なものを，①～⑤から一つ選び，番号で答えなさい。

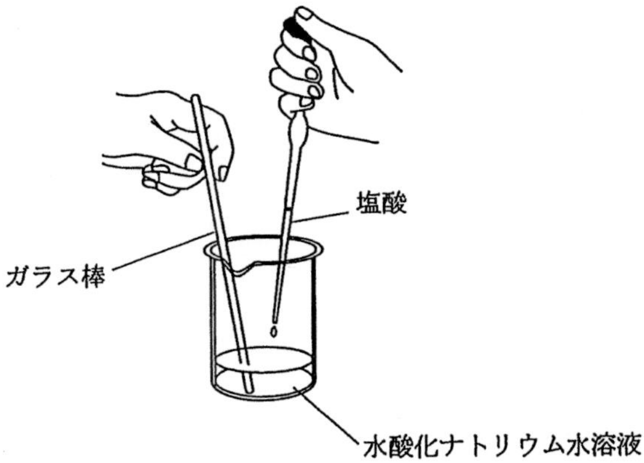

> 水酸化ナトリウム水溶液にBTB溶液を加えたところ，水溶液は青色を示した。青色の水酸化ナトリウム水溶液に塩酸を加えていったところ，水酸化ナトリウム水溶液の色が黄色に変化した。さらに塩酸を加えたところ，色は黄色から変化しなかった。このとき，水溶液内で中和は(　ア　)。黄色に変化した水溶液の中に最も多く存在しているイオンは，(　イ　)である。

	ア	イ
①	起こっている	水素イオン
②	起こっている	塩化物イオン
③	起こっていない	塩化物イオン
④	起こっていない	水素イオン
⑤	起こっていない	ナトリウムイオン

〔問4〕以下の図は，ヒトの血液の循環のようすを模式的に表したものである。次の文で，内容が適切でないものを，①～⑤から一つ選び，番号で答えなさい。

① 酸素を最も多くふくむ血液が流れているのはAである。
② Eには尿素を多くふくむ血液が流れている。
③ Dは動脈である。
④ Bは肺動脈で，酸素の少ない血液が流れている。
⑤ Cにはブドウ糖やアミノ酸などの養分を最も多くふくむ血液が流れている。

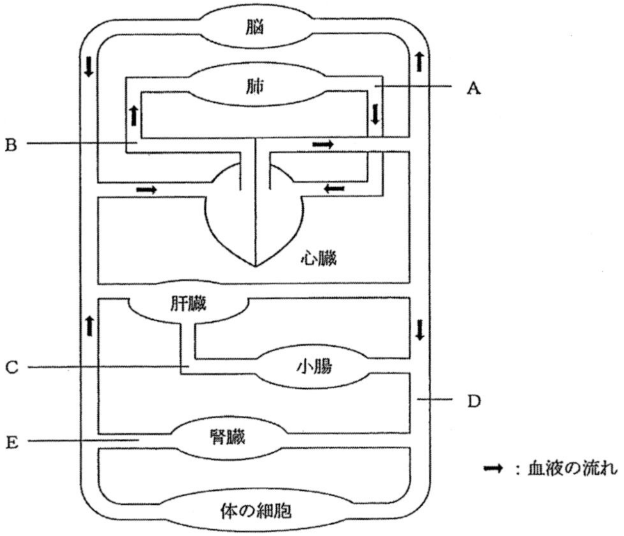

(☆☆☆◎◎◎◎)

【5】

〔問1〕次の歌唱教材は，「小学校学習指導要領(平成29年告示)」の「第2章　第6節　音楽　第2　各学年の目標及び内容　〔第1学年及び第2学年〕　3　内容の取扱い」に示されたものである。(　ア　)に当てはまる語句として正しいものを，①～⑤から一つ選び，番号で答えなさい。

〔第2学年〕		
「かくれんぼ」	(文部省唱歌)	
	林(はやし)　柳波(りゅうは)作詞	下総皖一(しもふさかんいち)作曲
「(　ア　)」	(文部省唱歌)	
	高野辰之(たかのたつゆき)作詞	岡野貞一(おかのていいち)作曲
「虫のこえ」	(文部省唱歌)	
「夕やけこやけ」	中村雨紅(なかむらうこう)作詞	草川信(くさかわしん)作曲

①　春の小川　　②　うみ　　③　春がきた　　④　ふじ山
⑤　こいのぼり

〔問2〕次の楽譜は，小学校6年生の共通教材「われは海の子」(文部省唱歌)である。[　　]の部分の正しい調号はどれか，①～⑤から一つ選び，番号で答えなさい。

掲載許可が得られていませんので，掲載いたしません。

①  ②  ③  ④  ⑤ 

(☆☆☆◎◎◎◎)

【6】

〔問1〕次の文は，「小学校学習指導要領(平成29年告示)」の「第2章　第7節　図画工作　第1　目標」に関する記述である。(　ア　)～(　ウ　)に当てはまる語句の組合せとして正しいものを，①～⑤から一つ選び，番号で答えなさい。

表現及び鑑賞の活動を通して，造形的な見方・考え方を働かせ，(　ア　)の中の形や色などと豊かに関わる資質・能力を次のとおり育成することを目指す。 (1)　対象や事象を捉える(　イ　)な視点について自分の感覚や行為を通して理解するとともに，材料や用具を使い，表し方などを工夫して，創造的につくったり表したりすることができるようにする。 (2)　造形的なよさや美しさ，表したいこと，表し方などについて考え，創造的に発想や構想をしたり，作品などに対する自分の(　ウ　)を深めたりすることができるようにする。 (3)　つくりだす喜びを味わうとともに，感性を育み，楽しく豊かな生活を創造しようとする態度を養い，豊かな情操を培う。

	ア	イ	ウ
①	自然や作品	感覚的	知識や技能
②	生活や社会	造形的	知識や技能
③	自然や作品	造形的	知識や技能
④	生活や社会	造形的	見方や感じ方
⑤	自然や作品	感覚的	見方や感じ方

〔問2〕次の文は，図画工作科で使う材料や用具について述べたものである。釘を打つときの留意点として適切でないものを，①～⑤から一つ選び，番号で答えなさい。

① 釘が倒れないように，きりで深く穴を開けて，釘を穴に差しこむ。

② 指で釘を持ちにくいときは，ラジオペンチを使うとよい。

③ 厚い板と薄い板を接合する場合は，厚みの薄い方から釘を打つ。

④ 丸い木などに打つときは，動かないように布の上に置いて打つ。

⑤ 接合する際に強度が必要な場合は，木工用接着剤を接着面に塗ってから釘を打つことも考えられる。

(☆☆☆◎◎◎)

【7】

〔問1〕次の文は，「小学校学習指導要領(平成29年告示)」の「第2章　第8節　家庭　第2　各学年の内容　〔第5学年及び第6学年〕　1　内容　C　消費生活・環境」に関する記述である。(　a　)～(　c　)に当てはまる語句の組合せとして正しいものを，①～⑤から一つ選び，番号で答えなさい。

> 次の(1)及び(2)の項目について，(　a　)をもって，持続可能な社会の構築に向けて身近な消費生活と環境を考え，工夫する活動を通して，次の事項を身に付けることができるよう指導する。
>
> (1)　物や金銭の使い方と買物
>
> ア　次のような(　b　)を身に付けること。
>
> (ア)　買物の仕組みや消費者の役割が分かり，物や金銭の大切さと計画的な使い方について理解すること。
>
> (イ)　身近な物の選び方，買い方を理解し，購入するために必要な情報の(　c　)が適切にできること。
>
> イ　購入に必要な情報を活用し，身近な物の選び方，買い方を考え，工夫すること。
>
> (2)　環境に配慮した生活
>
> ア　自分の生活と身近な環境との関わりや環境に配慮した物の使い方などについて理解すること。
>
> イ　環境に配慮した生活について物の使い方などを考え，工夫すること。

	a	b	c
①	課題	知識及び技能	収集・整理
②	目的	思考力及び技能	収集・整理
③	課題	知識及び技能	収集・吟味
④	目的	知識及び技能	収集・整理
⑤	課題	思考力及び技能	収集・吟味

〔問2〕次の文は，「B　衣食住の生活」の学習内容に関する記述である。内容が適切でないものの組合せを，①～⑤から一つ選び，番号で答えなさい。

ア　食中毒の原因は，主に，食品に付いた細菌やウイルスである。細菌は，温度，水分，栄養分の3つの要因がそろうと，食品の中で増殖する。

イ　賞味期限は，即席めんやソーセージなど比較的長く保存が可能なものに付され，消費期限は，弁当，そうざいなど品質が急速に劣化しやすいものに付されている。

ウ　青菜をゆでる時は，青菜を水のうちから鍋に入れ，蓋(ふた)をして短時間でゆで，すばやく水に取って冷やす。

エ　みそ汁に入れるみそは脂質を多く含み，調味料として古くから親しまれている。

オ　米は水を加えて加熱することによって，でんぷんが変化し，やわらかくおいしいご飯になる。

①　アとウ　②　アとオ　③　イとエ　④　イとオ

⑤　ウとエ

(☆☆☆◎◎◎)

【8】

〔問1〕次の文は，「小学校学習指導要領(平成29年告示)」の「第2章　第9節　体育　第2　各学年の目標及び内容〔第1学年及び第2学年〕　2　内容　B　器械・器具を使っての運動遊び」についての記述である。内容として正しいものはいくつあるか，①～⑤から一つ選び，番号で答えなさい。

ア　固定施設を使った運動遊びでは，登り下りや懸垂移行，渡り歩きや跳び下りをすること。

イ　マットを使った運動遊びでは，いろいろな方向への跳躍，手で支えての体の保持や回転をすること。

ウ　鉄棒を使った運動遊びでは，体の揺れや上がり下り，ぶら下がりや易しい回転をすること。

エ　跳び箱を使った運動遊びでは，跳び乗りや跳び下り，手を着いてのまたぎ乗りやまたぎ下りをすること。

①　なし　②　1つ　③　2つ　④　3つ　⑤　4つ

〔問2〕次の文は，「小学校学習指導要領(平成29年告示)解説　体育編」の「第2章　第2節　各学年の目標及び内容〔第5学年及び第6学年〕2　内容　G　保健」に関する記述である。正しくないものを，①～⑤から一つ選び，番号で答えなさい。

①　心は人との関わり，あるいは自然とのふれあいなど様々な生活経験や学習を通して，年齢に伴って発達することを理解できるようにする。

②　すり傷，鼻出血，やけどや打撲などを適宜取り上げ，実習を通して，傷口を清潔にする，圧迫して出血を止める，患部を冷やすなどの自らできる簡単な手当ができるようにする。

③　日常経験している病気として「かぜ」などを取り上げ，病気は，病原体，体の抵抗力，生活行動，環境などが関わりあって起こることを理解できるようにする。

④　薬物乱用については，シンナーなどの有機溶剤を取り上げ，一回の乱用では死に至らないが，乱用を続けると止められなくなり，心身の健康に深刻な影響を及ぼすことを理解できるようにする。

⑤　人々の病気を予防するために，保健所や保健センターなどでは，健康な生活習慣に関わる情報提供や予防接種などの活動が行われていることを理解できるようにする。

(☆☆☆◎◎◎)

【9】

〔問1〕次の文は，「小学校学習指導要領(平成29年度告示)」の「第2章　第10節　外国語　第2　各言語の目標及び内容等　3　指導計画の作成と内容の取扱い」に関する記述である。正しくないものを，①～⑤から一つ選び，番号で答えなさい。

① 学年ごとの目標を適切に定め，2学年間を通じて外国語科の目標の実現を図るようにすること。

② 児童が英語に触れる機会を充実するとともに，授業を実際のコミュニケーションの場面とするため，授業は英語で行うことを基本とする。その際，児童の理解の程度に応じた英語を用いるようにすること。

③ 学級担任の教師又は外国語を担当する教師が指導計画を作成し，授業を実施するに当たっては，ネイティブ・スピーカーや英語が堪能な地域人材などの協力を得る等，指導体制の充実を図るとともに，指導方法の工夫を行うこと。

④ 文法の用語や用法の指導に偏ることがないよう配慮して，言語活動と効果的に関連付けて指導すること。

⑤ 各単元や各時間の指導に当たっては，コミュニケーションを行う目的，場面，状況などを明確に設定し，言語活動を通して育成すべき資質・能力を明確に示すことにより，児童が学習の見通しを立てたり，振り返ったりすることができるようにすること。

〔問2〕次の英文は，いろいろな場面での英語の会話である。文中の(　ア　)～(　オ　)に当てはまる語句の組合せとして適切なものを，①～⑤から一つ選び，番号で答えなさい。

A : What time do you get up?
B : I get up (　ア　) five.
A : Wow! So early.

A : What do you do (　イ　) Sunday?
B : I sometimes clean my room.
A : That's good.

A : Excuse me. Where is the police station?
B : Let me see. Go straight (　ウ　) three blocks.
A : Three blocks?
B : Right. You can (　エ　) it on your left.

A : What do you do after school?
B : I usually (　オ　) my dog.
A : Oh, you have a dog.

	ア	イ	ウ	エ	オ
①	at	out	of	make	walk
②	in	on	of	see	keep
③	at	on	for	make	play
④	in	out	to	make	play
⑤	at	on	for	see	walk

〔問3〕次の英文の内容として適切でないものを，①～⑤から一つ選び，番号で答えなさい。

掲載許可が得られていませんので，掲載いたしません。

① Scientists in Australia finally know how koalas drink enough water to survive.

② Scientists in Australia saw that koalas lick water running down tree trunks.

③ Koalas in the wild eat eucalyptus leaves.

④ Koalas in the wild do not drink water.

⑤ Koalas are believed to eat up to about 1 kilogram of leaves every day.

(☆☆☆◎◎◎)

【10】

〔問1〕次の文は，「小学校学習指導要領(平成29年告示)解説　特別の教科　道徳編」の「第4章　第1節　指導計画作成上の配慮事項　3

年間指導計画作成上の創意工夫と留意点」に関する記述である。年間指導計画を活用しやすいものにし，指導の効果を高めるために，特に創意工夫し留意すべきこととして挙げられていないものを，①～⑤から一つ選び，番号で答えなさい。

① 主題の設定と配列を工夫する
② 一つの主題を1単位時間で取り扱うことができるように工夫する
③ 重点的指導ができるように工夫する
④ 各教科等，体験活動等との関連的指導を工夫する
⑤ 計画的，発展的な指導ができるように工夫する

〔問2〕次の文は，「小学校学習指導要領(平成29年告示)の「第3章　特別の教科　道徳　第3　指導計画の作成と内容の取扱い」に関する記述である。(　ア　)～(　ウ　)に当てはまる語句の組合せとして正しいものを，①～⑤から一つ選び，番号で答えなさい。

児童の(　ア　)や(　イ　)に係る成長の様子を継続的に把握し，指導に生かすよう努める必要がある。ただし，(　ウ　)などによる評価は行わないものとする。

	ア	イ	ウ
①	学習状況	道徳性	観点別
②	学習活動	道徳性	数値
③	学習状況	道徳性	数値
④	学習活動	道徳的諸価値	観点別
⑤	学習状況	道徳的諸価値	数値

(☆☆◎◎◎◎)

【11】

〔問1〕次の文は，「小学校学習指導要領(平成29年告示)」の「第2章　第5節　生活　第2　各学年の目標及び内容　1　目標」に関する記述である。(　　)に当てはまる語句として正しいものを，①～⑤か

ら一つ選び，番号で答えなさい。

(1) 学校，家庭及び地域の生活に関わることを通して，自分と身近な人々，社会及び自然との関わりについて考えることができ，それらのよさやすばらしさ，(　　)に気付き，地域に愛着をもち自然を大切にしたり，集団や社会の一員として安全で適切な行動をしたりするようにする。

① 自分との関わり
② 身近な人々との関わり
③ 異学年との関わり
④ 家庭との関わり
⑤ 情報との関わり

〔問2〕次の文は，「小学校学習指導要領(平成29年告示)」の「第5章　総合的な学習の時間　第3　指導計画の作成と内容の取扱い」に関する記述である。(　　)に当てはまる語句として正しいものを，①～⑤から一つ選び，番号で答えなさい。

探究的な学習の過程においては，他者と協働して課題を解決しようとする学習活動や，言語により分析し，まとめたり表現したりするなどの学習活動が行われるようにすること。その際，例えば，比較する，分類する，関連付けるなどの(　　)が活用されるようにすること。

① 考えを再構成するための技法
② 基礎的・汎用的能力
③ 考えを整理するための技法
④ 情報処理能力
⑤ 考えるための技法

(☆☆◎◎◎◎)

解答・解説

熊本県

【一次試験】

【1】1　①　　2　④

〈解説〉1　空欄部と対比されている語句，または空欄部を言い換えている語句から，挿入するのに相応しい語句を類推することができる。
2　消去法で解けばよい。本文の内容と食い違っている選択肢はもちろん，本文の内容を過剰に敷衍している選択肢も誤りとなる。

【2】1　③　　2　②　　3　⑤

〈解説〉1　第一には，本文中の該当箇所の前後の記述をもとに，筆者が考える「これからの時代」の内実を捉える必要がある。　2　空欄の前後の記述から，空欄部にふさわしい語句を類推することができる。
3　消去法で解けばよい。本文と食い違う選択肢，また本文の内容を過剰に一般化している選択肢は誤りとなる。

【3】⑤

〈解説〉今回の学習指導要領改訂では，「情報の扱い方に関する事項」が新設された。この事項は，「情報と情報との関係」，「情報の整理」の二つの内容で構成され，系統的に示されている。学年の系統としては，「情報と情報との関係」は(低学年→中学年→高学年)で選択肢のイ→エ→ア，「情報の整理」は，(中学年→高学年)で選択肢のオ→ウとなる。

【4】③

〈解説〉各学年の目標は，小学校社会科の究極的なねらいである公民としての資質の基礎を育成することを実現するため，指導内容と児童の発達の段階を考慮して示されている。　A　目標(1)は，知識及び技能に関するものである。地理的環境は，第3学年が身近な市区町村，第4学年が都道府県，第5学年が我が国の国土と，学年が上がるにしたがって広がっていくことを押さえておくこと。　B　目標(2)は，思考力，判断力，表現力等に関するものである。育成を目指す資質・能力の言葉に沿って，「『考えた』ことや選択・『判断』したことを『表現』する力を養う」と表されていることが分かる。　C　目標(3)は，学びに向かう力，人間性等に関するものである。「よりよい社会を考え学習したこと」を生かそうとしていることから，「社会生活」である。教科の目標を確実に押さえたうえで，学年ごとの目標にどのように落とし込まれているかを確認しておく必要がある。

【5】②

〈解説〉持続可能な開発目標(SDGs)は，「誰一人として取り残さない」持続可能でよりよい社会を目指す世界共通の目標として，2015年の国連サミットで採択された。2030年を達成年限とし，17のゴールと169のターゲットから構成されている。エのマイクロクレジットとは，貧しい人々に対して無担保で少額の融資を行う金融サービスのことである。17のゴールの中の「貧困をなくそう」や「働きがいも経済成長も」への取り組みとして注目されている。オのパリ協定は，2015年の国連気候変動枠組条約締約国会議(COP21)において採択された，新たな法的枠組みである。パリ協定は，「世界の平均気温上昇を産業革命以前に比べて2℃より十分低く保ち，1.5℃に抑える努力をする」という目的で，先進国・発展途上国に関係なく，全ての国で共通する目標となっている。

【6】⑤

〈解説〉設問文にある世界遺産は，2015年7月に世界遺産登録された「明治日本の産業革命遺産　製鉄・製鋼，造船，石炭産業」である。ただし問題は，明治維新の諸政策に関するものである。⑤の「徴兵令」は，男子が満20歳で徴兵検査を受け，検査合格者の中から抽選で常備軍の兵役に3年間服させるというものである。選択肢の郵便制度，外国人技術者(お雇い外国人)，地租改正，学制，徴兵令，どれも重要語句である。はっきりと説明できない用語は確認しておくとよい。

【7】⑤

〈解説〉畜産が特に盛んに行われているのは，南九州と北海道である。中でも鹿児島県と宮崎県の生産量(産出額)は多く，どちらがより生産しているかを覚えていくとよい。ブロイラーは同じくらいであるが，肉用牛と豚に差がある。畜産の中で豚の生産については，千葉県，群馬県，茨城県などの関東地方も多い。千葉県は花きの生産も多い。野菜や花きに関しては，愛知県が花きの生産一位ということを記憶しておきたい。愛知県は電照菊でも有名である。

【8】④

〈解説〉日本国憲法第29条に財産権の保障が規定されている。新しい権利としては，知る権利，自己決定権のほか，プライバシー権，環境権などがある。知る権利は，日本国憲法第21条が根拠とされる。自己決定権，プライバシー権，環境権の法的根拠は，一般に日本国憲法第13条の幸福追求権又は第25条の生存権とされている。ただし，新しい権利については，いずれも日本国憲法で直接明記されてはいない。

【9】④

〈解説〉熊本県では，平成28(2016)年に起きた熊本地震で甚大な被害を被り，その4年後の令和2年7月豪雨によって，再び大きな被害を被った。こうした災害や新型コロナウイルス感染症による危機を乗り越えるため，「新しいくまもと創造に向けた基本方針」を策定し，主な取り組みの方向性を明示した。空欄については，Aは「梅雨」や「大雨」から，「台風」である。Bは「土石流」と並記する言葉であることから，「土砂くずれ」である。Cは，九州を中心に西日本から東北地方の広い範囲で大雨による被害が発生しており，気象庁は「令和2年7月豪雨」

と名称を定めた。Dは，熊本県に流れる代表的な川である「球磨川」である。球磨川をはじめ，筑後川，飛驒川，江の川などの大河川で氾濫がおこった。Eは「創造的復興」である。熊本県は，熊本地震からの復旧・復興に向けて，「創造的復興」と銘打って取り組みを進めている。

【10】④

〈解説〉まず，Aが当たりを引く確率は$\frac{3}{5}$。次にBがあたりを引くとき，4本中当たりのくじは2本残っていることになるから，Bが当たりを引く確率は$\frac{2}{4}$。よって，2人とも当たりを引く確率は，$\frac{3}{5}\times\frac{2}{4}=\frac{3}{10}$である。

【11】②

〈解説〉$\sqrt{147n}$が自然数になるためには，$\sqrt{\quad}$の中が(自然数)^{2}の形になればいい。$\sqrt{147n}=\sqrt{3\times7^2\times n}$より，このような自然数$n$は3×(自然数)^{2}と表され，このうちで最も小さいnの値は$3\times1^2=3$である。

【12】④

〈解説〉できる立体は，底面の半径が3cm，高さが2cmの円柱と，底面の半径が3cm，高さが5－2＝3〔cm〕の円錐を組み合わせた立体である。よってその体積は，$\pi\times3^2\times2+\frac{1}{3}\times\pi\times3^2\times3=18\pi+9\pi=27\pi$〔cm^3〕

【13】③

〈解説〉兄が出発してから弟が出発するまでに，兄が進んだ道のりは，150×10＝1500〔m〕。兄の速さは150m/分で，弟は250m/分だから，弟が兄に追いつくのは，1500÷(250－150)＝15で，弟が出発して15分後である。よって，10時10分の15分後の10時25分に追いつく。

【14】②

〈解説〉関数$y=ax^2$について，xの値がpからqまで増加するときの変化の割合は，$a(p+q)$だから，$y=ax^2$について，xの値が2から4まで増加するときの変化の割合は$a(2+4)=6a$…(ア)　また，一次関数$y=ax+b$では，変化の割合は一定で，xの係数aに等しいから，一次関数$y=2x+5$の変化の割合は2…(イ)　(ア)=(イ)より，$6a=2$　よって，$a=\frac{2}{6}=\frac{1}{3}$

【15】④

〈解説〉ア　目標(1)は，知識及び技能に関するものである。算数の学習の対象の基本は「数量」や「図形」である。　イ　目標(2)は，思考力，判断力，表現力等に関するものである。この目標は，中央教育審議会答申で示された「日常生活や社会の事象を数理的に捉え，数学的に表現・処理し，問題を解決し，解決過程を振り返り得られた結果の意味を考察する，という問題解決の過程」と，「数学の事象について統合的・発展的に捉えて新たな問題を設定し，数学的に処理し，問題を解決し，解決過程を振り返って概念を形成したり体系化したりする，という問題解決の過程」の，二つの過程が相互に関わり合って展開するという考え方に基づいて構成されたものである。　ウ　目標(3)は，学びに向かう力，人間性等に関するものである。算数の学習に粘り強く取り組み，よりよい問題解決に最後まで取り組もうとする態度の育成を目指すというねらいが込められている。

【16】⑤

〈解説〉ア　自由落下運動は，加速度が重力加速度(約9.8m/s^2)の等加速度運動である。　イ　物体が動いていないときは，摩擦力と物体に加える力はつり合っている。　ウ　200Nの力で荷物を1m持ち上げるときの仕事の大きさは，200×1=200〔J〕である。この仕事を10秒間で行ったときの仕事率は，200÷10=20〔W〕である。　エ　物体が完全に水に沈んだとき，物体の上面と下面では，物体の高さだけ水圧が違い，下面に作用する水圧の方が，物体の高さ分大きい。その圧力の差が浮力として，物体を上に押し上げる力となる。したがって，物体には，深さに関係なく同じ大きさの浮力がかかる。浮力の大きさは，物体が押しのけた水の重さに等しい。

【17】④

〈解説〉ア　金属の性質としては，電気伝導性，光沢性，延展性，熱伝導性が大きいなどがある。磁石につく金属は，鉄，コバルト，ニッケルなどの限られたものだけで，すべての金属が磁石につくわけではない。 イ　ある物質の密度は，35÷25＝1.4〔g/cm^3〕で水の密度より大きいので，水に沈む。　ウ　水80gに塩化ナトリウム20gを溶かすと，できた塩化ナトリウム水溶液全体の質量は80＋20＝100〔g〕。よって，この水溶液の質量パーセント濃度は，$\frac{20}{100}\times 100=20$〔%〕である。 エ　溶解度は，一定の条件の下で溶質が溶媒に溶解する限度の濃度，つまり飽和溶液の濃度である。溶解度は，温度，圧力，溶質・溶媒の成分数によって変化する。

【18】③

〈解説〉イ　双子葉類の根は，主根とそこから枝分かれする側根からなる。 オ　根から吸い上げられた水が，気孔から水蒸気として放出される現象を蒸散という。

【19】④

〈解説〉ア　気温は，風通しや日当たりのよい場所で，電気式温度計を用いて，地上からおよそ1.5mの位置で測定する。温度計は，直接日光に当たらないように，通風筒の中に格納されている。　イ　温暖前線は広い範囲に雲ができるため，広範囲に弱い雨が長時間降る。　エ　高いところほど，その高さに相当する分だけ大気の質量が減るので，気圧は低くなる。　オ　14.5×40/100＝5.8で，5.8gである。

【20】③

〈解説〉ア　薬品のにおいをかぐときは，手で扇ぎながらかぎ，直接かがないようにする。　エ　ビーカーに薬品を注ぐときは，ガラス棒やロートなどを用いて，液をこぼさないように行う。試薬ビンの口はビーカーに付けないようにする。　オ　ルーペで動かせる物体を観察するときは，ルーペを目に近づけて持ち，観察する物体を前後に動かしてピントを合わせる。動かせない物体を観察するときは，ルーペと観察者が動いてピントを合わせる。

【21】①

〈解説〉今回の学習指導要領改訂において，小学校理科では，問題解決の過程の中で育成される力が，学年別に示された。第3学年では，「主に差異点や共通点を基に，問題を見いだす」，第4学年では，「主に既習の内容や生活経験を基に，根拠のある予想や仮説を発想する」，第5学年では，「主に予想や仮説を基に，解決の方法を発想する」，第6学年では，「より妥当な考えをつくりだす」力の育成を目指す，としている。アとイは，育成する力が入れ替わっている。

【22】④

〈解説〉A・B　中央教育審議会答申における音楽科の課題の一つとして，「生活や社会における音や音楽の働き」が挙げられたことを受け，今回の学習指導要領改訂では，音楽科で育成を目指す資質・能力が，「生活や社会の中の音や音楽と豊かに関わる資質・能力」と規定された。　C　目標(1)は，知識及び技能に関するものである。前半部分が知識，後半部分が技能に関する目標である。　D・E　目標(3)は，学びに向かう力，人間性等の涵養に関するものである。音楽活動を進めるに当たって何よりも大切なことは，児童が楽しく音楽に関わり，音楽を学習する喜びを得るようにすることであり，音楽に感動するような体験を積み重ねることであるとしている。

【23】⑤

〈解説〉第1学年の歌唱共通教材の一つで，林柳波作詞・井上武士作曲の文部省唱歌「うみ」からの出題である。第1学年の歌唱共通教材は，ほかに「かたつむり」,「日のまる」,「ひらいたひらいた」がある。歌唱共通教材は各学年4曲の全24曲であるが，すべて頻出曲なので，特にその出題傾向は多岐にわたり，空欄楽譜の記入や，該当学年，歌詞，階名，作曲者，作詞者，音符や休符，リコーダーや鍵盤ハーモニカの運指，音楽記号の読み方や意味など，楽譜全体に及んでいる。

【24】③

〈解説〉「ふるさと」の楽譜はへ長調であり，出題楽譜上のAの音は，音名で「変ロ」である。そのため，穴を押さえるのは「アイエオ」である。ソプラノリコーダーの運指問題は，音名「変ロ」のほかに，音名「嬰へ」などへ長調やト長調の楽譜からの出題やハ長調読みで「高いミ」のサミング奏法などの出題が多い。

【25】⑤

〈解説〉「ラバーズ　コンチェルト」は，ドイツの音楽家バッハが作曲したクラシック音楽「バッハのメヌエット」のメロディが使われ，アレンジされたポップソングである。音楽教科書教材としても多く扱われている。明るい曲想で，ハ長調である。短調か長調かを見分ける方法としては，多くの場合，曲想の感じや楽譜の最初か最後の階名で判断することができる。

【26】⑤

〈解説〉図画工作科の内容はA「表現」とB「鑑賞」,〔共通事項〕で構成されている。　ア　製作の過程では，自分たちの表現の過程，美術や工芸作家など大人が表現している姿など，そこに人々の工夫やアイデアなどが込められている。「B鑑賞」における鑑賞の対象は，(低学年)「自分たちの作品や身近な材料」→(中学年)「自分たちの作品や身近な美術作品，製作の過程など」→(高学年)「自分たちの作品，我が国や諸外国の親しみのある美術作品」となっている。発達段階に合わせた系統性を整理しておこう。　イ・ウ〔共通事項〕は，表現及び鑑賞の活動の中で，共通に必要となる資質・能力であり，造形活動や鑑賞活動を豊かにするための指導事項として示されている。今回の学習指導要領改訂では，〔共通事項〕の改善として，「形や色などの造形的な特徴を基に，自分のイメージをもつこと」などが，思考力，判断力，表現力等の指導事項として位置付けられた。中学年においては，「造形的な特徴」を「感じ」とし，発達段階に応じた表現で示されている。

【27】④

〈解説〉①　児童が，興味や関心の対象を広げるための配慮として，例えば児童が興味や関心をもてる写真やアニメーションなどを活用したりするなど，様々な方法が考えられるとしている。　②「知識や技能」ではなく，「思考力，判断力，表現力等」を働かせることができるような手立ての工夫である。　③　教師が一方的に情報を与えることがないよう配慮する必要がある。児童の資質・能力の育成を重視した，指導計画の工夫が重要である。　⑤　一律に形式的な相互鑑賞する時間を設けることなどは，造形活動の広がりや表現の意欲の高まりを妨げることもあるので，留意する必要がある。

【28】③

〈解説〉③　水彩絵の具は，クレヨンやパスなどとの併用も容易である。クレヨンやパスの水彩絵の具を弾く特徴を活用したり，表現したい部分で使い分けたり，重ねて使ったりすることができる。

【29】④

〈解説〉①「にぎりもち」と「えんぴつもち」の持ち方の指導が逆である。　②　カッターナイフの刃は，1～2目もり程度出して切る。刃を長く出しすぎると，折れやすく危険である。　③　曲がった線を切るときには，紙を動かしながら刃を手前に引くようにして切る。また，「刃の進む向きに紙を押さえている手を置いて切る」のは危険であるので，進む向きには手を置かない。　⑤　段ボールカッターで段ボールを切るとき，カッターマットがないときは，厚紙や厚めの段ボールを下に敷いて行う。段ボールカッターは，刃先が丸く，のこぎり状になっており，のこぎりをひくように刃を前後に動かして切る。

【30】④

〈解説〉ア　今回の学習指導要領改訂では，少子高齢社会の進展に対応して，家族や地域の人々との関わりとして，幼児又は低学年の児童や高齢者など異なる世代の人々との関わりについても扱うこととし，中学校における幼児・高齢者に関する学習との系統性が図られた。
イ・エ　今回の学習指導要領では，基礎的・基本的な知識及び技能の確実な習得を図るために，調理や製作における一部の題材が指定された。加熱操作が適切にできるようにするために，ゆでる材料として青菜やじゃがいもなどを扱うことが示された。また，ゆとりや縫いしろの必要性を理解するために，日常生活で使用する物を入れるための袋などの製作を扱うことが示された。　ウ　解答参照。　オ　音については，学校周辺や家庭での様々な音を取り上げ，音には快適な音や騒音となる不快な生活音があることを理解させる必要がある。

【31】④

〈解説〉暖房器具を使用しているときも，時々窓を開けて，汚れた空気を入れ替えるための換気が必要である。窓を閉め切った部屋で，長時間石油ストーブやガスストーブなどを使用すると，不完全燃焼によって一酸化炭素が発生したり，閉め切った部屋で長時間過ごすことによって，室内の二酸化炭素の濃度が高くなるおそれがある。そのため，こまめに窓を開けたり，換気扇を使ったりして，新鮮な空気を取り入れることが必要である。

【32】①

〈解説〉みそ汁の作り方の手順は次の通り。(ウ)煮干しは頭と腹わたを取って，水を入れたなべに入れ，30分ほど置く。→(イ)なべを弱火にかけ，沸騰したらあくを取り，5分ほど煮出したら煮干しを取り出す。→(ア)具は，火が通りにくい大根(厚さ5mm程度のいちょう切り)を先に入れる。→(オ)続いて，油あげ(幅1cmの短冊切り)を入れる。→(エ)ひと煮立ちしたら，みそをとき入れ，火を止める。実際に作って，体感しておくとよい。

【33】②

〈解説〉今回の学習指導要領(平成29年告示)家庭科では，「買物の仕組みや消費者の役割」が新設され，中学校における「売買契約の仕組み」や「消費者の基本的な権利と責任」，「消費者被害の背景とその対応」の学習との系統性が図られた。売買契約の基礎としては，買う人(消費者)の申し出と売る人の承諾によって売買契約が成立すること，買う人はお金を払い，売る人は商品を渡す義務があることなどを学習する。

【34】③

〈解説〉体育科の目標の柱書からの出題である。「心と体を一体として捉え」は，体育科の基本をなす考え方であり，引き続き重視されるものとして，小学校から高等学校までの教科の目標に示されている。

【35】④

〈解説〉走る距離は，低学年では「30～40m程度」，中学年では「30～50m程度」，高学年では「40～60m程度」と段階的に示されている。①，②，③，⑤はいずれも，第3学年及び第4学年の内容として例示されているものである。学年(低・中・高)ごとに示されている技能等を比較し理解するには，「小学校学習指導要領(平成29年告示)解説　体育編」の「第3章　指導計画の作成と内容の取扱い」における「参考　小学校及び中学校の領域別系統表」を活用するとよい。

【36】④

〈解説〉①・③は低学年の内容，②・⑤は，高学年の内容である。この系統を理解するにも，「小学校学習指導要領(平成29年告示)解説　体育編」の「第3章　指導計画の作成と内容の取扱い」における「参考　小学校及び中学校の領域別系統表」を活用するとよい。

【37】⑤

〈解説〉①～③は「(1)心の健康」，④は「(2)けがの防止」の内容で，第5学年の配当単元である。⑤は「(3)病気の予防」の内容で，第6学年の配当単元である。

【38】1　ア　②　　イ　⑤　　ウ　②　　2　④

〈解説〉1　ア「自己の生き方を考えていくための資質・能力」と示されていることは，総合的な学習の時間における資質・能力が，探究課題を解決するためのものであり，またそれを通して，自己の生き方を考えることにつながるものでなければならないことを明示している。イ　目標(2)は，思考力，判断力，表現力等に対応した目標である。課題は，問題をよく吟味して児童が自分でつくり出すことが大切である。課題への取り組みにおいては，自分にとって一層意味や価値のある課題を見いだすことも考えられるとしている。　ウ　目標(3)は，学びに向かう力，人間性等に対応した目標である。総合的な学習の時間を通して，自ら社会に関わり参画しようとする意志，社会を創造する主体としての自覚が，一人一人の児童の中に徐々に育成されることが期待されている。　2　①　国際理解に関する学習を行う際の配慮事項としては，「探究的な学習に取り組むことを通して，諸外国の生活や文化などを体験したり調査したりするなどの学習活動が行われるようにすること」と示されている。　②　情報に関する学習を行う際の配慮事項としては，「探究的な学習に取り組むことを通して，情報を収集・整理・発信したり，情報が日常生活や社会に与える影響を考えたりするなどの学習活動が行われるようにすること」と示されている。

③　体験活動に関する配慮事項としては，「第1の目標並びに第2の各学校において定める目標及び内容を踏まえ，探究的な学習の過程に適切に位置付けること」と示されている。　⑤　学習形態の工夫を行うことについて，「グループ学習や異年齢集団による学習などの多様な学習形態，地域の人々の協力も得つつ，全教師が一体となって指導に当たるなどの指導体制について工夫を行うこと」と示されている。

【39】A　③　　B　⑤

〈解説〉A「外国語による聞くこと，読むこと，話すこと，書くことの言語活動を通して」は，外国語科の目標を実現するために必要な指導事項について述べられたものである。小学校高学年の外国語科においては，「聞くこと」，「読むこと」，「話すこと［やり取り］」，「話すこと［発表］」，「書くこと」の五つの領域で構成されている。　B　目標(3)は，学びに向かう力，人間性等の涵養に関する目標である。「文化に対する理解」や，コミュニケーションの相手となる「他者」に対する「配慮」を伴って，「主体的にコミュニケーションを図ろうとする態度」を身に付けることが目標とされている。

【40】②

〈解説〉指導上の留意点についての問題。Praise the students who are actively participating「積極的に参加している生徒を褒める」という意味となり，指導上の留意点として適切。precise「正確な」，proactive「前もって行動する」，principal「方針，原則」，practice「練習」。

【41】ア　⑦　　イ　⑨　　ウ　②

〈解説〉ア　「そうめんを知っていますか？」と聞かれてMs. Whiteが「そうめん大好きです」と言っているので，この空欄に入るのはOf course.「もちろん」が適切。　イ　「かき氷は英語で何と言いますか？」に続けて，「誰か知っている人いませんか？」と質問しているので，この空欄には，⑨「英語で言ってみてください」が適切。　ウ　空欄の後にMs. Whiteの発音に続いてクラスの生徒が繰り返して練習している。そのことから，この空欄に入れるのは②の「Ms. Whiteの後に続いて練習しましょう」が適切。

【二次試験】

【１】(解答例)

1　単元名　気持ちの変化を読み，考えたことを話し合おう「ごんぎつね」(第4学年)

2　指導目標

(1)　様子や行動，気持ちや性格を表す語句の量を増し，話や文章の中で使うことができる。〔知識及び技能〕(1)オ

(2)　登場人物の気持ちの変化や性格，情景について，場面の移り変わりと結び付けて具体的に想像することができる。〔思考力，判断力，表現力等〕C(1)エ

(3)　言葉から様々なことを感じたり，感じたことを言葉にしたりすることで心を豊かにすることに気づくとともに，幅広く読書をし，思いや考えを伝え合おうとする。〔学びに向かう力，人間性等〕

3　単元で取り上げる言語活動

「ごんぎつね」を読んで，「ごんの日記帳」を創る活動

4　単元の評価規準

知識・技能	思考・判断・表現	主体的に学習に取り組む態度
①様子や行動，気持ちや性格を表す語句の量を増やし，語彙を豊かにしている。((1)オ)	①「読むこと」において，登場人物の気持ちの変化や性格，情景について，場面の移り変わりと結び付けて，具体的に想像している。(C(1)エ)	言葉から様々なことを感じたり，感じたことを言葉にしたりすることで心を豊かにすることに気づくとともに，幅広く読書をし，思いや考えを伝え合おうとしている。

5　指導と評価の計画概要(7時間計画)

時	学習活動	指導上の留意点	評価規準・評価方法等
第1時	○これまでに学習したり読んだりした物語の，心に残っている登場人物を想起する。 ○単元の目標を確認し,学習の流れを把握する。 ○物語の概要を捉える。 ○「ごんの日記帳」の「自己紹介」を書く	○なりたい，会いたいと思った物語の登場人物を想起させ，登場人物になって読むことが読む楽しさであることに気づかせる。 ○本単元では，登場人物になって日記や手紙を書くことを知らせる。 ○登場人物，語り手，時代，6 場面の構成等を確認する。 ○冊子「ごんの日記帳」を持たせる。	主体的に学習に取り組む態度①　(態度・発言) ○読んだ作品を思い出そうとし，友達の挙げた作品に関心を示しているか。 ○物語の登場人物に同化して読むことに関心を示しているか。
第2時	1 第 1 場面を読み，ごんの境遇，性格を考え，兵十にいたずらする情景と気持ちを想像する。 2 この日のごんの日記を書く。	○想像や考えの根拠とした表現を添えて意見を述べさせる(単元を通して指導する)。 ○季節，天候，周囲の様子，兵十とごんの行動等から，ごんの気持ちを想像させる。 ○ごんになって書くよう指示する(以後の時間も同じ)。	〔思考力，判断力，表現力等〕①(発言，日記文) ○ごんの性格や兵十の漁を邪魔する情景を，境遇や暮らしと結び付けて，具体的に想像しているか。 〔知識及び技能〕①(発言，日記文) ○様子や行動，気持ちや性格を表す語句を使っているか。
第3時	○前時の日記の紹介。 ○第 2 場面を読み，兵十のおっかあの葬列の情景と，いたずらを後悔するごんの気持ちを想像する。 ○この日のごんの日記を書く。	○葬列の様子，ごんの位置から情景を具体化し，ごんが気付いたことと，ごんの思いを想像させる。	〔思考力，判断力，表現力等〕②(発言，日記文) ○葬列の様子を見て変化したごんの気持ちを具体的に想像しているか。 〔知識及び技能〕②(発言，日記文) ○様子や行動，気持ちや性格を表す語句を使ってい

			るか。
第4時	○前時の日記の紹介。 ○第3場面を読み，つぐないを続けるごんの，様子と気持ちを想像する。 ○兵十はどのように思っているか考える。 ○くりと松たけを持って行った日のごんの日記を書く。	○同じ境遇から一人ぼっちの兵十に親近感を持ち，つぐないを続けるごんの気持ちの深まりを想像させる。 ○兵十が気付いていないことを推察させる。	〔思考力，判断力，表現力等〕 ③(発言，日記文) ○つぐないを重ねる情景とごんの気持ちを結び付けて具体的に想像しているか。 〔知識及び技能〕③(発言，日記文) ○様子や行動，気持ちや性格を表す語句を使っているか。
第5時	○前時の日記の紹介。 ○第4場面と第5場面を読み，ごんが兵十と加助の後を付いていく情景を想像し，ごんのつぐないを兵十がどう思っているか考え，ごんの気持ちを想像する。 ○その日のごんの日記を書く。	○兵十がくり等を神様のめぐみと思おうとしていることに気付かせる。 ○二人の後を付いて行くごんの様子からごんの気持ちを想像させる。	〔思考力，判断力，表現力等〕 ④(発言，日記文) ○二人の後を付いていく情景と，ごんの気持ちを結び付けて具体的に想像しているか。 〔知識及び技能〕④(発言，日記文) ○様子や行動，気持ちや性格を表す語句を使っているか。
第6時(本時)	○前時の日記の紹介。 ○第6場面を読み，兵十がごんを撃った情景を想像し，本当のことに気付いた兵十の気持ちを考える。 ○なぜごんは撃たれたのかを考える。 ○最後の一文から感じることを交流し合う。	○ごんと兵十は気持ちを伝えたくても伝えられない関係であったことに気付かせる。 ○悲しみを象徴する結びであることに気付かせる。	〔思考力，判断力，表現力等〕⑤(発言) ○ごんと兵十の気持ちを，兵十がごんを撃つた場面と結び付けて，具体的に想像しているか。 〔知識及び技能〕⑤(発言) ○様子や行動，気持ちや性格を表す語句を使っているか。

第 7 時	○自分の書いたごんの日記を読み返し，ごんになって兵十に気持ちを伝える手紙を書き，読み合う。	○ごんも兵十と同じ一人ぼっちであること，うなぎを逃がしたことをつぐないたかったこと，兵十に分かってほしかったことが，ごんの伝えたい気持ちの中心にあることに気付かせる。	〔主体的に学習に取り組む態度〕②（手紙文，発言） ○ごんの気持ちによりそった手紙を書こうと工夫しているか。 ○友達の手紙を参考にしているか。 〔知識及び技能〕（手紙文，発言）⑥ ○様子や行動，気持ちを表す語句を増し，手紙の中で使うことができているか

6　本時の展開(第6時)

	学習活動	指導上の留意点	評価規準・評価方法等
導 入	1　前時の日記を紹介し合う。 2　本時のめあてを確認し，学習の見通し	○ごんが「神様からのおめぐみと思われては引き合わないなあ」と思っていたことを確認する。	
	めあて　兵十がごんを撃った場面のごんと兵十の気持ちを想像し，兵十はなぜごんを撃ってしまったのか考えよう。		
展 開	3　第6場面を読んで，兵十がごんを撃ってしまったわけを考える。 (1) ごんが兵十の家に来たわけを考える。 (2) 兵十がごんを撃ったようすを想像し，撃った気持ちを想像する。	○「引き合わない」と言っていたのに，なぜまた，くりを持ってきたのかを考えさせる。 ○「あのごんぎつねめ」，「ようし」，「足音をしのばせて」に着目させる。	思考力，判断力，表現力等 (発言) ○兵十に近づきたい思いが深まったごんの気持ちと，ごんの気持ちを知った兵十の気持ちを想像できているか。 ○兵十がごんを撃っ

	(3) 兵十はごんを撃ってから何に気づいてどんな気持ちなったか考える。 (4)兵十はどうして，ごんのつぐないの気持ちに気づかなかったのか考え，意見を交換する。 4　結びの一文をどのように感じるかを発表し合う。	○「ごんぎつねめ」→「ごん」の変化，「ごん，お前だったのか」，「ごんは，ぐったりと目をつぶったまま」に着目させる。 ○かなしみ，取り返しのつかなさ，気持ちを伝え合えない無念さなどを象徴した表現であることに，気付かせる。	たことを，ごんと兵十が伝え合えてなかったことに結び付けて想像できているか。 知識及び技能（発言） ○様子や行動，気持ちや性格を表す語句を使っているか。
まとめ	5　学習を振り返り，次時の学習の見通しをもつ。	○次時は，ごんになって兵十に手紙を書くことを知らせ，意欲を喚起する。	

〈解説〉設問の，「登場人物の気持ちの変化や性格，情景について，場面の移り変わりと結び付けて具体的に想像する力を育てる指導」は，第3学年及び第4学年の「C　読むこと」のエの指導事項である。第3学年及び第4学年の「C　読むこと」の文学的な文章を読む言語活動例には，「イ　詩や物語などを読み，内容を説明したり，考えたことなどを伝え合ったりする活動」が示されている。設問の評価の観点は，全教科に共通して求められる観点に加えて4項目示されている。(1)目標の明示と目標に沿った評価の観点や方法の述べ方は，「『指導と評価の一体化』のための学習評価に関する参考資料」(国立教育政策研究所刊)に，小学校学習指導要領(平成29年告示)に示された学力観を踏まえた書き方が示されてあり，それを踏まえることが必要である。(2)目標達成のための適切な言語活動を設定することは，学習したことを活用する目的的活動を設定するということで，解答例では「ごんの日記帳」を創る活動を設定している。(3)課題意識が高まる導入の工夫は，単元の目標，言語活動の設定と呼応した導入であることが必要で，解答例は，

第3学年及び第4学年の児童は教材への興味・関心が学習動機を高めることが多いことから，物語の登場人物への興味関心を喚起する導入としている。(4)効果的でわかりやすい学習活動の設定は，「具体的に想像する力を育てる」という目標に結び付くよう，ただ「想像して発表する」活動ではなく，「登場人物の内言を書く」，「情景を劇化する」など，想像したことを表現する活動を取り入れた学習活動が，児童にはわかりやすく有効である。解答例では，ごんの内言を「日記」と「手紙」に書く活動を，単元を通じて設定している。全教科に共通する評価の観点は，次のように示されている。(1)語句の表現や記述が適切であり，論理的でわかりやすい構成になっている。(2)自分の考えを具体的に述べ，教師としての資質(熱意，誠実さ，向上心，柔軟性，協調性，発想力など)が窺える。これらに関わっては，国語科教育の専門家として教育研究の専門語を適切に使って書くこと，小学校学習指導要領(平成29年告示)，小学校学習指導要領解説国語編(平成29年7月)，「『指導と評価の一体化』のための学習評価に関する参考資料」等を踏まえていること，児童の活動を予想し，活動の仕方について教師が示範や例示で示すなど，つまずきへの対応が十分準備されたりしていることが必要である。これらのことを踏まえて，「指導上の配慮事項」等に明記しておくとよい。

【2】(解答例)　江戸時代における文化面の，「歌舞伎や浮世絵，国学や蘭学を手掛かりに，町人の文化が栄え，新しい学問がおこったこと」について，次の内容を身に付けさせたい。江戸時代は，約260年に渡る徳川幕府の支配により，平和で安定した時期が続いた。平和と安定は農業技術の進歩や農業生産の向上，交通網の整備，諸産業の発達をもたらした。江戸・大坂・京都の三都が繁栄し，貨幣経済の発達と共に，商人が大きく成長した。彼らが担い手となり，17世紀末から18世紀のはじめ，上方とよばれた大坂・京都を中心に元禄文化が生まれた。歌舞伎や人形浄瑠璃が人気を呼び，近松門左衛門が浄瑠璃の台本を書いた。井原西鶴の浮世草子も，町人目線の作品であった。松尾芭蕉は

俳諧を文芸として発達させた。菱川師宣は，庶民の生活や風俗を描いた浮世絵をはじめた。19世紀はじめには江戸を中心に，文芸・絵画・歌舞伎などの分野で成熟した庶民文化が発展した。これを化政文化という。歌舞伎はさらにさかんになり，江戸を中心に名優が活躍した。文学では十返舎一九の『東海道中膝栗毛』，滝沢馬琴の『南総里見八犬伝』などが庶民に親しまれた。浮世絵では，多色刷りの木版画である錦絵が売り出された。喜多川歌麿の美人画，葛飾北斎や歌川(安藤)広重の風景画が人気を博した。学問の分野では，日本の古典を研究する国学が発達し，本居宣長が国学を大成させた。ヨーロッパの学問は，オランダを通じて伝えられたので，蘭学と呼ばれた。18世紀後半，杉田玄白と前野良沢が，オランダ語の医学書『ターヘル＝アナトミア』を苦心して翻訳し，『解体新書』を出版したことから，蘭学を学ぶ気運が高まった。18世紀末には，伊能忠敬がヨーロッパの測量術を学び，1800年から約15年かけて日本全国の海岸線を測量し，日本初の実測図を著すなど，新しい学問がおこった。次に具体的な学習方法を述べたい。教科書の口絵や資料集を活用し，歌川(安藤)広重の浮世絵と伊能忠敬の地図を見せる。そこに描かれている人々の風俗を確認させ，伊能忠敬の地図を現在の地図と比較させ，その正確さに気付かせる。文化の担い手はだれなのか，正確な地図が描けたのはなぜかを考えさせてから，上記の内容を詳説し，理解させる。学習のまとめとして，近松門左衛門・歌川(安藤)広重・本居宣長・杉田玄白・伊能忠敬の中から一人を選び，人物年表を作成させる。いつ頃活躍したのか，どの分野でどのような業績を残したかを中心に，地図・年表・資料集を活用して調べ，まとめさせる。調べた内容を発表させ，話し合いの場を設ける。話し合いの中でさらに考えをまとめさせる。小学生は歌舞伎や人形浄瑠璃を実際に鑑賞することは難しいので，映像や写真，資料を教材として，大まかに説明する。その上で，今日伝統芸能とされている歌舞伎や人形浄瑠璃が，江戸時代の台本・演出・衣装を受け継いで上演されていること，歌舞伎においては襲名という形で，役者の名跡とともに芸も継承され今日に至っていること，そこに新しい脚本や演出が加わり，新作(例えば『ワンピース』など)が上演されていることを説明する。歌舞伎を具体例として，現在の自分たちの生活や社会が，先人たちの働きの上に成り立っていること，遠い祖先の生活が自分たちの生活と深く関わっていること，どの時代の人々にも発展のための思いや努力があり，先人もその前の先人から学んでいることを理解させる。歴史を学ぶ意味は，先人から繋がる努力や知恵を受け継ぐことであり，さらに未来につなげ，よりよい社会を作るために，学んだことを生かす努力が重要である。浮世絵・歌舞伎・人形浄瑠璃は，どれも日本が世界に誇る伝統文化である。江戸後期，日本からヨーロッパに渡った浮世絵は，ゴッホやモネなどヨーロッパの絵画に大きな影響を与え，「ジャポニスム」と呼ばれた。我が国の歴史や伝統に誇りを持つとともに，未来に伝えるべく，大切に守り育てていく態度を養う指導を心掛けるべきである。

〈解説〉歴史に関する学習は，第6学年の指導事項である。江戸幕府が政治を行った頃の学習で身に付ける事項が示されている。評価の観点となっているものは，学習指導要領に記されている。「江戸幕府の始まり，参勤交代や鎖国などの幕府の政策，身分制を手掛かりに，武士による政治が安定したことを理解すること」としては，徳川家康が関ヶ原の戦いに勝利を収めたことによって江戸幕府が開いたことから始まり，参勤交代や鎖国などの江戸幕府の政策，武士を中心として身分制の定着があり，江戸幕府が政治を行った時代においては，武士による政治が安定したことなどを，主体的に調べ，考えさせて，理解させるための指導が必要となる。学習指導要領及びその解説を日頃から読み込み，自分の考えを分かりやすくまとめることが必要である。課題をいくつか想定して，指導案を書くなど，準備を進めておきたい。公開解答において次のように示されている。(1)語句の表現や記述が適切であり，論理的でわかりやすい構成になっている。(2)自分の考えを具体的に述べ，教師としての資質(熱意，誠実さ，向上心，柔軟性，協調性，発想力など)が窺える。(3)「江戸幕府の始まり，参勤交代や鎖国などの幕府の政策，身分制を手掛かりに，武士による政治が安定したこと」

または，「歌舞伎や浮世絵，国学や蘭学を手掛かりに，町人の文化が栄え，新しい学問がおこったこと」を述べている。(4)「遺跡や文化財，地図や年表などの資料で調べ，まとめること」を述べている。(5)「世の中の様子，人物の働きや代表的な文化遺産などに着目して，我が国の歴史上の主な事象を捉え，我が国の歴史の展開を考えるとともに，歴史を学ぶ意味を考え，表現すること」を述べている。(6)「社会的事象について，主体的に学習の問題を解決しようとする態度」，「よりよい社会を考え，学習したことを社会生活に生かそうとする態度」，「我が国の歴史や伝統を大切にして，国を愛する心情」を養うことについて述べている。これらの観点に触れながら，指導法について述べている解答が求められる。

【3】(解答例)　時間と時刻から時刻を求める学習は，第3学年の「C測定」における指導事項である。ここでは，日常生活に必要な時刻や時間を求めることができるようになることがねらいとなる。問題は「ある時刻から50分過ぎると11時30分である。ある時刻は何時何分であるか」を問うている。すなわち，「現在11時30分である。50分前は何時何分か」を問う問題である。そのことに気付き，問題解決できるように指導する必要がある。次の5つの過程で指導する。

[i] まず，問題の構造を正しく捉えることを指導する。

問題は「ある時刻から50分過ぎると11時30分である。ある時刻は何時何分であるか」を問うている。アナログの時計盤を使って，ある時刻が何時何分かを児童一人一人に考えさせ，それをどのように考えたかを発表させる。その後，このことは，「現在11時30分である。50分前は何時何分か」を問う問題であることを，共通理解として押さえる。

[ii] 次に，アナログの時計を用いて指導する。

課題を明確にした後，改めて時計盤を使って，50分前にはどのようになるかを，長針をくるくる実際に回転させ，各自で調べる活動を行う。その後，具体的に，10分前ずつの時刻を調べさせていく。すなわち，10分前，20分前を調べさせ，30分前はちょうど11時になることを確認させる。そこから10分前，さらに20分前には10時40分になっていることを理解させながら指導していく。

[iii] 時計の単位変換「時，分，秒」を確認させることが必要である。

既習の「1時間＝60分」を確認し，新たな指導事項の「1分＝60秒」をしっかりと覚えさせ，理解させていく。その上で，1時間より長い1時間15分は75分と直すことができ，逆に，100分は1時間40分と表すことができるなどのことを，個人やグループで確認する。

[iv] 時間や時刻を求める方法を考えさせる。

具体的に，「11時30分の50分前は何時何分か」を問う問題であることを確認し，時間を求める方法を，時計盤や数直線などを使って，個人やグループで考えさせる。特に，30分から50分を引くことができないとき，どうしたらよいかを考えさせる。グループなどで話し合い，求め方を発表させる。具体物や図などを用いて問題を解決し，結果を確かめるのは，数学的活動である。その後，児童の発表から，時刻や時間の単位変換を確認したことを再確認させ，11時30分は10時90分と変換することができるから，10時90分－50分＝10時40分　という計算で求めることができることを，クラス全体で解決させる。その後，同じような場面で時刻や時間を変えて練習する。

[v] まとめ

グループなどで本時のめあてに沿った授業の振り返りを行い，話し合ったことを発表することを基に，発展的な活動も含めて次時への課題を明確にする。次時以降の学習内容としては，何時何分から何時何分までの時間や，何時何分から何分後の時刻などの求め方，時間や時刻の筆算による計算のしかたなどが考えられる。

(つまずきや誤答とそれに対する指導)：①11時30分の50分前を求めるとき，50分－30分＝20分の計算で，11時20分と求めている。　②11時30分の50分前を求めるとき，11時－50分＝10時10分　の計算をしている。　③「50分過ぎると11時30分」という問題文から，「11時30分の50分後」と解釈し，11時30分＋50分＝12時20分　と計算している。①と②については，問題の構造は理解できているが，時間や時刻の計算が定着していない。時計盤や数直線を使うなどによって，11時30分の30分前が11時で，その20分前が10時40分になることを確認したうえで，11時30分は10時90分と変換できるなど，単位の変換について振り返らせ，時間の減法計算をすることができることに気付かせる。③については，問題の構造自体を理解できていないことから，時計盤や数直線を使うなどして，何を求める問題であるかを確認させる必要がある。

〈解説〉時間や時刻を求める問題では，まず時間と時刻の関係を理解させることが重要である。その上で，時間や時刻の計算の理解を図る必要がある。時間や時刻の単位は60進法であり，従来の数の計算とは異なることから，理解することが難しいとされている。そのため，その仕組みを丁寧に指導し理解を促していくことが必要である。具体的には，長針や短針の動きを観察するなどの活動を設定し，時間の概念を，実感をもって理解できるようにすることが大切である。公開解答では，評価の観点として次の6点を示している。(1)語句の表現や記述が適切であり，論理的でわかりやすい構成になっている。(2)自分の考えを具体的に述べ，教師としての資質(熱意，誠実さ，向上心，柔軟性，協調性，発想力など)が窺える。(3)日常の生活場面や具体物を用いるなど，教材提示を工夫するとともに，学習課題を明確にした指導について述べている。(4)数学的活動を通して，子どもの主体的活動を取り入れた指導について述べている。(5)子どものつまずきや誤答を予想し，それに対応する適切な指導について述べている。 (6) 学習を振り返る活動など確実な定着を図る活動や，発展的に考える指導について述べている。これらの観点に触れながら，指導法について述べている解答が求められる。

【4】(解答例) 水及び空気の性質については，第4学年の「A物質・エネルギー」の領域における指導事項である。水や空気は，温めたり冷やしたりすると，体積が変わることを学んだのちに，水と空気とでは温度による体積の変化は同じようであったか，それとも異なっていたか

を発問し，これまでの実験の方法や結果などから自由に考えを発言させたり，そのことを確かめるにはどのような実験をしたらよいかを，グループごとやクラス全体で考えさせる。それらの考えを基に，必要に応じて教師が助言を行いながら実験を行う。例えば，試験管を二本用意し，一つには水をいっぱい，もう一つには何も入れず，両方に長めのガラス管を取りつけたゴム栓をつける。このとき，空気が入った試験管に取り付けたガラス管にはゼリーなどを入れ，空気の体積変化がわかるようにする。水を入れた試験管に取り付けたガラス管の常温での水面に印をつけておく。両者を氷水やお湯につけたりして，常温のときとの水面やゼリーの位置の差を測定し，その結果から，水と空気とでは，温度による体積の変化のしかたにどのような違いがあったかを考察させる。また，なぜ空気と水では温度による体積変化のしかたが異なっているのかを，水や空気の手触りや様子などと関連させながらイメージし，例えばイメージ図をかかせたりするなどの活動を行う。考察を全体共有した後，水と空気は温度の変化に伴う体積の変化は大きく異なるという本時の学習をまとめる。そして，実験の方法と結果や考察，イメージ図などについて，振り返りを行う。

〈解説〉課題をつかみ，その課題を解決するための実験，考察，まとめ，振り返りについて述べる。水や空気の温度の変化を捉える際に，実験の結果をグラフで表現し読み取ったり，状態が変化すると体積も変化することを図や絵を用いて表現したりするなど，水及び空気の性質について考えたり，説明したりする活動の充実を図るようにすることが大切である。公開解答では，評価の観点として次の6点を示している(1)語句の表現や記述が適切であり，論理的でわかりやすい構成になっている。(2)自分の考えを具体的に述べ，教師としての資質(熱意，誠実さ，向上心，柔軟性，協調性，発想力など)が窺える。(3)課題をつかみ，見通しを持たせる工夫について述べている。(4)課題の解決に向けて適切な観察，実験の方法等について述べている。(5)観察，実験の結果から考察の場を設定することについて述べている。(6)学習したことをまとめたり，学習を振り返ったりする活動について述べている。

以上の視点を踏まえた記述としたい。

【5】(解答例)

(指導のポイント)

「各声部の歌声や全体の響き，伴奏を聴いて，声を合わせて歌う技能」とは，第5学年及び第6学年で求められる歌唱分野における「技能」に関する資質・能力である。思いや意図にあった表現をするために必要な各声部の歌声や全体の響き，伴奏を聴いて声を合わせて歌う技能を身に付けることができるようにすることをねらいとしている。この学習指導のポイントは，高学年児童の実態を踏まえて，歌声が重なって生み出されるさまざまな響きを聴き取ったり，和音の美しい響きを味わったりして，豊かな歌唱表現になるように指導を工夫することが重要である。また，児童が表現の良さを判断できるように互いの歌声をじっくり聴くようにすることが大切であり，重唱や合唱では自分が担当している声部だけでなく，他の声部との関わりを意識して歌うことで，歌声を合わせる喜びを味わうようにすることも大切である。

(展開例)

1　どんな曲かな？　曲の魅力を見つけよう。→楽譜を見ながら演奏を聴く。歌詞を声に出して読んだり，主な旋律を歌ったりする。曲のイメージや，いいなと思うところを話し合う。

2　曲の特徴を捉えてイメージを共有しよう。→イメージを確かめながら，聴いたり歌ったりする。楽譜の記号にも注目し，速さ，強弱の変化，歌詞と旋律の関係，伴奏の効果など気づきをまとめる。作者のメッセージを想像する。

3　パートに分かれて練習しよう。→自分の声に合うパートを選ぶ。曲の各部分でのパートの役割を考えて，声の強さや音色を工夫する。

4　みんなで合わせよう。→和音の響きや音の重なり方の変化など，曲の仕組みや特徴を捉えながら歌う。自分たちの思いや意図を大切に，よりよい演奏にしていくためのポイントを考える。

5　自分たちの表現をめざそう。→演奏を録音して聴いたり，聴いてもらったりして，自分たちの思いや意図が伝わっているか話し合う。互いに聴き合って，更にまとまりのあるアンサンブルにするために工夫する。指導者は，児童が合唱の楽しさや達成感を得られるよう助言や評価をする。

〈解説〉公開解答では，評価の観点として次の6点を示している。(1)語句の表現や記述が適切であり，論理的でわかりやすい構成になっている。(2)自分の考えを具体的に述べ，教師としての資質(熱意，誠実さ，向上心，柔軟性，協調性，発想力など)が窺える。(3)学習指導要領の視点が踏まえられた記述内容である。(4)体験活動等を通して，児童が主体的に取り組むことができる内容である。(5)歌声が重なって生み出される様々な響きを聴き取ったり，和音の美しい響きを味わったりして，豊かな歌唱表現になるような指導や児童が表現のよさを判断できるように，互いの歌声をじっと聴いたり，他の声部との関わりを意識して歌うことで，歌声を合わせる喜びを味わうようにするなどの指導の工夫を具体的に述べている。(6)児童の実態を考慮した学習内容で，実現可能である。これらの観点に触れながら，指導法について述べている解答が求められる。

【6】(解答例)　造形遊びをする活動の評価は，活動の結果としての作品を評価するのではなく，活動そのものに着目した評価であることが重要である。そのために，学習指導要領に基づいた視点からの評価規準の設定が必須となる。評価規準は，①「知識・技能」，②「思考・判断・表現」，③「主体的に学習に取り組む態度」の3つの観点から設定する。具体的には，①「知識・技能」の「知識」については，段ボールに触れながら，自分の感覚や行為を通して，形や色，組み合わせなどの感じが分かっている。「技能」については，段ボールなどの材料や用具を適切に扱うとともに，前学年までの材料や用具の扱い方についての経験を活かして，体全体を使って，段ボールの切り方や穴の開け方，つなぎ方などの活動を工夫してつくったり，つくりかえたりしている。②「思考・判断・表現」については，段ボールの形の感じや

特徴から造形的な活動を思いつき，どのように活動したり表現したりしようとするかを考えている。③「主体的に学習に取り組む態度」については，つくりだす喜びを味わい，進んで学習活動に取り組もうとしている。以上のことから評価する。

〈解説〉造形遊びをする活動は，単に遊ばせるだけの活動ではなく，資質・能力を育成する意図的な学習活動であることを正しく理解する。したがって，学習指導要領に示された目標や内容を理解していることが必須である。活動の結果としての作品を評価するのではないことに留意したい。中学年の児童は，材料に加えて，場所からも発想して活動を思いつくこともできるようになってくる。また，友だちと力を合わせることで，よりダイナミックな活動が生まれることもある。図画工作科では，児童の表情，発話や友だちとの会話，活動に着目し，「子どもたちが何をしようとしているのか，何をしたいと考えているのか，何をしたのか」など，一人ひとりの子どもに寄り添った評価が求められる。公開解答では，評価の観点として次の6点を示している。(1)語句の表現や記述が適切であり，論理的でわかりやすい構成になっている。(2)自分の考えを具体的に述べ，教師としての資質(熱意，誠実さ，向上心，柔軟性，協調性，発想力など)が窺える。(3)図画工作科の教材や指導方法等についての正しい知識をもっている。(4)図画工作科に関する正しい知識を基に，児童の確かな学力を育もうとする意欲が窺える。(5)提示された課題の意図を正確にとらえて論述している。(6)図画工作科の基本的知識を基盤として，独自性や創意工夫がある。以上の視点を踏まえた記述としたい。

【7】(解答例)　マット運動では，回転系と技巧系の技がある。高学年では，回転系は，「開脚前転」，「補助倒立前転」，「伸膝後転」といった背中をマットに接して回転する接転技群や，「倒立ブリッジ」，「ロンダート」，「頭はね起き」といった手や足の支えで回転するほん転技群が例示されている。また技巧系は，平均立ち技群の「補助倒立」が例示されている。学習場面においては，この回転系や巧技系の基本的な

技を安定して行ったり，その発展技を行ったり，それらを組み合わせたりすることが出来るようになることを目指した活動が展開されることになる。マット運動を含めた器械運動は，「できる」，「できない」がはっきりとした運動であることから，全ての児童が技を身に付ける楽しさや喜びを味わうことができるようにすることが大切である。そのため，達成を保障するための類似の運動感覚を味わうことのできる運動を準備し，達成が容易になるような場の工夫(運動が苦手な児童への配慮)を行いたい。開脚前転を例に挙げると，ウサギとび，腕立横跳びといった腕支持の感覚をしっかり身に付けさせるとともに，踏切板の上にマットを敷き傾斜をつくった場で前転を行わせ，回転速度を上げる感覚を身に付けさせたり，マットの角を使って開脚を行わせたりして，技の達成が容易になるよう支援したい。更に，「前転」と「伸膝後転」の間に「回転ジャンプ」を入れるなど，例示されている技や既にできる技を組み合わせたり，ペアやグループでの動きを組み合わせて演技をつくったりする活動を通して，マット運動の楽しさや喜びを味わうことのできる学習を目指したい。また，このような学習を進めるにあたっては，自己やグループの課題を見つけ，その課題の解決の仕方を考えたり，練習の場や段階を工夫したりすることが重要となる。そこで，タブレットやデジタルカメラなどのICT機器を積極的に活用していきたい。これらの機器を活用することによって，動きのポイント(こつ)について自己や仲間の動きを比べたり，自らの技(動き)の出来栄えや次への課題を確認したりして自己課題を明確にすることができるため，その解決の仕方を自己決定させる活動の充実を図ることができると考える。更に，このICT機器については，学習活動の中で分かったこと，話し合ったことなどを交流する場においても積極的に活用したい。こうした活用を通して，伝える活動の充実を図り，児童の表現力の育成を目指していきたい。

〈解説〉器械運動においては，「できる」，「できない」が明白になることから，技の分類やポイントを十分に理解したうえでの系統的な指導を行うことや，児童のつまずきに対してどのように支援を行うかが重要となる。具体的な方法は，学習指導要領解説体育編(平成29年7月)や文部科学省が作成している指導資料等を参考にすると良い。体育の論述問題の評価の観点は，公開解答において次のように示されている。(1)語句の表現や記述が適切であり，論理的でわかりやすい構成になっている。(2)自分の考えを具体的に述べ，教師としての資質(熱意，誠実さ，向上心，柔軟性，協調性，発想力など)が窺える。(3)学習指導要領で示された回転系や巧技系の技の名称や行い方について述べている。(4)学習指導要領で示された技の組み合わせ方の例について述べている。(5)運動が苦手な児童や，運動に意欲的でない児童に対する配慮について述べている。(6)思考力・判断力・表現力等を育成するための手立てについて述べている。以上の6点である。学習指導要領解説体育編をいかに読み込んでいるかが，大きく問われる問題である。

【8】(解答例) 「(3)家族や地域の人々との関わり」の指導に当たっては，「A　家族・家庭生活」の「(1)自分の成長と家族・家庭生活」，「(2)家庭生活と仕事」の項目や，「B　衣食住の生活」，「C　消費生活・環境」の内容との関連を図り，家庭生活を総合的に捉えられるようにする。

指導の内容としては，家族とのふれあいや団らん，地域の人々との交流の機会にお茶を入れたり，果物やお菓子などを供したりすることや，児童会活動における低学年の児童との交流活動の機会に，布を使って製作したものをプレゼントしたり，一緒に遊んだりすることを課題として設定し，計画を立てて実践する。地域の高齢者との関わりでは，地域の「餅つき大会」に参加して，地域の高齢者から餅のつき方や丸め方を教えていただき，それを地域の幼児や低学年の子供たちに教え，一緒に大根餅やあん餅，きな粉餅にして食し，片付けも全員で行う活動を実施する。また，他教科等で行った交流活動等を振り返って，地域の人々との協力について話し合ったり，地域にはどのようなルールやマナーがあるのかを調べたりする活動などを行う。「(3)家族や地域の人々との関わり」のポイントは，家族とのふれあいや団らん，地域の人々との関わりなどの学習を通して，人と関わることへの関心を高めるとともに，生活をよりよくするためには，家族や地域の人々との関わりが大切であることを知り，自分の家庭生活を工夫してよりよくしようとする意欲や態度を育てることや，幼児又は低学年や高齢者など異なる世代の人々との関わりについても扱うことが大切である。この学習では，児童によって家庭生活の状況が異なることから，各家庭や児童のプライバシーを尊重し，十分配慮しながら取り扱うようにする。

〈解説〉公開解答において次のように示されている。(1)語句の表現や記述が適切であり，論理的でわかりやすい構成になっている。(2)自分の考えを具体的に述べ，教師としての資質(熱意，誠実さ，向上心，柔軟性，協調性，発想力など)が窺える。(3)幼児又は低学年の児童・高齢者など異なる世代の人々との関わりについて，おさえている。(4)問題解決的な学習を取り入れた学習内容になっている。(5)家庭との連携や継続的な実践へ結びつく指導の工夫を図っている。(6)他教科等における学習の関連を図っている。(7)他領域における学習の関連を図っている。これらの観点に触れながら，指導法について述べている解答が求められる。

熊本市

【1】問1　①　　問2　(1)　⑤　　(2)　④　　(3)　④

〈解説〉問1　ウとエは，第5学年及び第6学年の知識及び技能に関する記述で，ウは情報の扱い方に関する事項，エは言葉の特徴や使い方に関する事項である。ア，イ，オは第3学年及び第4学年の知識及び技能に関する記述で，アは言葉の特徴や使い方に関する事項，イは情報の扱い方に関する事項，オは我が国の言語文化に関する事項である。

問2　(1)　空欄前後の内容の関係を捉える必要がある。　(2)　挿入する段落の冒頭に位置する接続詞や，指示語がヒントとなる。段落相互の関係を捉えられているかどうかを問う問題である。　(3)　消去法で解けばよい。本文の内容と食い違う選択肢だけではなく，本文の内容を過剰に一般化している選択肢も誤りとなる。

【2】問1　③　　問2　⑤　　問3　①　　問4　②

〈解説〉問1　提示された記述は，いずれも各学年における思考力，判断力，表現力等に関する指導事項である。第3学年は身近な市区町村を中心とする地域社会，第4学年は県を中心とする地域社会，第5学年は我が国の国土と産業，第6学年は我が国の政治と歴史，国際理解に関する内容となっている。各学年における学習内容において，「地域(の安全)」，「地域の自然災害」，「県内」，「国土(の自然)」，「我が国の歴史」などのキーワードを基に，見分けることができる。　問2　ア　日本国憲法第25条第1項には，「すべて国民は，健康で文化的な最低限度の生活を営む権利を有する」と明記されている。「社会的」ではない。ウ　選挙権は正しいが，被選挙権は25歳以上，もしくは30歳以上である。参政権は，日本国憲法第15条第1項において，「公務員を選定し，及びこれを罷免することは，国民固有の権利である」と定められている。　問3　ア　討幕のために薩長同盟が結ばれたのは，1866年のことである。　イ　江戸幕府は1867年に大政奉還を行い，統治権を朝廷に返上した。　ウ　下関戦争(四国艦隊下関砲撃事件)は，1864年に起きた。　エ　薩英戦争は1863年，生麦事件が原因で，イギリスの東インドシナ艦隊と薩摩藩との間で行われた。ウの事項と混同しないよう，注意が必要である。　オ　ペリー率いる艦隊が浦賀沖に現れ，日本に開国を要求したのは，1853年のことである。　問4　ア　九州新幹線は，熊本市内の北区，西区，中央区，南区を通っている。　イ　熊本市内にある江津湖は，周囲が6kmに及ぶ大きな湖で，市民の憩いの場となっている。　エ　南九州では，畜産の生産が盛んに行われている。熊本市の畜産は，豚と乳用牛の産出額が多くなっている。　オ　熊本市は，有明海に面しており，有明海の干潟ではのり養殖や採貝が行われ，特にのりは全国でも有数の生産地となっている。

【3】問1　⑤　　問2　③　　問3　②　　問4　②

〈解説〉問1　ア　「棒グラフ」から，第3学年である。　イ　「柱状グラフ」から，第6学年である。　ウ　「絵で表し」や「数の大小を比較する簡単なグラフ」から，第1学年である。　エ　「折れ線グラフ」は，第4学年である。　オ　「円グラフや帯グラフ」から，第5学年である。　カ　「○や□などに抽象化して並べる簡単なグラフ」から，第2学年である。算数科の学習は基本的に系統的に構成されており，データの活用における「グラフ」も，学年ごとに系統的に位置づけられていることをおさえておく必要がある。　問2　$\sqrt{35-2a}$の値が自然数となるためには，$35-2a=$(自然数)^2…①　になればいい。aは自然数だから，$1\leqq 35-2a\leqq 33$・・・②　また，$35-2a=$(奇数)$-$(偶数)$=$(奇数)…③　である。①，②，③の条件をみたすのは，$35-2a$　が　1^2，3^2，5^2の場合であり，$\sqrt{35-2a}$の値が自然数となるaの値は，$a=5$，13，17の3つである。　問3　円周角と中心角の関係から，$\angle BAC=\frac{1}{2}x$　また，直線AOを弧BCの方へのばすと，外角の性質より$\angle ABO+\angle BAC+\angle ACO=x$　となることから，$\angle ABO+\angle BAC+\angle ACO=20+\frac{1}{2}x+30=x$　xを解くと，$x=100$〔°〕となる。　問4　A　デジタルカメラの定価をa円とすると，$a\times\left(1-\frac{25}{100}\right)=7800$より，$a=7800\div\frac{75}{100}=10400$〔円〕　B　最終のプリンターの売値を$b$円とすると，$15000\times\left(1-\frac{20}{100}\right)\times\left(1-\frac{15}{100}\right)=b$より，$b=15000\times\frac{80}{100}\times\frac{85}{100}=10200$〔円〕　C　マフラーの定価を$c$円とすると，$0.2c-0.15c=515$より，$c=515\div 0.05=10300$〔円〕　以上より，$a>c>b$　よって，A＞C＞Bである。

【4】問1　①　　問2　④　　問3　③　　問4　②

〈解説〉問1　理科の目標の柱書からの出題である。「見通しをもつ」とは，児童が自然に親しむことによって見いだした問題に対して，予想や仮説をもち，それらを基にして観察，実験などの解決の方法を発想することである。なお，選択肢②～⑤の記述は，学年ごとに育成する問題解決の力を表している。②は第4学年，④は第6学年，⑤は第3学年に該当するものである。ただし，③に当たる第5学年においては，「解決の方法を発想し」と表されている。　問2　弦を張る強さが同じ場合は，弦が細く短いほど高い音が出る。低い音を出したいときは，はじく弦を太くしたり，弦の長さを長くすればよい。弦の長さは，ことじを動かすことで調整する。　問3　水酸化ナトリウム水溶液に塩酸を加えていくと，中和反応が起こり，水酸化ナトリウムと塩酸がちょうど反応したときには中性となるのでBTB溶液は緑色になるが，黄色になったのは，塩酸を余分に入れたからである。この後さらに塩酸を加えても，すでに水酸化ナトリウムの水酸化物イオンは中和反応ですべて消費されているので，中和反応は起こらない。加えた塩酸中の塩化物イオンはすべて電離していて水溶液中に残っているが，水素イオンの一部は中和反応の際に，水の生成に使われたため，水溶液中に最も多く存在するイオンは塩化物イオンである。　問4　①　Aは肺静脈で，肺で受け取った酸素が多く含まれている。　②　尿素は腎臓でこし出されるため，Eに含まれる尿素は少ない。　③　Dは大動脈で，心臓から送り出される血液が流れる血管である。　④　肺動脈には，体の各部位で酸素が消費された後の血液が流れているので，含まれる酸素は少ない。　⑤　Cは，胃や小腸，大腸，すい臓，脾臓などからの栄養物を多く含む静脈血を集めて，肝臓に送り込む静脈幹で，門脈又は肝門脈と呼ばれる。

【5】問1　③　　問2　④

〈解説〉問1　共通教材からの出題である。共通教材の中で，高野辰之作詞，岡野貞一作曲による曲はほかに，第1学年の「日のまる」，第3学年の「春の小川」，第4学年の「もみじ」，第6学年の「おぼろ月夜」，「われは海の子」がある。「うみ」は第1学年，「ふじ山」は第3学年，「こいのぼり」は第5学年の共通教材である。歌唱共通教材は各学年4曲の全24曲であるが，すべて頻出曲なので，曲名，作詞・作曲者，拍子，調，階名，旋律，歌詞など楽譜全体を確認しておくことが重要である。　問2　調号のない長調はハ長調，♯が1つの長調はト長調，♭

が1つの長調はヘ長調，♯が2つの長調はニ長調，♭が2つの長調は変ロ長調であることを覚えておきたい。一番最後の音の調であることが多い。なお，「われは海の子」はもともとは，変ホ長調(♭が3つ)でつくられた曲である。

【6】問1　④　　問2　①

〈解説〉問1　ア　教科の目標の柱書にある語句が問われている。今回の学習指導要領改訂では，生活や社会の中の形や色などと豊かに関わることのできる児童の姿を思い描きながら，育成を目指す資質・能力が示された。　イ　目標(1)は，知識及び技能に関するものである。まず，目標の柱書には，物事を捉える視点や考え方を，図画工作科の特質に応じて示す「見方・考え方」として，「造形的な見方・考え方」が示されている。その造形的な見方・考え方とは，「感性や想像力を働かせ，対象や事象を，形や色などの造形的な視点で捉え，自分のイメージをもちながら意味や価値をつくりだすこと」であり，「造形的な視点」は，図画工作科ならではの視点である。　ウ　目標(2)は，思考力，判断力，表現力等に関するものである。「自分の見方や感じ方を深めたり」は，自分の見方や感じ方を深めて自分なりに対象や事象を味わったり，自分なりに新しい見方や感じ方をつくりだしたりすることをねらいとしている。　問2　①　釘を打つときは，木が割れるのを防ぐためとまっすぐに釘が入るように，きりで釘の長さの半分程度まで下穴をあけて，釘を打つ。釘の太さに対して，下穴の径が大きかったり深すぎたりすると，締め付ける力が小さくなり強度が落ちてしまう。

【7】問1　①　　問2　⑤

〈解説〉問1　今回の学習指導要領改訂では，小学校では，「買物の仕組みや消費者の役割」を新設し，中学校における「売買契約の仕組み」や「消費者の基本的な権利と責任」，「消費者被害の背景とその対応」の学習との系統性が図られた。各領域における指導事項のアは「知識及び技能」，イは「思考力，判断力，表現力等」について示されている。

cの「収集・整理」は，目的に合った品質のよいものを無駄なく購入するためにいろいろな方法で情報を集めて，値段や分量，品質など様々な視点から情報を整理するという意図が込められている。
問2　ウ　青菜は，沸騰したお湯に茎の方から入れ，葉の部分まで入れたところで，すぐに火を止めて，流水などの水で冷やす。水のうちから入れてゆでると，柔らかくなりすぎて食感が悪くなる。
エ　みそは原料が大豆であるとともに発酵食品であることから，炭水化物をはじめとしてたんぱく質，脂質がバランスよく含まれ，ビタミンや無機質も豊富に含まれている。塩分が多いため，量の調整が必要である。

【8】問1　③　　問2　④
〈解説〉問1　イ　マットを使った運動遊びでは，「いろいろな方向への跳躍」ではなく，「いろいろな方向への転がり」である。　ウ　鉄棒を使った運動遊びでは，「体の揺れや上がり下り」ではなく，「支持しての揺れや上がり下り」である。　それぞれ，学習指導要領解説(平成29年7月)で例示された運動を，具体的な動きとセットで理解すると良い。その際には，文部科学省が作成している実技指導資料を参考にすることを勧める。　問2　④　シンナーなどの有機溶剤の乱用によって，「一回の乱用でも死に至ることがあり」が正しい記述である。なお，①は第5学年の配当単元の「心の健康」の指導内容，②は第5学年の配当単元の「けがの防止」の指導内容，③～⑤は第6学年の配当単元の「病気の予防」に関する指導内容である。

【9】問1　②　　問2　⑤　　問3　④
〈解説〉問1　学習指導要領に関する問題。正しくないものを選ぶ点に注意する。　②　小学校学習指導要領(平成29年告示)では，授業全てを英語で行うことは示されていない。　問2　穴埋め問題。アは時間を表すat，イは曜日を表すon，ウは距離や幅を表すfor，エは目的地を見つけているのでsee，オは散歩に連れていく意味でのwalk。　問3　英

文の内容についての選択式問題。本文を見る前に，問題文を確認しておくと良い。コアラという名前は，アボリジニの言葉で「水を飲まない」という意味だが，野生のコアラは，暑い時期や体調が悪いときは，本能的に水を飲む。

【10】問1　②　　問2　③

〈解説〉問1　②　留意点の一つである「複数時間の関連を図った指導を取り入れる」の解説の中で，「道徳科においては，一つの主題を1単位時間で取り扱うことが一般的であるが，内容によっては複数の時間の関連を図った指導の工夫などを計画的に位置付けて行うことも考えられる」と記述している。小学校学習指導要領解説特別の教科道徳編(平成29年7月)では，年間指導計画作成上の創意工夫と留意点として，8項目を挙げている。出題された項目及び解答に関わる項目以外には，「特に必要な場合には他学年段階の内容を加える」，「計画の弾力的な取扱いについて配慮する」，「年間指導計画の評価と改善を計画的に行うようにする」という項目が挙げられている。　問2　道徳が初めて教科化された平成27年告示の小学校学習指導要領のときから，「数値などによる評価は行わない」ことは明示されていたが，今回の小学校学習指導要領(平成29年告示)では，学習状況や道徳性に係る成長の様子を継続的に把握し，指導に生かすよう努める必要があることが示された。道徳の評価に当たっては，個々の内容項目ごとではなく，大くくりなまとまりを踏まえた評価とすることや，他の児童との比較による評価ではなく，児童がいかに成長したかを積極的に受け止めて認め，励ます個人内評価として記述式で行うことが求められている。

【11】問1　①　　問2　⑤

〈解説〉問1　生活科の学年の目標は，平成20年の学習指導要領改訂で示された「階層を踏まえた内容のまとまり」を基に，三つの項目に再構成されている。そのうちの目標(1)は，学校，家庭及び地域の生活に関わることに関するものである。主に，内容(1)「学校と生活」，(2)「家庭と生活」，(3)「地域と生活」という児童の生活圏としての環境に関する内容によって構成されている。児童は，学校，家庭及び地域の生活に関わることを通して，人々，社会及び自然との関わりについて考え，それらのよさやすばらしさ，自分との関わりについて気付くことで，地域に愛着をもち自然を大切にしたり，集団や社会の一員として適切な行動をしたりする態度の育成につながることをねらいとしている。　問2　今回の小学校学習指導要領(平成29年告示)総合的な学習の時間では，教科等を越えた全ての学習の基盤となる資質・能力を育成するための一つとして，課題を探究する中で，「考えるための技法」を活用する学習活動が行われるよう示された。「考えるための技法」とは，考える際に必要になる情報の処理方法を，例えば「比較する」，「分類する」，「関連付ける」など，技法のように様々な場面で具体的に使えるようにするものである。「考えるための技法」の視点から，各教科等の学習を相互に関連付けることが可能になるとしている。

2021年度　実施問題

熊　本　県

【一次試験】

【１】次の文章を読んで，下の1，2の各問いに答えなさい。

[問題文は非公開]

1　文章全体をとおして「私」は「おとな」をどのように捉えていると分かるか，最も適当だと考えられるものを，次の①～⑤から1つ選び，番号で答えなさい。

①　痛みに耐えている　　②　人前では泣かない

③　悔しさを背負っている　　④　親孝行をしている

⑤　「ありがとう」を自然に言える

2　下線部から，「私」は「斎藤」のことをどのような存在として捉えていると分かるか，最も適当だと考えられるものを，次の①～⑤から1つ選び，番号で答えなさい。

①　悔しい気持ちを共感してくれた親友のような存在

②　困った時に助けてくれた頼りがいのある存在

③　大人になっても自分を尊敬してくれた不可思議な存在

④　自分の未熟さに気づかせてくれたかけがえのない存在

⑤　約束を守ることの厳しさを教えてくれた憧れの存在

(☆☆◎◎◎)

【２】次の文章を読んで，下の1～3の各問いに答えなさい。

[問題文は非公開]

1　文章中の[　ア　]に当てはまる最も適当な語句を，次の①～⑤から1つ選び，番号で答えなさい。

①　本質的　　②　抽象的　　③　理念的　　④　主観的

⑤　経験的

2　文章中の[　イ　]に当てはまる最も適当な語句を，次の①～⑤から1つ選び，番号で答えなさい。

①　あるいは　　②　そのうえ　　③　それでも　　④　また

⑤　たとえば

3　次のA～Eの文章で，筆者の考えと異なる内容の記号の組合せで最も適当なものを，下の①～⑤から1つ選び，番号で答えなさい。

A「書く」とは，書いた人間をまったく知らない多くの人たちに，内容を正しく伝えることである。

B　公共的な文章を構築する際には，主観を大きく働かせ，むしろ客観性を排除する必要がある。

C　報告書のように客観性が要求されるような文章であれば，「私」という主体を排除し，客観性を強く打ち出すほうが望ましい。

D　バランスのとれたいい文章とは，論理が通っていながら，語り手の主観が伝わる文章である。

E　報告書を書くのも，自分個人に起こった出来事をホームページに書くのも，どちらも相当な訓練を積まないといけない。

①　A　E　　②　C　D　　③　B　C　　④　A　D

⑤　B　E

(☆☆◎◎◎)

【3】次のア～オは，新「小学校学習指導要領解説　国語編」の「第2章　国語科の目標及び内容」の「第1節　国語科の目標」の「2　学年の目標」の一部を示したものである。それぞれに該当する学年を正しく示した組合せを，あとの①～⑤から1つ選び，番号で答えなさい。

ア　言葉がもつよさに気付くとともに，幅広く読書をし，国語を大切にして，思いや考えを伝え合おうとする態度を養う。

イ　筋道立てて考える力や豊かに感じたり想像したりする力を養い，日常生活における人との関わりの中で伝え合う力を高め，自分の思いや考えをまとめることができるようにする。

ウ　言葉がもつよさを感じるとともに，楽しんで読書をし，国語を大切にして，思いや考えを伝え合おうとする態度を養う。

エ　筋道立てて考える力や豊かに感じたり想像したりする力を養い，日常生活における人との関わりの中で伝え合う力を高め，自分の思いや考えを広げることができるようにする。

オ　言葉がもつよさを認識するとともに，進んで読書をし，国語の大切さを自覚して，思いや考えを伝え合おうとする態度を養う。

	ア	イ	ウ	エ	オ
①	(5・6年)	(5・6年)	(1・2年)	(3・4年)	(5・6年)
②	(3・4年)	(3・4年)	(1・2年)	(5・6年)	(5・6年)
③	(5・6年)	(1・2年)	(3・4年)	(5・6年)	(3・4年)
④	(1・2年)	(3・4年)	(3・4年)	(3・4年)	(3・4年)
⑤	(3・4年)	(1・2年)	(5・6年)	(1・2年)	(1・2年)

(☆☆◎◎◎)

【4】次の文章は，新「小学校学習指導要領　第2章　各教科　第2節　社会」の「第2　各学年の目標及び内容〔第5学年〕 1　目標」である。文章中の［A］～［C］に入る語句a～iの組合せとして正しいものをあとの①～⑨から1つ選び，番号で答えなさい。

(1)　我が国の国土の地理的環境の特色や産業の現状，社会の情報化と産業の関わりについて，［A］との関連を踏まえて理解するとともに，地図帳や地球儀，統計などの各種の基礎的資料を通して，情報を適切に調べまとめる技能を身に付けるようにする。

(2)　社会的事象の特色や相互の関連，意味を［B］に考える力，社会に見られる課題を把握して，その解決に向けて社会への関わり方を選択・判断する力，考えたことや選択・判断したことを説明したり，それらを基に議論したりする力を養う。

(3) 社会的事象について，主体的に学習の問題を解決しようとする態度や，よりよい社会を考え学習したことを社会生活に生かそうとする態度を養うとともに，［ B ］な［ C ］を通して，我が国の国土に対する愛情，我が国の産業の発展を願い我が国の将来を担う国民としての自覚を養う。

a 日常生活　b 社会生活　c 国民生活
d 多面的　e 多角的　f 総合的
g 思考や理解　h 思考や判断　i 思考や表現

	①	②	③	④	⑤	⑥	⑦	⑧	⑨
A	a	b	c	a	b	c	a	b	c
B	f	e	d	e	d	f	d	f	e
C	g	h	h	i	i	g	i	h	g

(☆☆☆◎◎◎)

【5】我が国の行政や内閣について説明した，次の①～⑤の文章の中で，誤っているものを1つ選び，番号で答えなさい。

① 国会で決められた法律や予算に基づいて政策を実施することを行政といい，その仕事を指揮監督するのが内閣である。

② 国会の信任に基づいて内閣がつくられ，内閣が国会に対して責任を負うしくみを議院内閣制という。

③ 政府はより重要な政策から優先して予算を作成し，実施する。このような政府の経済活動のことを財政という。

④ すべての公務員は国民全体に奉仕するものであり，公共の利益のために，法律に従って仕事をする責任がある。

⑤ 簡素で効率的な行政をめざす行政改革が進められている。また，国から地方に権限や財源を移す規制緩和も進められている。

(☆☆☆◎◎◎)

【6】2018年7月に，「長崎と天草地方の潜伏キリシタン関連遺産」が，世界遺産(文化遺産)として登録された。この潜伏キリシタンの歴史とし

て，1637年，約3万7千人もの人々が重い年貢の取り立てとキリスト教に対する厳しい取りしまりに反対して起こした島原・天草一揆があげられる。このとき幕府や藩は，大軍を送ってようやくこれをおさえ，キリスト教をいっそう厳しく取りしまることとなった。この一揆以降の出来事を次の①～⑤から1つ選び，番号で答えなさい。

①　スペイン船の来航を禁止する。

②　日本人の海外渡航と帰国を禁止する。

③　ポルトガル船の来航を禁止する。

④　幕府領に対するキリスト教禁止令を幕府が出す。

⑤　ヨーロッパ船の来航を長崎，平戸に制限する。

(☆☆☆◎◎◎)

【7】日本の文化について説明した，次の①～⑤の文章の中で，誤っているものを1つ選び，番号で答えなさい。

①　奈良時代の末に，天皇や貴族，民衆の和歌を広く集めた「万葉集」がまとめられ，漢字を変形させて日本語の発音を表せるようにした仮名文字が使われた。

②　戦国時代から安土桃山時代にかけて，キリスト教の宣教師によって，天文学や医学，航海術など，新しい学問や技術が伝わった。

③　江戸時代，諸藩では藩校を設け，武士に学問や武道を教え，人材の育成を図った。熊本藩には時習館が設立された。

④　明治時代，れんが造りなどの欧米風の建物が増え，道路には馬車が走り，ランプやガス灯がつけられた。

⑤　大正時代に始まったラジオ放送は全国に普及し，新聞と並ぶ情報源となり，国内外の出来事が全国に伝えられるようになった。

(☆☆☆◎◎◎)

【8】次の資料は，5つの県の農業産出額及び各県における農業産出額上位3品目を表したものである。A～Eの県を表す組合せとして適当なものをあとの①～⑤から1つ選び，番号で答えなさい。

	農業産出額（億円）		各県における農業産出額上位３品目					（億円）
	全国順位	産出額	1位	産出額	2位	産出額	3位	産出額
A	5位	3,429	肉用牛	768	ブロイラー	696	豚	515
B	14位	2,454	豚	409	生乳	218	キャベツ	196
C	6位	3,406	トマト	438	肉用牛	430	米	391
D	28位	1,170	なす	140	米	117	しょうが	101
E	8位	3,115	米	296	豚	253	キャベツ	246

農業産出額は平成３０年農林水産統計による

① A　宮崎県　B　愛知県　C　熊本県　D　群馬県　E　高知県
② A　熊本県　B　群馬県　C　宮崎県　D　高知県　E　愛知県
③ A　宮崎県　B　群馬県　C　熊本県　D　高知県　E　愛知県
④ A　熊本県　B　愛知県　C　宮崎県　D　群馬県　E　高知県
⑤ A　宮崎県　B　愛知県　C　熊本県　D　高知県　E　群馬県

(☆☆☆◎◎◎)

【9】次の文章は，防災への取組について紹介したものである。文章中の［　A　］～［　E　］に当てはまる語句の組合せとして適当なものをあとの①～⑤から1つ選び，番号で答えなさい。

> 国や県，市町村では，地震などの災害が起きたときにどのように対応するかなどを［　A　］に定めている。また，災害による被害を予測した［　B　］もつくられている。災害から身を守るためには，このような国や県などの取組だけでなく，自分自身や家族を守る［　C　］や，住民どうしが助け合う［　D　］とよばれる行動が求められる。熊本県では，熊本地震の経験や教訓を後世に伝えるために，県内各地の震災遺構等を巡る［　E　］を計画している。

① A　防災計画　B　ハザードマップ　C　共助
　D　公助　E　復興ツーリズム
② A　防災計画　B　ハザードマップ　C　自助
　D　共助　E　震災ミュージアム
③ A　ハザードマップ　B　防災計画　C　自助
　D　公助　E　復興ツーリズム
④ A　防災計画　B　ハザードマップ　C　共助
　D　公助　E　震災ミュージアム
⑤ A　ハザードマップ　B　防災計画　C　自助
　D　共助　E　復興ツーリズム

(☆☆☆◎◎◎)

【10】あるレストランでのランチは，主菜，副菜，汁物から，それぞれ1つずつ選択できる。組合せは，全部で何通りあるか。下の①～⑤から1つ選び，番号で答えなさい。

主菜	ア：ハンバーグ　イ：とんかつ　ウ：チキンかつ

副菜	ア：ポテトサラダ　イ：シーザーサラダ ウ：ほうれん草のおひたし

汁物	ア：みそ汁　イ：コンソメスープ

① 8通り　② 16通り　③ 18通り　④ 48通り
⑤ 108通り

(☆☆☆◎◎◎)

【11】絶対値が3未満となる整数は，全部でいくつあるか。次の①～⑤から1つ選び，番号で答えなさい。

① 2　② 3　③ 4　④ 5　⑤ 6

(☆☆☆◎◎◎)

【12】 $\sqrt{6}$ の小数部分をaとするとき，$a(a+4)$の値はいくつになるか。次の①～⑤から1つ選び，番号で答えなさい。

① 2　② 32　③ $\sqrt{6}$　④ $2\sqrt{6}$　⑤ $6+2\sqrt{6}$

(☆☆☆◎◎◎)

【13】 A円で仕入れた品物に，仕入れ値の3割の利益をつけ定価とした。しかし，売れなかったので，定価の2割引として売値とした。品物が売れた場合，いくらの利益となるか。次の①～⑤から1つ選び，番号で答えなさい。

① $\frac{1}{5}A$　② $\frac{1}{10}A$　③ $\frac{1}{15}A$　④ $\frac{1}{20}A$　⑤ $\frac{1}{25}A$

(☆☆☆◎◎◎)

【14】 関数$y=2x^2$のグラフ上に2点A，Bがあり，それぞれのx座標が-2，4である。A，Bを通る直線が，x軸と交わる点をCとする。

原点をOとするとき，△OBCの面積を次の①～⑤から1つ選び，番号で答えなさい。

① 32　② 48　③ 64　④ 96　⑤ 128

(☆☆☆◎◎◎)

【15】 新「小学校学習指導要領」では，算数科における内容領域の構成が見直された。第4～6学年では，どのような内容領域の構成になっているか。組合せとして正しいものを，次の①～⑤から1つ選び，番号で答えなさい。

① A　数と計算　B　量と測定　C　図形
　 D　数量関係
② A　数と計算　B　図形　C　測定
　 D　データの活用
③ A　数と計算　B　図形　C　変化と関係
　 D　データの活用

④　A　数と式　　B　量と測定　C　変化と関係
　　D　データの活用
⑤　A　数と式　　B　図形　　C　関数
　　D　データの活用

(☆☆☆◎◎◎)

【16】次のア～オは，「電流」について述べたものである。誤った記述の組合せを下の①～⑤から1つ選び，番号で答えなさい。

ア　電流計や電圧計は回路をつくり，電流や電圧の大きさを測るところに直列につなぐ。

イ　電流(A)の大きさは，オームの法則から，電圧(V)÷抵抗(Ω)で求めることができる。

ウ　抵抗の大きさは物質の種類によって違い，導体より絶縁体(不導体)の方が抵抗は大きい。

エ　電熱線に電圧4Vを加え電流1Aを5分間流したとき発生した熱量は20Jである。

オ　静電気は，物体の中にある電子が，摩擦によって一方の物体からもう一方の物体へ移動することで生じる。

①　アとイ　②　アとエ　③　イとウ　④　ウとエ
⑤　エとオ

(☆☆☆◎◎◎◎)

【17】次のア～オは，「物質の成り立ち」及び「化学変化」について述べたものである。誤った記述の組合せをあとの①～⑤から1つ選び，番号で答えなさい。

ア　純粋な水の場合は大きな電圧が必要だが，水酸化ナトリウムを溶かせば，小さな電圧で電気分解は進む。

イ　水の電気分解で，陽極側に集まる気体は，空気中にも含まれ，空気全体の体積の約3割を占める。また，この気体は植物の光合成でつくられ，生物の呼吸に必要である。

ウ　水の電気分解で，陰極側に集まる気体の体積は，陽極側に集まる気体の体積の2分の1である。

エ　炭酸水素ナトリウムを加熱し，発生した気体を集めた試験管に，石灰水を入れて振ると，白くにごる。

オ　鉄粉が空気中の酸素と化合して酸化鉄になるとき，熱が発生する。これを発熱反応という。また，周囲の熱を吸収する吸熱反応もある。

①　アとウ　　②　イとウ　　③　イとエ　　④　ウとオ
⑤　エとオ

(☆☆☆◎◎◎)

【18】次のア～オは，「生物の成長と殖え方」について述べたものである。正しい記述の組合せを下の①～⑤から1つ選び，番号で答えなさい。

ア　1つの細胞が2つの細胞に分かれることを細胞分裂といい，2つに分かれた直後の細胞は，もとの細胞と大きさが同じである。

イ　細胞が分裂する前に，それぞれの染色体と同じものが複製され，数が2倍になる。

ウ　生物の染色体は，両生類，鳥類，哺乳類など，それぞれのグループで数が決まっている。

エ　タマネギの根を使って細胞分裂を観察する場合，根の先端付近よりも根元付近を使用する方が適している。

オ　細胞分裂を観察する根は，最初にうすい塩酸に入れ，数分間湯であたためた後に水洗いすることで，細胞同士の結合が切れ観察しやすくなる。

①　アとウ　　②　イとエ　　③　イとオ　　④　ウとエ
⑤　エとオ

(☆☆☆◎◎◎)

【19】次のア～オは，「天体の動きと地球の自転・公転」について述べたものである。誤った記述の組合せをあとの①～⑤から1つ選び，番号で答えなさい。

ア　太陽の1日の動きは昼ごろに南の空でもっとも高くなり，これを太陽の南中という。
イ　太陽が，東からのぼり西に沈んでいく時の動く速さは一定である。
ウ　北の空の星の動きは，北極星を中心として，時計回りに回っている。
エ　星や太陽の日周運動は，地球の自転によって起こる現象である。
オ　地球の自転は，北極と南極を結ぶ線を軸とし，東から西へ約1日に1回転している。

①　アとウ　　②　アとオ　　③　イとウ　　④　ウとオ
⑤　エとオ

(☆☆☆◎◎◎◎)

【20】次のア～オは，「ガスバーナーの使い方」について説明したものである。使い方として誤った記述の組合せを下①～⑤から1つ選び，番号で答えなさい。

ア　ガス調節ねじと空気調節ねじが閉まっているか確認し，元栓を開く。
イ　マッチに火をつけ，ガス調節ねじを少しずつ開き，点火し，ガス調節ねじを回して炎の大きさを調節する。
ウ　ガス調節ねじを押さえて，空気調節ねじだけを少しずつ開き，炎の色を調節する。
エ　炎が赤いときは，ガスの量が不足しているので，ガス調節ねじを開く。
オ　火を消すには，火をつけるときと同じように，ガス調節ねじ，空気調節ねじの順に閉め，最後に元栓を閉める。

①　アとイ　　②　イとウ　　③　イとエ　　④　ウとエ
⑤　エとオ

(☆☆☆◎◎◎◎)

【21】次のア～オは，新「小学校学習指導要領　第2章　第4節　理科」の「第2　各学年の目標及び内容」からの抜粋である。学年と目標が合っていない組合せを下の①～⑤から1つ選び，番号で答えなさい。

ア　[第3学年]　物の性質，風とゴムの力の働き，光と音の性質，磁石の性質及び電気の回路についての理解を図り，観察，実験などに関する基本的な技能を身に付けるようにする。

イ　[第4学年]　人の体のつくりと運動，動物の活動や植物の成長と環境との関わり，雨水の行方と地面の様子，気象現象，月や星についての理解を図り，観察，実験などに関する基本的な技能を身に付けるようにする。

ウ　[第5学年]　空気，水及び金属の性質，電流の働きについての理解を図り，観察，実験などに関する基本的な技能を身に付けるようにする。

エ　[第6学年]　燃焼の仕組み，水溶液の性質，てこの規則性及び電気の性質や働きについての理解を図り，観察，実験などに関する基本的な技能を身に付けるようにする。

オ　[第6学年]　生命の連続性，流れる水の働き，気象現象の規則性についての理解を図り，観察，実験などに関する基本的な技能を身に付けるようにする。

①　アとイ　　②　アとウ　　③　イとエ　　④　ウとエ
⑤　ウとオ

(☆☆☆◎◎◎◎◎)

【22】次の文章は，新「小学校学習指導要領」の「第2章　第6節　音楽」に示された「第1　目標」である。[A]～[E]に入る言葉の組合せとして正しいものをあとの①～⑤から1つ選び，番号で答えなさい。

表現及び鑑賞の活動を通して，［ A ］な見方・考え方を働かせ，生活や社会の中の音や音楽と［ B ］に関わる資質・能力を次のとおり育成することを目指す。 (1) 曲想と［ C ］などとの関わりについて理解するとともに，表したい音楽表現をするために必要な技能を身に付けるようにする。 (2) ［ D ］を工夫することや，音楽を味わって聴くことができるようにする。 (3) 音楽活動の楽しさを体験することを通して，音楽を愛好する心情と音楽に対する感性を育むとともに，［ E ］を養い，豊かな情操を培う。

	A	B	C	D	E
①	芸術的	豊か	音楽の構造	歌唱表現	音楽を親しむ態度
②	音楽的	豊か	音楽の形式	音楽表現	音楽に慣れる態度
③	芸術的	創造的	音楽の役割	演奏表現	音楽を楽しむ態度
④	音楽的	豊か	音楽の構造	音楽表現	音楽に親しむ態度
⑤	音楽的	能動的	音楽の役割	歌唱表現	音楽を楽しむ態度

(☆☆☆◎◎◎)

【23】次の楽譜は，共通教材「もみじ」の楽譜の一部である。この曲の調と拍子の組合せが正しいものを下の①～⑤から1つ選び，番号で答えなさい。(楽譜からは拍子記号を削除している。)

[楽譜は非公開]

①　ハ長調・4分の4拍子　　②　ト長調・4分の4拍子
③　ヘ長調・4分の4拍子　　④　ヘ長調・4分の3拍子
⑤　ト長調・4分の3拍子

(☆☆☆◎◎◎)

【24】次の楽譜は，共通教材「茶つみ」の楽譜の一部である。楽譜中のAの音を，ソプラノリコーダーで吹くときの運指について，どの穴を押さえればよいか，下の①～⑤から1つ選び，番号で答えなさい。

[楽譜は非公開]

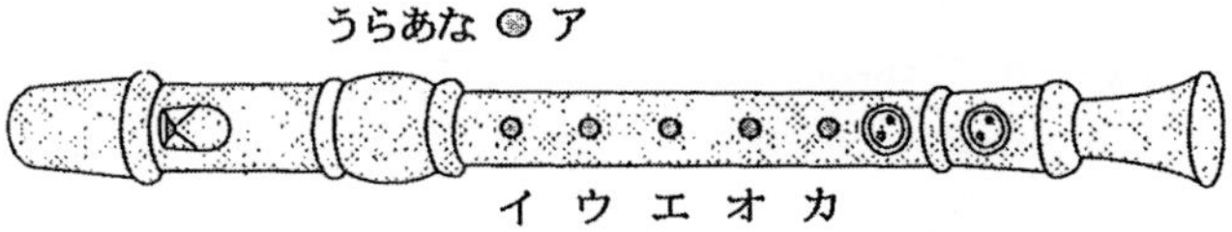

① アイウエ　② アウ　③ アイ　④ アイエオ
⑤ アイウ

(☆☆☆◎◎◎)

【25】次の楽譜は，強弱や速度の変化に着目した学習をするのに適した教材である。この曲の作曲者を下の①～⑤から1つ選び，番号で答えなさい。

[楽譜は非公開]

① ベートーヴェン　② ブラームス　③ シューベルト
④ モーツァルト　⑤ サン・サーンス

(☆☆☆☆◎◎)

【26】次の文章は，新「小学校学習指導要領」の「第2章　第7節　図画工作」に示された「第2　各学年の目標及び内容」である。空欄［ア］～［ウ］に当てはまる語句の組合せを，あとの①～⑥から1つ選び，番号で答えなさい。

〔［ア］〕
1　目標
(1)　対象や事象を捉える造形的な視点について自分の感覚や行為を通して［イ］とともに，手や体全体の感覚などを働かせ材料や用具を使い，表し方などを工夫して，創造的にくったり表したりすることができるようにする。
(2) 造形的な面白さや楽しさ，表したいこと，表し方などについて考え，[ウ]発想や構想をしたり，身の回りの作品などから自分の見方や感じ方を広げたりすることができるようにする。
(3) [ウ]表現したり鑑賞したりする活動に取り組み，つくりだす喜びを味わうとともに，形や色などに関わり楽しい生活を創造しようとする態度を養う。

	ア	イ	ウ
①	第１学年及び第２学年	分かる	主体的に
②	第３学年及び第４学年	理解する	進んで
③	第１学年及び第２学年	気付く	楽しく
④	第５学年及び第６学年	分かる	主体的に
⑤	第３学年及び第４学年	気付く	楽しく
⑥	第５学年及び第６学年	理解する	進んで

(☆☆☆◎◎◎)

【27】中学年において，詩やお話を読んだり，聞いたりして思い浮かべたことを絵に表す学習を行う。彩色する際の指導事項として，適当なものを次の①～⑤から1つ選び，番号で答えなさい。

① クレヨン・パスははっきりと太くぬるときに使い，細い線や薄い線には適さない。また，ねかせてぬると折れやすいので立ててぬるよう指導する。

② 筆洗は，絵筆に水を足したり，洗ったりする用具なので，水が汚れたら取り換えるように指導する。また，筆洗にはいくつかの部屋があるが，すべての部屋で筆を洗っても構わず，特に細かく指導する必要はない。

③ パレットは小さい部屋と大きな部屋に分かれており，まず小さい部屋に絵の具を出す。大きな部屋は色を混ぜるときに使い，4色以上を混ぜると明るく鮮やかな色ができることを指導する。

④　水彩絵の具で彩色する時は，机の上を整理し，右利きであれば右側に筆洗や筆を置くように指導する。また，左手でパレットを持ち，右手で筆を使ってぬるように指導する。

⑤　絵の具をにじませて彩色する時には，多めの水で溶かしうすくしてから，筆を使って色のついた水滴をたらすように指導する。なお，前の色が乾いてから，次の色をたらすように指導する。

(☆☆☆◎◎◎)

【28】次の①～⑤の文章は，新「小学校学習指導要領」の「第2章　第7節　図画工作」に示された「第3　指導計画の作成と内容の取扱い」である。適当でないものを次の①～⑤から1つ選び，番号で答えなさい。

①　第1学年及び第2学年において扱う簡単な小刀類とは，厚紙などを切るための扱いやすいカッターナイフや，木の枝などを少しずつ削ったりできるような児童の手に合った安全な小刀などのことである。

②　第3学年及び第4学年において扱う，使いやすいのこぎりとは，児童が扱いやすいもので，板材や厚手の段ボールなどを切る場合に使えるものとして示している。

③　第5学年及び第6学年において扱う糸のこぎりは，板材を曲線に切ったり，切り抜いたりするなど，切断が思いのままにできるので，児童の発想や構想などに幅ができるものとして示している。

④　第3学年及び第4学年において扱う小刀は安全に配慮しながら扱いに慣れるようにすることが必要である。その他に木版や木の表面に模様を入れるときなどに使う彫刻刀も考えらえる。

⑤　第5学年及び第6学年において扱う針金は，アルミ針金のように柔らかいもののみである。布などの他の材料と併用するなどして，表現の幅を広げることができる。

(☆☆☆◎◎◎)

【29】高学年において，彫り進み木版画を使って，校舎内の季節を表現する学習を行う。彫り進み木版画の用具や技法について，適切なものを次の①～⑤から1つ選び，番号で答えなさい。

① 最初の活動として版木に線を彫るときは，丸刀もしくは三角刀で彫るようにする。丸刀は細く鋭い線を描くのに適しており，三角刀は太く力強い線を描くのに適しているので，その特徴を理解し，試し彫りをしてから線を彫るようにする。

② 1回目の彫りを行った後に，1回目の刷りのために版木を明るい黄緑色でローラーを使ってインクを付けた。きれいに刷れていたので1枚だけ刷り，紙を乾かした。

③ 彫り進んでいくときには，丸刀や三角刀だけでなく，一部平刀を用いて表現する。平刀は平らな面を下にし，押さえる手を彫刻刀の前に出し，版木をしっかり固定させて彫るようにする。版木の下に「滑り止め」を置いて彫るとさらに安全に彫ることができる。

④ 2回目の刷りの後は，版木を水であらう必要はなく，色の付いた版木をそのまま彫り進めていった。

⑤ さらに彫り進め，最後の3回目の刷りを，青色と白色のグラデーションで刷る。刷り紙に合わせて版木を置き，ひっくり返して刷る。バレンは手のひら全体を使ってしっかり握るようにする。

(☆☆☆◎◎◎)

【30】新「小学校学習指導要領解説　家庭編」の「第1章　総説　2　家庭科改訂の趣旨及び要点」に示されている内容として，誤っているものを次の①～⑤から1つ選び，番号で答えなさい。

① 「A家族・家庭生活」において，幼児又は低学年の児童，高齢者など異なる世代の人々との関わりに関する内容が新設された。

② 「B衣食住の生活」において，和食の基本となるだしの役割や季節に合わせた着方や住まい方など，日本の伝統的な生活について扱うこととされた。

③ 習得した知識及び技能などを実生活で活用するために，Bの内容

に「衣食住の生活についての課題と実践」が新設された。

④ 「C消費生活・環境」において，中学校との系統性を図り，「買物の仕組みや消費者の役割」に関する内容が新設された。

⑤ 生活の科学的な理解を深め，生活の自立の基礎を培う基礎的・基本的な知識及び技能の習得を図るために，調理及び製作においては，一部の題材が指定された。

(☆☆☆◎◎◎)

【31】消費者トラブルにおける悪質商法についての説明として，誤っているものを次の①～⑤から1つ選び，番号で答えなさい。

	悪質商法	説明
①	アポイントメントセールス	電話などで「抽選に当たった」などと言って店や営業所に呼び出し，商品などを購入させる。
②	デート商法	出会い系サイトや電話，メールなどで知り合い，親しい関係を築いてから高額な物などを売りつける。
③	キャッチセールス	街頭で消費者を呼び止め，その場で勧誘したり，店に連れ込んだりして商品などを購入させる。
④	マルチ商法	閉め切った会場に人を集め，景品を配ったり，巧みな話で雰囲気を盛り上げ，冷静な判断力を失わせて，高額な商品を買わせる。
⑤	ネガティブオプション	勝手に商品を送りつけ，代金を一方的に請求したり，代金引換郵便にしたりして支払わせる。

(☆☆☆◎◎◎)

【32】小学校家庭科の授業で調理実習を行う際，次の表中ア～オの中で，適切でない材料を含んでいる題材の組合せはどれか。あとの①～⑤から1つ選び，番号で答えなさい。

	題材	主な材料
ア	ポテトサラダ	じゃがいも、にんじん、きゅうり、ハム、マヨネーズ、塩、こしょう
イ	いんげんとにんじんのベーコン巻き	さやいんげん、にんじん、ベーコン、油、塩、こしょう
ウ	肉野菜いため	にんじん、ピーマン、キャベツ、豚肉、油、塩、こしょう
エ	根菜のきんぴら	ごぼう、にんじん、れんこん、こんにゃく、油、砂糖、しょうゆ
オ	切り干し大根のいためもの	切り干し大根、にんじん、鶏肉、ごま油、さとう、しょうゆ

①　アとイ　　②　イとオ　　③　ウとオ　　④　ウとエ
⑤　アとエ

(☆☆◎◎◎◎)

【33】次の表は，ミシンの上糸をかける手順を示したものである。［ア］～［エ］に当てはまる組合せとして最も適当なものを，下の①～⑤から1つ選び，番号で答えなさい。

糸立て棒 → 上糸糸案内（糸かけ） → ［ア］ → ［イ］ → ［ウ］ → ［エ］ → 針穴

	ア	イ	ウ	エ
①	天びん	糸案内板	糸かけ	針棒糸かけ
②	糸案内板	天びん	送り調節器（ダイヤル）	針棒糸かけ
③	天びん	糸案内板	送り調節器（ダイヤル）	上糸調節装置
④	糸案内板	天びん	糸かけ	針棒糸かけ
⑤	糸案内板	天びん	送り調節器（ダイヤル）	上糸調節装置

(☆☆☆◎◎◎)

【34】新「小学校学習指導要領解説　体育編」の「第2章　体育科の目標及び内容」「第2節　各学年の目標及び内容」「第1学年及び第2学年」において,「E　ゲーム」「ア　ボールゲーム」の内容として例示されていないものを次の①～⑤から1つ選び,番号で答えなさい。

① 相手コートにボールを投げ入れるゲーム
② シュートゲーム
③ 的当てゲーム
④ プレルボールを基にした易しいゲーム
⑤ 攻めがボールを手などで打ったり蹴ったりして行うゲーム

(☆☆◎◎◎)

【35】新「小学校学習指導要領解説　体育編」の「第2章　体育科の目標及び内容」「第2節　各学年の目標及び内容」「第3学年及び第4学年」において,「A　体つくり運動」「イ　多様な動きをつくる運動」の内容として取り扱うものを次の①～⑤から1つ選び,番号で答えなさい。

① 体の柔らかさを高めるための運動
② 体のバランスをとる運動
③ 巧みな動きを高めるための運動
④ 動きを持続する能力を高めるための運動
⑤ 力強い動きを高めるための運動

(☆☆☆◎◎◎)

【36】新「小学校学習指導要領解説　体育編」の「第2章　体育科の目標及び内容」「第2節　各学年の目標及び内容」「第3学年及び第4学年」において,「G　保健」の内容のうち第4学年の内容として取り扱うものを次の①～⑤から1つ選び,番号で答えなさい。

① 健康な生活について理解すること。
② けがの防止について理解するとともに,けがなどの簡単な手当をすること。
③ 病気の予防について理解すること。
④ 体の発育・発達について理解すること。

⑤　心の発達及び不安や悩みへの対処について理解するとともに，簡単な対処をすること。

(☆◎◎◎)

【37】新「小学校学習指導要領解説　体育編」の「第2章　体育科の目標及び内容」「第2節　各学年の目標及び内容」「第5学年及び第6学年」において，「D　水泳運動」の内容として例示されていないものを次の①～⑤から1つ選び，番号で答えなさい。

①　25～50m程度を目安にしたクロール
②　ゆったりとした平泳ぎ
③　10～20秒程度を目安にした背浮き
④　3～5回程度を目安にした浮き沈み
⑤　け伸び

(☆☆◎◎◎)

【38】次の1～3の各問いに答えなさい。

1　次の文章は，新「小学校学習指導要領　第5章　総合的な学習の時間」の「第1　目標」である。［　ア　］に当てはまる語句をあとのA群の①～⑤から，［　イ　］に当てはまる語句をあとのB群の①～⑤からそれぞれ1つずつ選び，番号で答えなさい。

第1　目標
　探究的な見方・考え方を働かせ，［　ア　］な学習を行うことを通して，よりよく課題を解決し，自己の生き方を考えていくための資質・能力を次のとおり育成することを目指す。
(1)　探究的な学習の過程において，課題の解決に必要な知識及び技能を身に付け，課題に関わる概念を形成し，探究的な学習のよさを理解するようにする。
(2)　(略)
(3)　探究的な学習に［　イ　］に取り組むとともに，互いの

よさを生かしながら，積極的に社会に参画しようとする態度を養う。

A群　①　横断的・総合的　　②　主体的・対話的
　　　③　合科的・総合的　　④　横断的・協働的
　　　⑤　総合的・主体的

B群　①　横断的・総合的　　②　主体的・協働的
　　　③　主体的・対話的　　④　共同的・積極的
　　　⑤　主体的・協力的

2　次の文章は，新「小学校学習指導要領　第5章　総合的な学習の時間」の「第2　各学校において定める目標及び内容」の一部である。［　ウ　］に当てはまる語句を下の①～⑤から1つ選び，番号で答えなさい。

各学校においては，［　ウ　］を踏まえ，各学校の総合的な学習の時間の目標を定める。

①　地域・学校の実態　　②　児童の実態
③　各学校の教育目標　　④　第1の目標
⑤　第2の2内容

3　次の①～⑤の文章は，各学校において定める総合的な学習の時間の目標及び内容の取扱いについて述べたものである。正しくないものを1つ選び，番号で答えなさい。

①　目標及び内容については，日常生活や社会との関わりを重視する。

②　内容については，目標を実現するにふさわしい探究課題と学習方法を示す。

③　探究課題については，学校の実態に応じて，学習指導要領に示された課題などを踏まえて設定する。

④　探究課題の解決を通して育成を目指す具体的な資質・能力については，教科等を越えた全ての学習の基盤となる資質・能力が育

まれ，活用されるものとなるよう配慮する。

⑤　目標及び内容については，他教科等で育成を目指す資質・能力との関連を重視する。

(☆☆☆◎◎◎)

【39】次の文章は，新「小学校学習指導要領　第2章　第10節　外国語」の「第1　目標」である。文中の［A］，［B］に当てはまる語句を下の①～⑤からそれぞれ1つずつ選び，番号で答えなさい。

> 第1　目標
>
> 外国語によるコミュニケーションにおける見方・考え方を働かせ，外国語による聞くこと，読むこと，話すこと，書くことの言語活動を通して，コミュニケーションを図る基礎となる資質・能力を次のとおり育成することを目指す。
>
> (1)　外国語の音声や文字，語彙，表現，［A］，言語の働きなどについて，日本語との違いに気付き，これらの知識を理解するとともに，読むこと，書くことに慣れ親しみ，聞くこと，読むこと，話すこと，書くことによる実際のコミュニケーションにおいて活用できる基礎的な技能を身に付けるようにする。
>
> (2)　コミュニケーションを行う目的や場面，状況などに応じて，身近で簡単な事柄について，聞いたり話したりするとともに，音声で十分に慣れ親しんだ外国語の語彙や基本的な表現を［B］しながら読んだり，語順を意識しながら書いたりして，自分の考えや気持ちなどを伝え合うことができる基礎的な力を養う。
>
> (3)　(略)

A	①　符号	②　連語	③　文法	④　文	⑤　文構造
B	①　工夫	②　推測	③　活用	④　整理	⑤　再構築

(☆☆☆◎◎◎)

【40】次の表は，外国語の指導案の一部である。文中の［ア］に当てはまる最も適当な英語を下の①～⑤から1つ選び，番号で答えなさい。

児童の活動	指導上の留意点
'The Human Body' Goal : Become familiar with parts of the body and face. (1) Students enjoy singing songs (eg. Head Shoulders Knees and Toes) and playing games (eg. Simon Says). (2) Students enjoy ［ア］ with the ALT through games like *fukuwarai.*	Repeating the same words tends to become monotonous, so devise fun activities that make ample use of songs and games.

① integrating　② interesting　③ intending　④ interacting
⑤ investing

(☆☆☆◎◎◎)

【41】次の英文は，外国語の授業における指導者とALT(外国語指導助手)との会話である。文中の［ア］，［イ］，［ウ］に当てはまる最も適当な英語をあとの①～⑨からそれぞれ1つずつ選び，番号で答えなさい。

Ms.Sato : What did you do last Sunday, Mr.Green?

Mr.Green : I played rugby.

Ms.Sato : Wow, you played rugby? ［ア］

Mr.Green : I played it with my friends. We've been friends since high school. They came to see me from New Zealand.

Ms.Sato : That sounds great. Did you play rugby in New Zealand?

Mr.Green : Yes, ［イ］.
So, I can play rugby very well. When I was little, my dream was to play in the Rugby World Cup. Can you play rugby?

Ms.Sato : No, I can't, but I like watching it. ［ウ］

Mr.Green : Me, too. I supported New Zealand and Japan.

Ms.Sato : Oh, thank you for supporting Japan!

Mr.Green : By the way, I dance haka, too.

Ms.Sato : I love haka!

Mr.Green : Really? I'm happy to hear that! OK everyone, what sport can you play?

① I was a member of the rugby team in my high school.
② How about you?
③ I watched the 2019 Rugby World Cup on TV.
④ I like watching TV, especially *anime*.
⑤ I was a member of the Japan national team in the 2019 Rugby World Cup.
⑥ I am playing rugby now.
⑦ I play rugby every Sunday with my friends.
⑧ Where did you play it?
⑨ Tell me more.

(☆☆☆◎◎◎)

【二次試験】

下記の【1】～【8】から1つ選んで解答する。

【１】引用したり，図表やグラフなどを用いたりして，自分の考えが伝わるように書き表し方を工夫する力を育てる指導をどのようにするか，指導計画の概要を示し，本時の展開が分かるように具体的に述べなさい。

(☆☆☆◎◎◎)

【２】地域に見られる生産や販売の仕事についての学習を通して，どのような事項を身に付けさせるか述べなさい。また，どのように学習を進めるのか及び育成する態度等も含めて述べなさい。

(☆☆☆◎◎◎)

【３】$\frac{2}{5} \div \frac{3}{4}$のような除数が分数である場合の分数の除法の計算の仕方について理解できるようにしたい。どのように指導するか，具体的に

述べなさい。

(☆☆☆◎◎◎)

【4】月の輝いている側に太陽があること。また，月の見え方は，太陽と月の位置関係によって変わることをとらえさせるような指導方法について述べなさい。

(☆☆☆☆◎◎◎◎◎)

【5】音楽づくりの活動において「即興的に表現する事を通して，音楽づくりの発想を得ること。」について，指導のポイントや展開例を具体的に述べなさい。

(☆☆☆◎◎◎)

【6】自分の部屋を飾るための小物の製作において，発想を広げ，興味・関心を高めるための「学習のめあて」をどのように設定し指導するか具体例を挙げて論述しなさい。

(☆☆☆◎◎◎)

【7】新「小学校学習指導要領解説　体育編」「第2章　体育科の目標及び内容」「第2節　各学年の目標及び内容」「第3学年及び第4学年」の「2 内容」「F　表現運動」「ア　表現」について学習する際，どのようなことに留意して指導すればよいか，「具体的な生活からの題材」から，表したい感じや動きの具体例を示して述べなさい。

(☆☆☆☆◎◎◎)

【8】新「小学校学習指導要領　家庭科」の「B　衣食住の生活」の「(4) 衣服の着用と手入れ」の内容のうち，「日常着の手入れ，ボタン付け及び洗濯の仕方」についてどのように指導するか具体的に述べなさい。

(☆☆☆◎◎◎)

熊本市

【１】

〔問1〕次の文章を読んで，(1)～(3)の各問いに答えなさい。なお，設問の都合で本文の段落に1～9の番号を付してある。

掲載許可が得られていませんので，掲載いたしません。

(1)　本文には，次の段落が欠けている。どこに入るか，最も適当なものを，①～⑤から一つ選び，番号で答えなさい。

掲載許可が得られていませんので，掲載いたしません。

①　1段落の後
②　2段落の後
③　3段落の後
④　4段落の後
⑤　5段落の後

(2)　空欄[　ア　]，[　イ　]，[　ウ　]に入る組合せとして適当なものを，①～⑤から一つ選び，番号で答えなさい。

	ア	イ	ウ
①	技	記憶	知識
②	記憶	技	知識
③	記憶	知識	記憶
④	知識	記憶	知識
⑤	記憶	技	記憶

(3)　本文の内容として適当でないものを，①～⑤から一つ選び，番号で答えなさい。

①　手の記憶とともにある大工の技や農民の技のように，知識を身体の記憶が包むことによって生まれた技は確かである。

②　保存され，蓄積された過去の歴史は，知識として私たちの中に入ってくるが，それがすべてではない。

③　過去の記憶は，身体を通して得た記憶と重なり合い，総合的な記憶として私たちの中に残される。

④　歴史が蓄積してきたものを受け継ぎながら創造的に生きる力が弱ってきていることが，現在，問題にされるようになった。

⑤　身体とともにある記憶を無視し，人間の本質を知性に求めたことによって生じた問題は，過去の歴史を振り返ることによって解決することができる。

〔問2〕次の文は，「小学校学習指導要領(平成29年告示)」の「第2章　第1節　国語　第2　各学年の目標及び内容」の「〔思考力，判断力，表現力等〕A　話すこと・聞くこと」に関する記述である。第3学年及び第4学年に関する記述の組合せとして正しいものを，①～⑤から一つ選び，番号で答えなさい。

ア　必要なことを記録したり質問したりしながら聞き，話し手が伝えたいことや自分が聞きたいことの中心を捉え，自分の考えをもつこと。

イ　互いの立場や意図を明確にしながら計画的に話し合い，考えを広げたりまとめたりすること。

ウ　相手に伝わるように，理由や事例などを挙げながら，話の中心が明確になるよう話の構成を考えること。

エ　話し手の目的や自分が聞こうとする意図に応じて，話の内容を捉え，話し手の考えと比較しながら，自分の考えをまとめること。

オ　話の内容が明確になるように，事実と感想，意見とを区別するなど，話の構成を考えること。

カ　目的や進め方を確認し，司会などの役割を果たしながら話し合い，互いの意見の共通点や相違点に着目して，考えをまとめること。

①　イ・エ・オ

②　ア・オ・カ

③　イ・ウ・エ

④　エ・オ・カ

⑤　ア・ウ・カ

(☆☆◎◎◎)

【2】

〔問1〕次の文は，「小学校学習指導要領(平成29年告示)」の「第2章　第2節　社会　第2　各学年の目標及び内容」に関する記述である。第3学年の目標として，(　ア　)～(　オ　)に入る語句の組合せとして正しいものを，①～⑥から一つ選び，番号で答えなさい。

〔第3学年〕

1　目標

社会的事象の見方・考え方を働かせ，学習の問題を追究・解決する活動を通して，次のとおり資質・能力を育成することを目指す。

(1)　身近な地域や市区町村の(　ア　)，地域の安全を守るための諸活動や地域の産業と(　イ　)の様子，地域の様子の移り変わりについて，人々の生活との関連を踏まえて理解するとともに，調査活動，(　ウ　)や各種の具体的資料を通して，必要な情報を調べまとめる技能を身に付けるようにする。

(2)　社会的事象の特色や相互の関連，意味を考える力，社会に見られる課題を把握して，その解決に向けて社会への関わり方を選択・判断する力，考えたことや選択・判断したことを表現する力を養う。

(3)　社会的事象について，主体的に学習の問題を解決しようとする態度や，よりよい社会を考え学習したことを(　エ　)に生かそうとする態度を養うとともに，思考や理解を通して，地域社会に対する誇りと愛情，地域社会の(　オ　)としての自覚を養う。

	ア	イ	ウ	エ	オ
①	様子	販売活動	地図帳	日常生活	形成者
②	地理的環境	販売活動	統計	日常生活	形成者
③	様子	消費生活	統計	社会生活	形成者
④	地理的環境	販売活動	地図帳	社会生活	一員
⑤	地理的環境	消費生活	地図帳	社会生活	一員
⑥	様子	消費生活	統計	日常生活	一員

〔問2〕次の表は，総務省が出している「衆議院議員総選挙，参議院議員通常選挙における年代別投票率(抽出)の推移」の平成元年以降から作成した表である。この表の説明として適切でないものを，①～⑤から一つ選び，番号で答えなさい。

【衆議院議員総選挙】

年	H. 2	H. 5	H. 8	H. 12	H. 15	H. 17	H. 21	H. 24	H. 26	H. 29
回	39	40	41	42	43	44	45	46	47	48
10歳代										40. 49
20歳代	57. 76	47. 46	36. 42	38. 35	35. 62	46. 20	49. 45	37. 89	32. 58	33. 85
30歳代	75. 97	68. 46	57. 49	56. 82	50. 72	59. 79	63. 87	50. 10	42. 09	44. 75
40歳代	81. 44	74. 48	65. 46	68. 13	64. 72	71. 94	72. 63	59. 38	49. 98	53. 52
50歳代	84. 85	79. 34	70. 61	71. 98	70. 01	77. 86	79. 69	68. 02	60. 07	63. 32
60歳代	87. 21	83. 38	77. 25	79. 23	77. 89	83. 08	84. 15	74. 93	68. 28	72. 04
70歳代以上	73. 21	71. 61	66. 88	69. 28	67. 78	69. 48	71. 06	63. 30	59. 46	60. 94
全　体	73. 31	67. 26	59. 65	62. 49	59. 86	67. 51	69. 28	59. 32	52. 66	53. 68

※1　この表のうち，年代別の投票率は，全国の投票区から，回ごとに144～188投票区を抽出し調査したものです。

※2　10歳代の投票率は，全数調査による数値です。

【参議院議員通常選挙】

年	H元	H. 4	H. 7	H. 10	H. 13	H. 16	H. 19	H. 22	H. 25	H. 28	R. 1
回	15	16	17	18	19	20	21	22	23	24	25
10歳代										46. 78	32. 28
20歳代	47. 42	33. 35	25. 15	35. 81	34. 35	34. 33	36. 03	36. 17	33. 37	35. 60	30. 96
30歳代	65. 29	49. 30	41. 43	55. 20	49. 68	47. 36	49. 05	48. 79	43. 78	44. 24	38. 78
40歳代	70. 15	54. 83	48. 32	64. 44	61. 63	60. 28	60. 68	58. 80	51. 66	52. 64	45. 99
50歳代	75. 40	62. 00	54. 72	69. 00	67. 30	66. 54	69. 35	67. 81	61. 77	63. 25	55. 43
60歳代	79. 89	69. 87	64. 86	75. 24	75. 05	74. 21	76. 15	75. 93	67. 56	70. 07	63. 58
70歳代以上	66. 71	61. 39	57. 20	65. 22	65. 24	63. 53	64. 79	64. 17	58. 54	60. 98	56. 31
全　体	65. 02	50. 72	44. 52	58. 84	56. 44	56. 57	58. 64	57. 92	52. 61	54. 70	48. 80

※1　この表のうち，年代別の投票率は，全国の投票区から，回ごとに142～188投票区を抽出し調査したものです。

※2　10歳代の投票率は，H28は全数調査による数値です。

①　10歳代の投票率は，衆議院議員総選挙，参議院議員通常選挙と

もにそれぞれの全体投票率より低い。

② 10歳代の投票率は，衆議院議員総選挙，参議院議員通常選挙ともにそれぞれの20歳代の投票率より高い。

③ 20歳代の投票率は，衆議院議員総選挙，参議院議員通常選挙ともに毎回，各年代別で比較すると最も低い。

④ 30歳代の投票率は，衆議院議員総選挙，参議院議員通常選挙ともに毎回それぞれの全体投票率より低い。

⑤ 60歳代の投票率は，衆議院議員総選挙，参議院議員通常選挙ともに毎回，各年代別で比較すると最も高い。

〔問3〕肥後丸花子さんが，アジアの国々を訪れる旅行計画を作成しました。花子さんの旅行行程として適切なものを，①～⑥から一つ選び，番号で答えなさい。

私は，最初に，人口は約12億人(2012年)で，ヒンドゥー教徒が多数を占めている国を訪問したいと考えています。その国のガンジス川下流部では稲作が，降水量が少ない上流部では小麦の栽培が盛んに行われています。英語や数学の教育水準が高く，アメリカやヨーロッパの情報関係の企業が進出するなど，情報技術産業が成長しています。

2番目に訪問したい国は，1万3000余りの島々があり，赤道をまたいで南北に広がっています。最近では，アブラやしの農園を造るために新たに大規模な開発が進み，熱帯雨林が減少するといった問題も起こっています。また，マングローブが広がる海岸では，日本に輸出するためにえびの養殖場が造られています。

3番目に訪問したい国は，外国企業を受け入れる経済特区を設けました。外国の企業を積極的に受け入れながら，巨大な人口を背景とした安くて豊富な労働力を活用して，「世界の工場」としての地位を築いてきました。

最後に訪問したい国は，第二次世界大戦後，稲作を中心に農業の近代化が進められるとともに，原料や燃料を輸入し，加工した製品を輸出する，輸出中心の工業化が図られてきました。竹島については，我が国の固有の領土ですが，現在この国が不法に占拠しています。

① パキスタン → フィリピン → タイ → ベトナム
② インド → インドネシア → 中華人民共和国 → 大韓民国
③ ミャンマー → マレーシア → タイ → 朝鮮民主主義人民共和国
④ インド → マレーシア → 中華人民共和国 → 朝鮮民主主義人民共和国
⑤ パキスタン → インドネシア → カンボジア → ベトナム
⑥ ミャンマー → フィリピン → カンボジア → 大韓民国

〔問4〕次の表は，熊本県や熊本市に関係のある歴史上の人物をまとめたものである。各人物の下線部を引いている項目で時代順に正しく並んでいるものを，①～⑤から一つ選び，番号で答えなさい。

ア	北里　柴三郎	阿蘇郡小国町出身。東京医学校（後の東大医学部）を卒業する。プロシア（ドイツ）のコッホ研究所に留学し，破傷風菌の純粋培養に成功した。その後，血清療法を発見したが，これは世界的な大発見で，医学者としての名声は一躍高まった。次期千円紙幣の図面に決定している。
イ	加藤　清正	小西行長とともに入国。肥後の北半分を領する大名となった。入国当時の居城は隈本城。茶臼山の新城（熊本城）の築城に着手し，完成させ，清正は「隈本」を「熊本」に改称した。熊本城築城だけではなく，治山治水に尽力したことで，領民の厚い信頼を得ていた。
ウ	横井　小楠	熊本城下の内坪井出身。現在の熊本市沼山津に転居して，この住まいを「四時軒」と称して，塾を開いた。越前藩主松平春嶽からの招きで，福井に行くことになった。小楠と勝海舟の最初の出会いの時期ははっきりしない。ただ，お互いに往来したことについては，小楠の手紙などから知ることができる。

エ	細川　忠利	豊前小倉城主だった近世細川家の３代細川忠利。領国も丹後，豊前と国替えを重ねて，肥後の藩主となった。他藩とともに島原・天草一揆を鎮めた。細川忠利が熊本城に入城して以来11代，240年にわたり細川家による熊本統治は続いた。
オ	竹崎　季長	肥後（熊本県）の御家人。「蒙古襲来絵詞」は，肥後（熊本県）の御家人の竹崎季長が，文永の役で元軍に立ち向かっている場面や，季長が鎌倉を訪れ，恩賞を担当する安達泰盛に面会している場面もある。当時の風景や風俗，またモンゴルの戦法をうかがう上からも貴重な史料で世界史的な価値を持つ。

①　オ　→　イ　→　ウ　→　ア　→　エ
②　イ　→　オ　→　ウ　→　エ　→　ア
③　オ　→　エ　→　イ　→　ウ　→　ア
④　イ　→　オ　→　ウ　→　ア　→　エ
⑤　オ　→　イ　→　エ　→　ウ　→　ア

(☆☆☆◎◎◎)

【３】

〔問1〕次の文は，「小学校学習指導要領(平成29年告示)」の「第2章　第3節　算数　第3　指導計画の作成と内容の取扱い」に関する記述である。(　ア　)～(　ウ　)に入る言葉の組合せとして正しいものを，①～⑤から一つ選び番号で答えなさい。

> (1)　単元など内容や時間のまとまりを見通して，その中で育む資質・能力の育成に向けて，(　ア　)を通して，児童の主体的・対話的で深い学びの実現を図るようにすること。その際，(　イ　)を働かせながら，日常の事象を数理的に捉え，算数の問題を見いだし，問題を自立的，(　ウ　)に解決し，学習の過程を振り返り，概念を形成するなどの学習の充実を図ること。

	ア	イ	ウ
①	算数的活動	算数的な見方	自主的
②	数学的活動	数学的な見方・考え方	自主的
③	操作活動	算数的な見方・考え方	積極的

④　操作活動　　数学的な考え方　　　　協働的

⑤　数学的活動　数学的な見方・考え方　協働的

〔問2〕横が縦より3cm長い長方形の紙がある。この紙の4すみから1辺が3cmの正方形を切り取り，直方体の容器を作ったら，容積が120cm³になった。紙の縦の長さは何cmか，①～⑤から一つ選び，番号で答えなさい。

①　8cm　②　9cm　③　10cm　④　11cm　⑤　12cm

〔問3〕次の図のような△ABCにおいて，∠B＝60°，∠C＝45°である。また，AHは頂点Aから辺BCに引いた垂線で，BH＝2cmである。このとき，△ABCの面積を，①～⑤から一つ選び，番号で答えなさい。

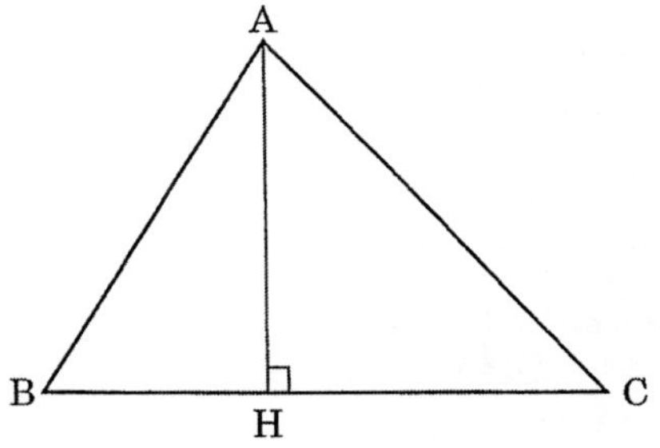

①　$6+2\sqrt{3}$ cm²　②　12cm²　③　$8\sqrt{3}$ cm²　④　18cm²

⑤　$8+6\sqrt{3}$ cm²

〔問4〕2つのさいころを投げるとき，出た目の数の和が7となる確率を，①～⑤から一つ選び，番号で答えなさい。(投げるさいころは，1～6の目が入った正六面体とする。)

①　$\frac{1}{5}$　②　$\frac{1}{6}$　③　$\frac{1}{7}$　④　$\frac{1}{8}$　⑤　$\frac{1}{9}$

(☆☆☆◎◎◎)

【4】

〔問1〕次の文は，「小学校学習指導要領(平成29年告示)」の「第2章　第4節　理科　第3　指導計画の作成と内容の取扱い」に示された，内容の取扱いについて配慮するものに関する記述である。(　ア　)

に当てはまる言葉として正しいものを，①～⑤から一つ選び，番号で答えなさい。

(4)　天気，川，土地などの指導に当たっては，(　　　)が図られるようにすること。

① コンピュータや情報通信ネットワークなどの活用
② 生命を尊重し，自然環境の保全に寄与する態度の育成
③ 災害に関する基礎的な理解
④ 日常生活や他教科等との関連
⑤ 博物館や科学学習センターなどとの連携，協力

〔問2〕次の図のように，重さが1.8Nで体積が異なる物体A，Bを使って浮力の実験を行った。下の文の(　ア　)，(　イ　)に当てはまる言葉の組合せとして適切なものを，①～⑤から一つ選び，番号で答えなさい。

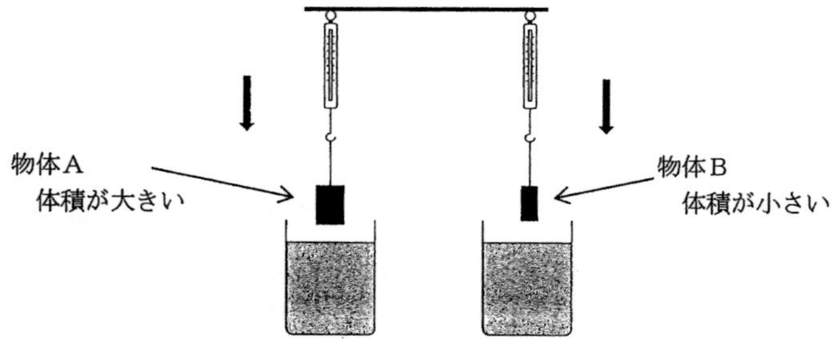

水の入ったビーカーに物体Aをすべて沈めると，ばねばかりは1.2Nを示した。このとき物体Aにはたらいた浮力は(　ア　)である。また，水の入ったビーカーに物体Bをすべて沈めたとき，ばねばかりが示す値は，1.2Nに比べて(　イ　)なった。

	ア	イ
①	1.2N	小さく
②	0.6N	小さく

③　1.2N　大きく

④　0.6N　大きく

⑤　1.2N　等しく

〔問3〕次の図のように，電子オルゴールの＋極と－極にそれぞれ金属A，Bをつなぎ，水溶液Cにつけた。この時，電子オルゴールが鳴ると考えられる組合せとして適切なものを，①～⑥から一つ選び，番号で答えなさい。

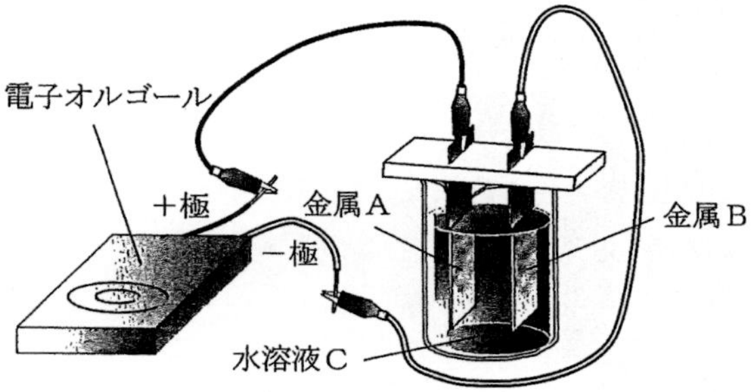

	金属A	金属B	水溶液C
①	亜鉛板	銅板	うすい塩酸
②	銅板	亜鉛板	食塩水
③	アルミニウム板	アルミニウム板	砂糖水
④	亜鉛板	銅板	食塩水
⑤	銅板	亜鉛板	砂糖水
⑥	マグネシウムリボン	マグネシウムリボン	うすい塩酸

〔問4〕次の文は，地震について説明した文である。内容が適切なものを，①～⑤から一つ選び，番号で答えなさい。

①　震源からの距離が同じ地点でも，地盤の性質や土地の様子などによって，震度が異なることもある。

②　地震の揺れが発生した場所を震央といい，その真上の地点を震源という。

③　観測地点の地面の揺れの強さを震度という。その階級は，日本

では0～7の8段階に分けられている。普通，震度は，震源に近いほど大きく，遠いほど小さくなる。

④　地震の規模を表すためには，マグニチュード(M)を使う。M5.3とM6.3では地震のエネルギーは約1000倍ちがうことになる。

⑤　日本付近で起こる大きな地震は，太平洋側の海溝から日本海側にいくにつれて深くなるプレートの境目に沿って起こり，日本列島の真下の浅いところで起こる地震はない。

(☆☆☆☆◎◎◎)

【5】

〔問1〕次の文は，「小学校学習指導要領(平成29年告示)解説　音楽編」の「第2章　音楽科の目標及び内容　第1節　音楽科の目標　1　教科の目標」に関する記述である。音楽的な見方・考え方の説明について，(　　)に当てはまる語句として正しいものを，①～⑤から一つ選び，番号で答えなさい。

音楽的な見方・考え方とは，「音楽に対する(　　)を働かせ，音や音楽を，音楽を形づくっている要素とその働きの視点で捉え，自己のイメージや感情，生活や文化などと関連付けること」であると考えられる。

①　感覚　　②　知恵　　③　感性　　④　理性　　⑤　想像力

〔問2〕次の楽譜は，小学校第3学年の共通教材「茶つみ」(文部省唱歌)である。[　A　]の部分の正しい楽譜を，①～④から一つ選び，番号で答えなさい。

掲載許可が得られていませんので，掲載いたしません。

(☆☆☆◎◎◎◎)

【6】

〔問1〕次の文は，「小学校学習指導要領(平成29年告示)解説　図画工作編」の「第2章　図画工作科の目標及び内容　第2節　図画工作科の内容　2　各領域及び〔共通事項〕の内容」に関する記述である。「(3)〔共通事項〕の内容」として正しいものを，①～⑤から一つ選び，番号で答えなさい。

① 〔共通事項〕は，絵や立体に表す活動の中で，共通に必要となる資質・能力であり，造形活動や鑑賞活動とは別に指導する事項として示している。

② 〔共通事項〕の大まかな内容は，自分の体験や経験を通して形や色などを理解すること，及び，自分のイメージをもつことである。

③ 〔共通事項〕は，児童がふだんの生活で発揮している資質・能力であり，形や色などを活用してコミュニケーションを図る児童の姿としてあらわれることに配慮しながら，指導を具体化することが必要である。

④ 〔共通事項〕は，「造形遊びをする」と「絵や立体，工作に表す」との二つの側面に分けて捉えることができる。

⑤ 〔共通事項〕は，〔共通事項〕だけを題材にしたり，どの時間でも〔共通事項〕を教えてから授業を始めたりするなどの工夫が必要である。

〔問2〕次の文は，図画工作科で使う用具について述べたものである。糸のこぎりの使い方として適切でないものを，①～④から一つ選び，番号で答えなさい。

①　刃と糸のこぎりを分けて，安全な場所に保管する。

②　机などに板を万力やクランプで固定する。薄い板の場合は万力が適している。

③　刃と材料が垂直になるようにして切る。

④　くりぬきたい時は，キリなどで穴をあけ，糸のこぎりの刃を入れてから，ねじを留める。

(☆☆☆◎◎◎)

【7】

〔問1〕次の文は，「小学校学習指導要領(平成29年告示)」の「第2章　第8節　家庭　第2　各学年の内容　1　内容」に示された「A　家族・家庭生活」に関する記述である。(　a　)に当てはまる語句として正しいものを，①～⑤から一つ選び，番号で答えなさい。

(4)　家族・家庭生活についての課題と(　a　) ア　日常生活の中から問題を見いだして課題を設定し，よりよい生活を考え，計画を立てて(　a　)できること。

①　解決　　②　改善　　③　工夫　　④　実践　　⑤　活用

〔問2〕次のア～オの文について，内容が適切でないものの組合せを，①～⑤から一つ選び，番号で答えなさい。

ア　ミシンの縫い目の大きさは，送り調節ダイヤルで調節する。

イ　煮干しのだしは，頭とはらわたを除き，沸騰後ちぎって入れ，約5分煮る。だしがとれたら煮干しを取り出す。

ウ　次の既製服に付いている取扱い絵表示は「日陰のつり干し」という意味である。

エ　野菜や果物，きのこに多く含まれる栄養素はビタミン類で，体内でおもに体をつくるもとになる。

オ　住宅の建材や家具などに含まれる化学物質等が原因となって起こる体調不良を，シックハウス症候群という。

①　ア，イ　　②　ア，ウ　　③　イ，エ　　④　ウ，オ
⑤　エ，オ

(☆☆◎◎◎◎)

【8】

〔問1〕次の文は，「小学校学習指導要領(平成29年告示)」の「第2章　第9節　体育　第2　各学年の目標及び内容」に関する記述である。

〔第3学年及び第4学年〕の「2　内容　E　ゲーム」において，運動の楽しさや喜びに触れ，その行い方を知るとともに，易しいゲームをすることについて正しく記述されているものが次のア～ウの中でいくつあるか，①～④から一つ選び，番号で答えなさい。

ア　ゴール型ゲームでは，基本的なボール操作とボールを持ったときの動きによって，易しいゲームをすること。

イ　ネット型ゲームでは，基本的なボール操作とボールを操作できる位置に体を移動する動きによって，易しいゲームをすること。

ウ　ベースボール型ゲームでは，打つ，捕る，投げるなどのボール操作と得点をとったり防いだりする動きによって，易しいゲームをすること。

①　0　　②　1　　③　2　　④　3

〔問2〕次の文は，「小学校学習指導要領(平成29年告示)」の「第2章　第9節　体育　第3　指導計画の作成と内容の取扱い」に関する記述である。内容の取扱いについて配慮することとして誤っているものを，①～⑤から一つ選び，番号で答えなさい。

①　学校や地域の実態を考慮するとともに，個々の児童の運動経験や技能の程度などに応じた指導や児童自らが運動の課題の解決を目指す活動を行えるよう工夫すること。

②　筋道を立てて練習や作戦について話し合うことや，身近な健康の保持増進について話し合うことなど，コミュニケーション能力や論理的な思考力の育成を促すための言語活動を積極的に行うことに留意すること。

③　運動領域におけるスポーツとの多様な関わり方や保健領域の指導については，具体的な体験を伴う学習を取り入れるよう工夫すること。

④　オリンピック・パラリンピックに関する指導として，フェアなプレイを大切にするなど，児童の発達の段階に応じて，各種の運動を通してスポーツの意義や価値等に触れることができるようにすること。

⑤　保健の内容のうち運動，食事，休養及び睡眠については，食育の観点も踏まえつつ，健康的な生活習慣の形成に結び付くよう配慮するとともに，保健を除く第2学年以上の各領域及び学校給食に関する指導においても関連した指導を行うようにすること。

(☆☆☆◎◎◎)

【9】

〔問1〕次の文は，「小学校学習指導要領(平成29年告示)」の「第2章　第10節　外国語　第1　目標」である。文中の(　　)に当てはまる語句として正しいものを，①～⑤から一つ選び，番号で答えなさい。

第1　目標

外国語によるコミュニケーションにおける見方・考え方を働かせ，外国語による聞くこと，読むこと，話すこと，書くことの言語活動を通して，コミュニケーションを図る基礎となる資質・能力を次のとおり育成することを目指す。

(1)　外国語の音声や文字，語彙，表現，文構造，言語の働きなどについて，日本語と外国語との違いに気付き，これらの知識を理解するとともに読むこと，書くことに慣れ親しみ，聞くこと，読むこと，話すこと，書くことによる実際のコミュニケーションにおいて活用できる基礎的な技能を身に付けるようにする。

(2)　コミュニケーションを行う目的や場面，状況などに応じて，身近で簡単な事柄について，聞いたり話したりするとともに，音声で十分に慣れ親しんだ外国語の語彙や基本的な表現を推測しながら読んだり，語順を意識しながら書いたりして，自分の考えや気持ちなどを伝え合うことができる基礎的な力を養う。

(3)　外国語の背景にある文化に対する理解を深め，(　　)，主体的に外国語を用いてコミュニケーションを図ろうとする

態度を養う。

① 相手に配慮しながら　② 環境に配慮しながら
③ 文字を読みながら　④ 他者に配慮しながら
⑤ 自分の考えを伝えながら

〔問2〕次の会話が成り立つように，文中の(　　)に当てはまる英文として最も適切なものを，①～⑤から選び，記号で答えなさい。

Customer：Hello. It's very hot and humid today. I'm thirsty.
Clerk　：Hello. What would you like to drink?
Customer：(　　)
Clerk　：OK.

① I like swimming.
② I'd like grape juice.
③ Please help yourself to the sweet.
④ Choose your favorite food.
⑤ A piece of apple pie, please.

〔問3〕次の英文を読んで，質問の答えとして適切なものを，①～⑤から一つ選び，番号で答えなさい。

掲載許可が得られていませんので，掲載いたしません。

Question：What's the correct password?

① Start then 123
② start123
③ Start123
④ s123
⑤ S123

(☆☆☆◎◎◎)

【10】特別の教科　道徳

〔問1〕次の文は，「小学校学習指導要領(平成29年告示)」の「第1章

総則　第1　小学校教育の基本と教育課程の役割」に関する記述である。(　ア　)～(　ウ　)に当てはまる語句の組合せとして正しいものを，①～⑤から一つ選び，番号で答えなさい。

学校における道徳教育は，特別の教科である道徳(以下「道徳科」という。)を(　ア　)として(　イ　)を通じて行うものであり，道徳科はもとより，各教科，外国語活動，総合的な学習の時間及び特別活動のそれぞれの特質に応じて，(　ウ　)を考慮して，適切な指導を行うこと。

	ア	イ	ウ
①	柱	学校の教育活動全体	児童の発達の段階
②	要	学校の教育活動全体	児童の発達の段階
③	柱	生き方についての考えを深める学習	幼児期の指導
④	要	生き方についての考えを深める学習	児童の発達の段階
⑤	柱	学校の教育活動全体	幼児期の指導

〔問2〕次の文は，「小学校学習指導要領(平成29年告示)解説　特別の教科　道徳編」の「第5章　道徳科の評価　第2節　道徳科における児童の学習状況及び成長の様子についての評価　2　道徳科における評価　(1)　道徳科に関する評価の基本的な考え方」に関する記述である。内容として誤っているものを，①～⑤から一つ選び，番号で答えなさい。

① 観点別評価を通じて見取ろうとすることは，児童の人格そのものに働きかけ，道徳性を養うことを目標とする道徳科の評価としては妥当ではない。

② 道徳科の評価は，大くくりなまとまりとしてではなく，個々の内容項目ごとに行うことが求められる。

③ 道徳科の評価は，児童がいかに成長したかを積極的に受け止めて認め，励ます個人内評価として記述式で行うことが求められる。

④ 学習における一人一人の児童の姿を把握していくことが児童の学習活動に着目した評価を行うことになる。

⑤　道徳科の評価は調査書には記載せず，入学者選抜の合否判定に活用することのないようにする必要がある。

(☆☆☆◎◎◎)

【11】生活・総合的な学習の時間

〔問1〕次の文は，「小学校学習指導要領(平成29年告示)」の「第2章　第5節　生活　第2　各学年の目標及び内容　2　内容」に関する記述である。(　ア　)に当てはまる語句として正しいものを，①～⑤から一つ選び，番号で答えなさい。

(5)　身近な(　ア　)を観察したり，季節や地域の行事に関わったりするなどの活動を通して，それらの違いや特徴を見付けることができ，(　ア　)の様子や四季の変化，季節によって生活の様子が変わることに気付くとともに，それらを取り入れ自分の生活を楽しくしようとする。

①　動植物　　②　人　　③　生き物　　④　環境　　⑤　自然

〔問2〕次の文は，「小学校学習指導要領(平成29年告示)」の「第5章　総合的な学習の時間　第1　目標」に関する記述である。(　　)に当てはまる語句として正しいものを，①～⑤から一つ選び，番号で答えなさい。

探究的な見方・考え方を働かせ，横断的・総合的な学習を行うことを通して，よりよく課題を解決し，(　　)を考えていくための資質・能力を次のとおり育成することを目指す。

①　自分の将来　　②　人との関わり　　③　自己の生き方
④　社会の在り方　　⑤　社会との関わり

(☆☆☆◎◎◎)

解答・解説

熊　本　県

【一次試験】

【1】1　③　　2　④

〈解説〉1　本文全体から，「私」の「おとな」に対する評価が窺える表現を抜き出し，そこから最大公約数的な共通項を抽出すればよい。
2 「斎藤」は他の「おとな」とは異なるのである。「おとな」との対比から，「斎藤」の特徴を捉えたい。

【2】1　①　　2　⑤　　3　⑤

〈解説〉1　文脈から，空欄に入る語句の類義語・対義語を特定することで，適切な語句を類推することができる。　2　空欄の前後の内容の関係を読み取り，それを結ぶのに適切な役割を果たす接続詞を選びたい。　3　選択肢の内容を本文と照らし合わせ，消去法で解けばよい。筆者は文章を書くことの意義や，バランスのとれた文章などについて論じている。

【3】②

〈解説〉学年の目標(1)は知識及び技能，目標(2)は思考力，判断力，表現力等，目標(3)は学びに向かう力，人間性等に関するものである。イとエは目標(2)，ア，ウ，オは目標(3)に関するものである。学年ごとの記述の違いが持つ意味について，意識的に捉えることが重要である。目標(2)のイとエでは「まとめる」，「広げる」という違い，目標(3)のア，ウ，オでは「感じる」，「気づく」，「認識する」という違いに着目したい。

【4】⑨

〈解説〉A　目標(1)は，知識及び技能に関するものである。「日常生活」・「社会生活」・「国民生活」の3つが選択の候補である。文頭が「我が国」となっているので，それを受けてcの「国民生活」が相応しい。
B　目標(2)は，思考力，判断力，表現力等に関するものである。教科の目標(2)に，多角的に考えることなどによって思考，判断，表現する力を養うことが示されている。　C　目標(3)は，学びに向かう力，人間性等に関するものである。教科の目標(3)に，多角的な思考や理解を通して，我が国の将来を担う国民としての自覚などを養うことが示されている。学年の目標は教科の目標に連動している。まずは，教科の目標を確実に押さえておくことが重要である。

【5】⑤

〈解説〉国から地方に権限や財源を移すことは，規制緩和ではなく三位一体の改革という。国庫補助負担金改革，税源移譲，地方交付税の見直しの3つを一体として行う改革である。国庫補助金の削減・廃止，地方交付税を削減して地方財政の国への依存を解消する，国から地方に税源を移譲するという3つの改革を同時に行うことである。「三割自治」などといわれ，自主財源が3～4割しかない自治体の独立性を高め，自治体の権限や責任の拡大を図るものである。税源移譲とは，納税者(国民)が国へ納める税(国税)を減らし，都道府県や市町村に納める税(地方税)を増やすことで，国から地方へ税源を移すことである。

【6】③

〈解説〉①のスペイン船の来航禁止は1624年，②の日本人の海外渡航と帰国の禁止は1635年，③のポルトガル船の来航禁止は1639年，④の幕府領へのキリスト教禁止令発布は1612年，⑤のヨーロッパ船の来航を長崎，平戸に制限したのは1616年のことである。ポルトガル船の来航禁止をもって，鎖国体制ができあがった。

【7】①

〈解説〉「万葉集」は現存する我が国最古の和歌集で，8世紀後半に完成した。漢字の音と訓を併用して日本語を表記する「万葉仮名」が使用された。仮名文字がはじめて使用されたのは，平安時代の国風文化においてである。

【8】③

〈解説〉2020データブック　オブ・ザ・ワールドによると，農業産出額の全国順位は，1位北海道，2位鹿児島県，3位茨城県，4位千葉県，5位宮崎県，6位熊本県となっている。宮崎県は農業が盛んな県で，温暖な気候を利用していろいろな農産物がつくられており，畜産物では肉用牛，豚，ブロイラーがいずれも全国トップクラスの生産量を誇っていることから，Aが当てはまる。熊本県も，多様な地形や気候を活かしたトマトを代表とする野菜，園芸作物や，畜産物，米などが生産されていることから，Cが該当する。愛知県も農業が盛んな県の一つである。野菜ではキャベツが全国1位で，畜産物の豚や乳用牛も多いことから，Eが該当する。群馬県は場所によって気温や環境が異なることから，いろいろな野菜や果物が生産されている。特にキャベツは，大消費地の首都圏に多くが出荷されている。また，畜産では豚が特色のあるものを生産しているほか，生乳の産出額が全国6位と多いことから，Bである。高知県も農業が盛んだが，耕地面積が少なく農業産出額は少ないことからDが該当する。(産出額の個別順位は，平成30年農林生産統計より)

【9】②

〈解説〉A　防災計画としては国レベルの防災基本計画と地方レベルの地域防災計画を定め，それぞれのレベルで防災活動が実施されている。防災基本計画は，災害対策基本法に基づき，中央防災会議が作成する計画で，災害の未然防止，被害の軽減及び災害復旧のための諸施策等の基本的な事項を定めるものである。　B　洪水・津波・火山噴火などの自然災害が起こった際，どのような範囲でどのような被害が予測されるか，避難経路はどうなるかなどを示した地図を，ハザードマップという。　C・D　平成23(2011)年に起きた東日本大震災の教訓を踏まえて，平成25(2013)年の改正災害対策基本法において，自助及び共助に関する規定が追加された。　E　熊本県では，「熊本地震　震災ミュージアム　記憶の廻廊」という計画が進められている。県内各地に点在する震災遺構等を巡る，回廊型のフィールドミュージアムの計画である。

【10】③

〈解説〉主菜の選択の仕方がア～ウの3通り，副菜の選択の仕方がア～ウの3通り，汁物の選択の仕方がア，イの2通り考えられるから，主菜，副菜，汁物から，それぞれ1つずつ選択する組合せは，全部で3×3×2＝18〔通り〕ある。

【11】④

〈解説〉ある数の絶対値とは，数直線上で，その数に対応する点と原点との距離のことだから，絶対値が3未満となる整数は，原点との距離が3未満となる整数であり，全部で−2，−1，0，1，2の5つある。

【12】①

〈解説〉$2=\sqrt{4}<\sqrt{6}<\sqrt{9}=3$より，$\sqrt{6}$の整数部分は2だから，$\sqrt{6}$の小数部分$a$は$a=\sqrt{6}-2$　よって，$a(a+4)=(\sqrt{6}-2)\{(\sqrt{6}-2)+4\}=(\sqrt{6}-2)(\sqrt{6}+2)=(\sqrt{6})^2-2^2=6-4=2$

【13】⑤

〈解説〉A円で仕入れた品物の定価は$A\times\left(1+\frac{3}{10}\right)=\frac{13}{10}A$〔円〕，売値は$\frac{13}{10}A\times\left(1-\frac{2}{10}\right)=\frac{13}{10}A\times\frac{8}{10}=\frac{26}{25}A$〔円〕だから，この品物が売れた場合，

利益は，(売値)－(仕入れ値)$=\frac{26}{25}A-A=\frac{1}{25}A$〔円〕。

【14】③

〈解説〉2点A，Bの座標はそれぞれA(－2，8)，B(4，32)　異なる2点(x_1, y_1)，(x_2, y_2)を通る直線の式は　$(y_2-y_1)(x-x_1)-(x_2-x_1)(y-y_1)=0$　で与えられるから，直線ABの式は　$(32-8)\{x-(-2)\}-\{4-(-2)\}(y-8)=0$　整理して，$y=4x+16$…①　点Cのx座標は①に$y=0$を代入して　$0=4x+16$　$x=-4$　以上より，$\triangle OBC=\frac{1}{2}\times|OC|\times$(点Bの$y$座標)$=\frac{1}{2}\times4\times32=64$

【15】③

〈解説〉各学年の内容領域は，第1～3学年が「A数と計算」，「B図形」，「C測定」及び「Dデータの活用」という構成であり，第4～6学年が，「A数と計算」，「B図形」，「C変化と関係」及び「Dデータの活用」という構成である。第4～6学年の「C変化と関係」，「Dデータの活用」は，中学校における「C関数」及び「Dデータの活用」への円滑な接続が意図されたものでもある。

【16】②

〈解説〉ア　電流回路において，電流計は大きさを測るところに直列につなぐが，電圧計は並列につなぐ。　エ　電熱線に発生する熱量は電圧(V)×電流(A)×時間(秒)で求めるので，4×1×5×60＝1200〔J〕となる。

【17】②

〈解説〉イ　陽極に集まる気体は酸素である。酸素は空気全体の体積の約20％を占める。　ウ　陰極に集まる気体は水素である。発生する気体の体積比は，水素：酸素＝2：1で，水素が酸素の2倍になる。

【18】③

〈解説〉ア　細胞分裂で2つに分かれた直後の細胞は，もとの細胞の半分ほどしかない。　ウ　生物の染色体の数は生物の種類ごと(ヒト，イヌ，ネコ，カエル等)に決まっており，グループごとに同じわけではない。
エ　タマネギの根を使って細胞分裂を観察するときは，分裂が盛んにおこなわれる根の先端付近が適している。

【19】④

〈解説〉ウ　北の空の星の動きは，北極星を中心に反時計回りに回っている。　オ　地球の自転は，北極と南極を結ぶ線(地軸)を中心に約1日に1回，西から東へ自転している。

【20】⑤

〈解説〉エ　赤い炎は空気が不足しているので，空気調節ねじを開いて青い炎になるよう調節する。　オ　火を消すときは火をつけたときとは逆に，空気調節ねじを閉めてからガス調節ねじを閉め，最後に元栓を閉める。

【21】⑤

〈解説〉選択肢に示された目標はいずれも，知識及び技能に関するものである。ウは第4学年の目標，オは第5学年の目標である。なお，ア，ウ，エは(1)物質・エネルギーに関する目標，イ，オは(2)生命・地球に関する目標である。

【22】④

〈解説〉A　資質・能力の育成に当たっては，児童が「音楽的な見方・考え方」を働かせて，学習活動に取り組めるようにする必要があることが示され，児童が教科としての音楽を学ぶ意味を明確にした。
B　今回の学習指導要領改訂では，生活や社会の中の音や音楽と豊かに関わる資質・能力を育成することを目指すこととされた。　C　目標(1)は知識及び技能に関するものである。音楽の構造とは，音楽を形づくっている要素の表れ方や，音楽を特徴付けている要素と音楽の仕組みとの関わり合いである。　D　目標(2)は，思考力，判断力，表現力等に関するものである。音楽表現を工夫することは，表現領域に関する目標である。　E　目標(3)は，学びに向かう力，人間性等に関するものである。音楽に親しむ態度とは，我が国や諸外国の様々な音楽，及び様々な音楽活動に関心をもち，積極的に関わっていこうとする態度である。

【23】③
〈解説〉文部省唱歌「もみじ」は，第4学年歌唱共通教材の一つである。歌唱共通教材は各学年4曲ずつあり，第4学年歌唱共通教材はほかに，「さくらさくら」，「とんび」，「まきばの朝」がある。歌詞，階名，作曲者，作詞者，音符や休符，リコーダーや鍵盤ハーモニカの運指，音楽記号の読み方や意味など，楽譜全体にわたって詳細に学ぶことが必要である。

【24】⑤
〈解説〉第3学年歌唱共通教材「茶つみ」から，リコーダーの運指に関する出題である。バロック式でもジャーマン式でも同じ指使いの「一点イ」(ハ長調読みの階名で「ラ」)なので，アイウの穴を押さえるとよい。歌唱共通教材からのリコーダー指使いは，頻出項目で，特に「一点変ロ」，「一点嬰ヘ」，「二点ニ」，「二点ホ」，サミングなどからの出題が多い。

【25】②
〈解説〉鑑賞教材からの出題である。鑑賞教材曲は，学習指導要領には共通教材名は示されていないため，教科書会社によって使用している楽曲が異なっていることがある。ブラームス作曲「ハンガリー舞曲　第5番」は，旋律の反復や変化を捉えやすく，速度や強弱，調の変化を感じ取りやすい。また，音楽に合わせてまねをしたり，体の動きを伴った鑑賞活動も取り入れたりすることができ，要素や仕組みを学ぶこ

とに適した教材曲である。

【26】③

〈解説〉目標は，(1)「知識及び技能」，(2)「思考力，判断力，表現力等」，(3)「学びに向かう力，人間性等」の三つの柱で整理されている。図画工作科の各学年の目標及び内容は2学年ごとにまとめて示されている。(1)の「手や体全体の感覚などを働かせ」，(2)の「造形的な面白さや楽しさ」，「身の回りの作品など」から，第1学年及び第2学年の目標であることがわかる。(2)のウに位置付けられた言葉は，第1学年及び第2学年が「楽しく」，第3学年及び第4学年が「豊かに」，第5学年及び第6学年が「創造的に」となる。また，(3)のウに位置付けられた言葉は，第1学年及び第2学年が「楽しく」，第3学年及び第4学年が「進んで」，第5学年及び第6学年が「主体的に」となる。低中高学年での目標がどう変わっていくかを比較しながら，押さえておくようにしたい。

【27】④

〈解説〉①　クレヨン・パスは「ねかせてぬる」などの工夫もある。
②　筆洗のいくつかの部屋はそれぞれ用途がある。「洗う」・「すすぐ」・「絵の具を混ぜる」の用途によって使い分けることを指導する。
③　水彩絵の具は，絵の具の色を混ぜれば混ぜるほど，濁った暗い色になる。　⑤　にじませて彩色する際は，前の色が乾かないうちに次の色をたらしてにじませる。

【28】⑤

〈解説〉「アルミ針金のように柔らかいもののみである」が適当ではない。材料や用具の取扱いにあたっては，必要に応じて，当該学年より前の学年において初歩的な形で取り上げたり，その後の学年で繰り返し取り上げたりすることが示されている。

【29】⑤

〈解説〉① 「細く鋭い線を描くのに適して」いるのは，丸刀ではなく三角刀である。丸刀は柔らかい線や広い面を彫るのに適している。
② 後戻りができないので，1枚だけ刷るのではなく何枚か刷るようにしたい。 ③「押さえる手を彫刻刀の前に出」すのは危険であるので，手は前に出さないようにする。 ④ 版木に付いた色をさっとあらい流し，よく乾かしてから次の彫りに進む。

【30】③

〈解説〉③ 習得した知識及び技能などを実生活で活用するために，「A家族・家庭生活」に，「(4)家族・家庭生活についての課題と実践」が新設され，2学年間で一つ又は二つの課題を設定して実践的な活動を家庭や地域などで行うように，改善が図られた。

【31】④

〈解説〉消費者トラブルは，中学校の家庭科の教科書から出題されている。「マルチ商法」は，「あなたも商品を購入して会員になり，お友達を勧誘するともうかる」などと言って，商品を購入させて会員にし，友達や知人を勧誘させるやり方である。④の説明の内容は，催眠商法(SF商法とも言われる)である。

【32】③

〈解説〉小学校学習指導要領(平成29年告示)では，安全・衛生面から，生の魚や肉を取り扱わないことが示されている。ウの肉野菜いための材料の中に，豚肉が入っている。オの切り干し大根のいためものの中に，鶏肉が入っている。また，食物アレルギーについて配慮することも示されている。

【33】④

〈解説〉天びんは，はずみ車を手前に回し一番上の状態にして，しっかりと糸かけをする。糸をミシン針に通すときは，針を上げてから電源を切って，針棒糸かけに糸をかけ，押さえレバーを下げて糸通し機で針に糸を通す。

【34】④

〈解説〉「プレルボールを基にした易しいゲーム」は，第3学年及び第4学年の「イ　ネット型ゲーム」で例示されたものである。プレルボールについて，その行い方を具体的に理解しておくことによって，低学年の児童が学習するには技術的にも体力的にも無理があると判断することもできる。

【35】②

〈解説〉高学年では，低・中学年の「多様な動きをつくる運動(遊び)」において育まれた体の基本的な動きを基に，各種の動きを更に高めることにより体力の向上を目指すものとされていることを理解しておくことが重要である。この点を理解しておけば，②以外の全ての運動が「高めるための運動」となっていることに気付くことができる。

【36】④

〈解説〉①の「健康な生活」は第3学年，④の「体の発育・発達」は第4学年，「心の健康」と②の「けがの防止」は第5学年，③の「病気の予防」は第6学年で指導する内容である。⑤の「心の発達及び不安や悩みへの対処」は，第5学年の「心の健康」の中の1項目である。

【37】⑤

〈解説〉高学年の水泳運動は，「クロール」，「平泳ぎ」及び「安全確保につながる運動」で構成されており，クロール及び平泳ぎといった泳法を学ぶのは高学年からである。その泳法の基本的な運動として「け伸び」があり，中学年の「浮いて進む運動」において例示されている。また，背浮き，浮き沈みの運動は，水の危険から身を守るという重要な観点から「安全確保につながる運動」として例示されているもので，新学習指導要領の高学年に新たに示されたものである。

【38】1　ア　①　　イ　②　　2　④　　3　②

〈解説〉1　ア　総合的な学習の時間の学習の対象や領域が，特定の教科等に留まらず，横断的・総合的でなければならないことを表している。「横断的・総合的」という言葉は，従前の小学校学習指導要領(平成20年告示)の目標から，「横断的・総合的な学習や探究的な学習を通して」という表現で示され，新学習指導要領(平成29年告示)にも，この領域の核となる言葉として引き継がれている。　イ　目標(3)は，学びに向かう力，人間性等に関するものである。探究的な学習では，児童が，身近な人々や社会，自然に興味・関心をもち，それらに意欲的に関わろうとする主体的，協働的な態度が欠かせないものである。　2　各学校において定める総合的な学習の時間の目標は，第1の目標を適切に踏まえて，この時間全体を通して各学校が育てたいと願う児童の姿や育成を目指す資質・能力，学習活動の在り方などを表現したものになることが求められている。　3　小学校学習指導要領は「総合的な学習の時間」における「各学校において定める目標及び内容の取扱い」について，大きく7項目が示されている。　②　項目の一つに，「内容については，目標を実現するにふさわしい探究課題，探究課題の解決を通して育成を目指す具体的な資質・能力を示すこと」と示されている。

【39】A　⑤　　B　②

〈解説〉暗記が求められるが選択式のため，文脈等から判断できる面もある。　A　目標(1)は，知識及び技能に関するものである。文字，語彙，表現，文構造，言語の働きの5つをまとめて覚える。　B　目標(2)は，思考力，判断力，表現力等に関するものである。外国語科の英語の指導計画の作成と内容の取扱いには，推測しながら読むことにつながるように，音声で十分に慣れ親しんだ簡単な語句や基本的な表現について，音声と文字とを関連付けて指導することが示されている。

【40】④

〈解説〉intから始まる単語の意味が問われている。①のintegratingは「統合する」，②のinterestingは「興味深い」，③のintendingは「意図している」，④のinteractingは「交流する」，⑤のinvestingは「投資する」という意味である。児童がALTとゲームを通じて行うのは，④の「交流する」が適切である。

【41】ア ⑨　イ ①　ウ ③

〈解説〉ア　Green先生が先週末にしていたラグビーについて話している。空欄の後に，Green先生はその詳細を話しているので，⑨の「もっと教えてください」が適切である。　イ　ニュージーランドでもラグビーをしていたのかという質問に対する答えなので，①の「高校のラグビーチームのメンバーでした」が適切である。　ウ　ラグビーはできないが，観戦するのは好きだというSato先生。空欄の発言の後，Green先生はニュージーランドと日本を応援していたと話しているので，③の「2019年のラグビーW杯をTVで観ました」が適切である。

【二次試験】

【1】(解答例)

1　単元名　エコバックの使用について意見文を書こう (第6学年)

2　指導目標

(1)　情報と情報との関係づけの仕方，図などによる語句と語句との関係の表し方を理解し使うことができる。〔知識及び技能〕(2)イ

(2)　引用したり，図表やグラフなどを用いたりして，自分の考えが伝わるように書き表し方を工夫することができる。〔思考力，判断力，表現力等〕B(1)エ

(3)　言葉がもつよさを認識するとともに，進んで読書をし，国語の大切さを自覚して思いや考えを伝え合おうとする。〔学びに向か

う力，人間性等〕

3　単元で取り上げる言語活動

エコバックの使用について，資料を提示しながら意見文を書く。

(関連〔思考力，判断力，表現力等〕B(1)エ)

4　単元の評価規準

知識・技能	思考・判断・表現	主体的に学習に取り組む態度
① 情報と情報との関係づけの仕方，図などによる語句と語句との関係の表し方を理解し使っている。((2)イ)	①「書くこと」において，引用したり，図表やグラフなどを用いたりして，自分の考えが伝わるように書き表し方を工夫している。(B(1)エ)	①粘り強く自分の考えが伝わるように書き表し方を工夫し，学習の見通しをもって意見文を書こうとしている。

5　指導と評価の計画概要(7時間計画)

時	学習活動	指導上の留意点	評価規準・評価方法等
第1時	○単元の目標を確認し，活動の流れを把握する。 ○エコバックについて経験や思いを発表し合い，エコバックの目的や使用呼びかけの経緯について関心を持つ。 ○エコバックの使用についてどんな意見をもっているか自分の考えをさぐる。	○エコバック使用を呼びかけるスーパーマーケット等の広告等を提示する。 ○エコバック使用が呼びかけられる理由があることに気付かせる。 ○意見を書くことが目標であることを把握させる。	主体的に学習に取り組む態度①(態度) ○エコバックや環境問題との関係について，知っていることを述べようとしている。 ○友達の考えを聞き，参考にしようとしている。

第2時	○グループで，エコバックについて意見を述べ合い，自分の意見を明確にし，説得力のある意見を書くためには，どのような資料を整える必要があるかを考える。	○意見を明確にさせ，資料を調べる目的と視点を持たせる。 ○学校図書館，コンピュータ室を利用することを知らせる。 ○参考文章の要点，データや図，グラフ等を取材すること，分かったことを比較表や図にしながら整理しておくとよいことを助言する。	思考・判断・表現①(発言) ○自分の意見を持とうとしている。 ○調べたいことや調べる方法について話し合っている。
第3時	○グループごとに，エコバックの使用について調べ，意見文を書く材料を集める。	○取材シート(目的に応じて改変できるもの)を提示する。 ○収集した情報は比較表や図にしながら整理しておくこと，出典を記録しておくことを指導する。	思考・判断・表現② (取材シート) ○述べたい観点と結びつけて取材し，記録メモを取っている。
第4時	○グループ内で取材したものを紹介し合い，活用方法を考える。 ○各自で資料を整理し，意見文の構成を考え構想シートに書く。	○資料を相互に活用し合う目的で紹介し共有させる。 ○集めた資料(データ，図，グラフ等)がどのような主張の根拠，説明等に相応しいかを検討するように指導する。 ○構想シートを提示する。	知識・技能 (構想シート) ○情報と情報との関係づけの仕方，図などによる語句と語句との関係の表し方を理解している。
第5時(本時)	○構想シートに沿って，資料を提示しながら，意見文の下書きを書く。	○主張や説明等の文とそれを裏付ける資料をセットで考えるよう助言する。 ○書き出し，資料提示の書き方等，児童が躓きそうな部分の表現について，複数の文例を提示し，自分の内容に合うように直して利用させる。	思考・判断・表現③ (意見文) ○データ，図，グラフ等を用いて考えの書き方を工夫している。

第6時	○グループ内で下書きを読み合い，感想・助言を述べ合う。	○引用，図表やグラフの提示などにより，考えがより伝わるように書けているかの観点で読み合わせる。 ○一人ずつに読み合いカードを書いて渡す。	思考・判断・表現④(読み合いカード) ○引用や，図表やグラフでの整理などを用いて考えが伝わるように工夫しているかを評価している。
第7時	○友達の感想・助言を参考に下書きを推敲し，清書する。	○学習のめあてに即した意見文になるよう引用，図表やグラフの提示方法，表現ができているかの観点で推敲する。	主体的に学習に取り組む態度②(取り組みの様子) ○粘り強く自分の考えが伝わるように書き表し方を工夫している。

6　本時の展開(第5時)

	学習活動	指導上の留意点	評価規準・評価方法等
導入	①前時収集した資料を振り返る。 ②本時のめあてを確認し，どのような文章を書くのかを明確に捉える。 めあて　考えが伝わるように，引用したり，図表やグラフなどを用いたりして，工夫して意見文を書こう。		
展開	①図表やグラフの読み取りに注意し，エコバッグについて調べて分かったことを整理する。 ② 調べたことを報告する文章の構成を考え，構想シートに書く。 ③考えた構成を基に文章を書く。 ④書いた文章を友達と読み合い，感想を伝え合う。	○意見文の書き出しや結びの文の書き方の具体例を教師が示す。 ○引用や資料提示の仕方，表現の例を教師が具体的に示し，応用できるようにする。 ○書く時間を十分にとり，書き浸らせる。 ○構想シートを見て，何をどの順で書くかを確認しながら書かせる。 ○机間指導をして，個別	思考・判断・表現 (意見文の下書き文) ○引用したり，図表やグラフなどを用いたりして，自分の考えが伝わるように書き表し方を工夫している。

		に助言する。	
まとめ	学習を振り返り，次時の学習の見通しをもつ。	○次時の読み合いについて意欲を喚起する。	

〈解説〉設問の，「引用したり，図表やグラフなどを用いたりして，自分の考えが伝わるように書き表し方を工夫する」ことは第5学年及び第6学年の「B書くこと」の指導事項である。言語活動としては，指導事項の内容から，「ア　事象を説明したり，意見を述べたりするなど，考えたことや伝えたいことを書く活動」が相応しいと考えられる。評価の観点として，次の6点を示している。(1)語句の表現や記述が適切であり，論理的でわかりやすい構成になっている。(2)自分の考えを具体的に述べ，教師としての資質(熱意，誠実さ，向上心，柔軟性，協調性，発想力など)が窺える。(3)目標を明確に示し，その目標に沿った評価の観点や方法を述べている。(4)目標達成のために適切な言語活動の設定を行い，そのことを述べている。(5)課題意識が高まる導入の工夫について述べている。(6)効果的でわかりやすい学習活動を設定し，そのことを述べている。これらの観点にふれながら指導法について述べている解答が求められる。(3)の単元の目標と評価規準の設定及び書き方は『「指導と評価の一体化」のための学習評価に関する参考資料』(国立教育政策研究所刊)に新しく示されたので，それを踏まえることが必要である。また，(2)言語活動の設定，及び(5)課題意識が高まる導入の工夫については，児童にとって身近であり，考えをもちやすい具体的な題材を児童の生活の中から探すことが有効である。(6)効果的でわかりやすい学習活動の設定とは，児童の学習意欲を喚起するとともに，何をどうすればよいか見通せたり，活動の仕方について教師が示範や例示で示し，つまずきへの対応が十分準備されたりしていることが必要である。

【2】(解答例)　地域に見られる生産や販売の仕事についての学習を通して，次のような資質・能力を身に付けさせる。①知識及び技能…生産の仕事においては，仕事の種類や産地の分布，仕事の工程などに着目

して，見学・調査したり地図などの資料で調べたりして，白地図などにまとめ，生産に携わっている人々の仕事の様子を捉え，地域の人々の生活との関連を考え，表現することを通して，生産の仕事は，地域の人々の生活と密接な関わりをもって行われていることを理解できるようにする。販売の仕事においては，消費者の願い，販売の仕方，他地域や外国との関わりなどに着目して，見学・調査したり地図などの資料で調べたりして，白地図などにまとめ，販売に携わっている人々の仕事の様子を捉え，それらの仕事に見られる工夫を考え，表現することを通して，販売の仕事は，消費者の多様な願いを踏まえ売り上げを高めるよう，工夫して行われていることを理解できるようにする。
②思考力，判断力，表現力等…生産に関連しては，市内にはどのような生産の仕事があり，どこに集まっていて，どのようにして生産されているかなどの問いを設けて調べたり，生産の仕事と地域の人々の生活を関連付けて考えたりして，調べたことや考えたことを表現する。販売に関連しては，消費者が買い物をしているときの願いや，商店の人が消費者の願いに応え売り上げを高めるための工夫，商品や客の流れなどの問いを設けて調べたり，販売する側の仕事の工夫と消費者の願いを関連付けて考えたりして，調べたことや考えたことを表現する。
③学びに向かう力，人間性等…地域に見られる生産や販売の仕事について意欲的に調べ，その特色や相互の関連，意味について考え，調べたことや考えたことを表現しようとする主体的な学習態度を育てる。また，学習成果を基に，生活の在り方やこれからの地域社会の発展について考えようとする態度を育てる。さらに，自分たちの生活している地域社会としての市区町村に対する誇りや，愛情や地域社会の一員であるという自覚，地域の発展に努力・協力しようとする意識を育てる。

〈解説〉地域に見られる生産や販売の仕事についての学習は，第3学年の学習内容である。学習指導要領解説(平成29年7月)の第3学年の目標及び内容(2)に詳細に記されている。また，育成すべき態度については，第3学年の目標の(3)に明記されているので，熟読しておきたい。学習指導要領解説に沿った内容で，指導する場合の具体的な例を挙げて記述したい。評価の観点として，次の6点を示している。(1)語句の表現や記述が適切であり，論理的でわかりやすい構成になっている。(2)自分の考えを具体的に述べ，教師としての資質(熱意，誠実さ，向上心，柔軟性，協調性，発想力など)が窺える。(3)「生産の仕事は，地域の人々の生活と密接な関わりをもって行われていることを理解すること」「販売の仕事は，消費者の多様な願いを踏まえ，売り上げを高めるよう，工夫して行われていることを理解すること」を述べているか。(4)「見学・調査したり，地図などの資料で調べたりして，白地図などにまとめること」を述べているか。(5)「仕事の種類や産地の分布，仕事の工程などに着目して，生産に携わっている人々の仕事の様子を捉え，地域の人々の生活との関連を考え，表現すること」「消費者の願い，販売の仕方，他地域や外国との関わりなどに着目して，販売に携わっている人々の仕事の様子を捉え，それらの仕事に見られる工夫を考え，表現すること」を述べているか。(6)「社会的事業について，主体的に学習の問題を解決しようとする態度」「よりよい社会を考え学習したことを社会生活に生かそうとする態度」「地域社会に対する誇りと愛情」「地域社会の一員としての自覚」を述べているか。これらの観点にふれながら指導法について述べている解答が求められる。

【3】(解答例)　(分数)÷(分数)の計算の学習では，その計算の仕方を理解することとともに，数の意味と表現，計算について成り立つ性質に着目し，計算の仕方を多面的に考えることを養うことが主な指導内容となる。

(指導のポイント)　分数の除法の意味については，整数の除法から小数の除法へ拡張された小数の除法の計算の考え方を基にして理解できるように指導する。除法は乗法の逆であると捉えられるようにする。除法の計算は逆数を用いることによって乗法の形に置き換えることができることを指導する。例えば，$\frac{2}{5}\div\frac{3}{4}$の計算は，除数の$\frac{3}{4}$の逆数は

$\frac{4}{3}$であることから，$\frac{2}{5}\times\frac{4}{3}$と表すことができる。除法に関して成り立つ性質に着目して考えると，$\frac{2}{5}\div\frac{3}{4}$の計算は，$\frac{2}{5}\div\frac{3}{4}=\left(\frac{2}{5}\times4\right)\div\left(\frac{3}{4}\times4\right)=\left(\frac{2}{5}\times4\right)\div3=\frac{2\times4}{5\times3}=\frac{8}{15}$，また，$\frac{2}{5}\div\frac{3}{4}=\left(\frac{2}{5}\times\frac{4}{3}\right)\div\left(\frac{3}{4}\times\frac{4}{3}\right)=\left(\frac{2}{5}\times\frac{4}{3}\right)\div1=\frac{2}{5}\times\frac{4}{3}=\frac{8}{15}$ と求めることもできる。

(展開例)

○題材：$\frac{3}{4}$mの重さが$\frac{2}{5}$kgの鉄の棒がある。この鉄の棒1mの重さを求める。

○指導のねらい：分数を分数でわる除法計算の仕方を理解するとともに，計算の仕方を筋道を立てて考察する力を養う。

○指導内容：①つかむ・見通す…問題場面を理解して，答えを予想する。そして，求める式がわり算になることの理由をグループで説明し合い，整数や小数でわるときの計算を基にして，分数でわるわり算になることを全体の場で明確にする。わり算はかけ算の逆の演算になることを押さえるために，かけ算の式も取り上げる。②考える…$\frac{2}{5}\div\frac{3}{4}$の計算の仕方を自立解決した後，グループで説明し合う。その際，支援として面積図や数直線を使って考えることを助言する。さらに，わり算のきまりを使って考えさせる。その後，どの既習事項を使って考えたのかを明確にして発表させる。また(分数)÷(分数)の計算が分数のかけ算の式に変わっていることに着目できるようにする。③まとめ…(分数)÷(分数)の計算が，面積図や数直線を使ってわる数を整数にして，分数のかけ算の式にすることを一般化して理解できるようにする。その後，適用の計算問題に取り組ませ，振り返りの感想を書かせる。④発展的に考える指導…授業の進み方によっては，題材を割合に変えて，分数の比較量と分数の割合から基準量の求め方を考えさせる。また，四則混合計算や適用の文章題などに取り組ませる，などがある。

○つまずきや誤答とそれに対する指導：①被除数を逆数にして計算している$\left(\frac{2}{5}\div\frac{3}{4}=\frac{5}{2}\times\frac{3}{4}=\frac{15}{8}\right)$。わる数を逆数にしてかけ算の式にすることの理解が定着していないことから，面積図や数直線を使って，わり算がかけ算の逆の演算であることの理解を図るようにする。②乗法で計算している$\left(\frac{2}{5}\div\frac{3}{4}=\frac{2\times3}{5\times4}=\frac{6}{20}\left(\frac{3}{10}\right)\right)$。(分数)÷(分数)の計算の仕方が定着していないことが考えられることから，整数や小数のかけ算・わり算の計算や分数÷整数の計算の仕方に戻って，計算の仕方の定着を図る。③分数のかけ算を間違って計算している$\left(\frac{2}{5}\div\frac{3}{4}=\frac{2}{5}\times\frac{4}{3}=\frac{6}{8}\right.$ など$\left.\right)$。…分数の意味，分数のかけ算の基礎を確認させ，計算練習させる。

〈解説〉(分数)÷(分数)の計算は，四則計算の中でも特に計算の意味の理解が難しいものとされている。整数で理解したつもりの除法計算の考え方が，除数が分数になると混乱する児童が多く見られる。こうしたことから，既習の整数・小数のわり算や(分数)×(分数)の計算の仕方を基にして，面積図や数直線を使うなどによって計算の仕方の意味を理解させ，計算に関して成り立つ性質の着目したりして多面的に捉え，計算の仕方を考える能力を高めるようにしたい。この学習は，小学校において学ぶ数についての四則計算のまとめとなる。評価の観点として，次の6点を示している。(1)語句の表現や記述が適切であり，論理的でわかりやすい構成になっている。(2)自分の考えを具体的に述べ，教師としての資質(熱意，誠実さ，向上心，柔軟性，協調性，発想力など)が窺える。(3)日常の生活場面や具体物を用いるなど教材提示を工夫するとともに，学習課題を明確にした指導について述べられている。(4)数学的活動を通して，子どもの主体的活動を取り入れた指導について述べられている。(5)子どものつまずきや誤答を予想し，それに対応する適切な指導について述べられている。(6)学習を振り返る活動など確実な定着を図る指導や，発展的に考える指導について述べられている。これらの観点にふれながら指導法について述べている解答が求められる。

【4】(解答例)　導入として，児童に「空の月を見たことがあるか。その月はどのような形をしていたか」と発問する。児童から様々な形の月

が発言されるのを受け，なぜこのように月の形が変わって見えるのかを考えさせる。太陽と月の共通点や差異点の比較や，月が空の中で，どのような形に見えるかについて，予想や仮説をもたせる。次にこの課題を解決するための実験を行う。児童がボールを持って点灯した懐中電灯の前に立ち，その場で一回転する。ボールと懐中電灯の位置関係によって光っている部分の形がどのように見えるかをワークシートにまとめさせる。実験後児童に結果を発表させ，ボールと懐中電灯の位置関係によって光っている部分の形がどのように変わるか，光っている側と懐中電灯の位置はどのようになっているかを考察する。まとめとして，この実験のように月と太陽の位置関係により月の形が変わること，月が輝いている側に太陽があることを捉えさせる。

〈解説〉月を目にする機会はよくあると思われる。児童のそのような体験から課題を見出すようにするとよい。評価の観点として，次の6点を示している。(1)語句の表現や記述が適切であり，論理的でわかりやすい構成になっている。(2)自分の考えを具体的に述べ，教師としての資質(熱意，誠実さ，向上心，柔軟性，協調性，発想力など)が窺える。(3)課題をつかみ，見通しを持たせる工夫について述べている。(4)課題の解決に向けて適切な観察，実験の方法等について述べている。(5)観察，実験の結果から考察の場を設定することについて述べている。
(6)学習したことをまとめたり，学習を振り返ったりする活動について述べている。これらの観点にふれながら指導法について述べている解答が求められる。

【5】(解答例)

(指導のポイント)　音楽づくりの活動において，「即興的に表現することを通して，音楽づくりの発想を得ること。」とは第3・4学年で求められる音楽づくりに関する「思考力・判断力・表現力等」の資質・能力である。この学習指導のポイントは次の3点である。1点目は，中学年の実態が，低学年での音遊びの経験をもとに各楽器の音の響きの良さや面白さに気付くようになり，自分が表したい音の響きやそれらの組み合わせを試そうとする傾向がみられることを受け，即興的に表現する活動や音を音楽へと構成していく活動を通して，児童がいろいろな表現の仕方を試しながら，音楽を作る楽しさを味わうことができるように指導すること。2点目は，あらかじめ楽譜などに示されている通りに表現することではなく，友達と関わりあいながら，その場でいろいろな音を選択したり組み合わせたりして表現するように指導すること。3点目は，教師が児童の変容を捉え，児童の工夫で音や音楽が面白くなりよい雰囲気になったことを具体的に全体に伝えるなど，児童の表現の面白さを価値づけること，全体で共有させること，友達の表現を自分の表現に生かすよう導くことなどが重要である。

(展開例)題材名を「音の響きや組み合わせを楽しもう」(第3・4学年)とする。

1　3種類の材質の異なる楽器について仲間づくりをする。木でできた楽器(ウッドブロック・拍子木・カスタネット等)，皮を張った楽器(タンバリン・小太鼓・大太鼓等)，金属でできた楽器(トライアングル・鈴・アゴゴ等)

2　それぞれどんな音がするのか確かめる。そのとき打ち方を変えたりバチなどを変えたりして，音の音色，強弱，音の伸縮などを体験しながら確かめる。

3　自分で一つの楽器を選び，どんな表現ができるか，あらかじめ提示された絵カードの楽譜(たとえば  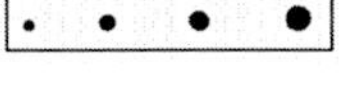  など)を見ながら表現の工夫を考え，自分の選んだ楽器で表すことができるか確かめながら，絵カードを1枚選ぶ。

4　材質の同じ楽器の仲間4人で，絵カードをつなげて順番に演奏したり，材質の異なる楽器の友達とも仲間を作り同様に絵カードをつなげて順番に演奏したりしながら，つないでできた音楽の感じや雰囲気が変わるかを味わう。

5　仲間を作り，グループごとに「初め・中・終わり」を設定し，楽器と絵カードのつなげ方や重ね方を確かめて楽しむ。

〈解説〉指導に当たっては，即興的に表現する中で，児童が思い付いた考えを，実際に音に出して確かめていくようにすることが大切である。その際，児童の表現の変容を捉えて，児童の表現のよさや面白さを価値付け，全体で共有するなどしながら，友達の表現を自分の表現に生かすように導くことも，教師の大切な役割である。公開解答では，評価の観点として次の6点を示している。(1)語句の表現や記述が適切であり，論理的でわかりやすい構成になっている。(2)自分の考えを具体的に述べ，教師としての資質(熱意，誠実さ，向上心，柔軟性，協調性，発想力など)が窺える。(3)学習指導要領の視点が踏まえられた記述内容である。(4)体験活動等を通して，児童が主体的に学習に取り組むことができる内容である。(5)音楽をつくっていく過程で，友達と関わりながら，その場でいろいろな音を選択したり組み合わせたりして表現し，また即興的に表現する中で，児童が思い付いた考えを実際に音に出して確かめていくことができるような指導の工夫について述べられている。(6)児童の実態を考慮した学習内容で，実現可能である。これらの観点にふれながら指導法について述べている解答が求められる。

【6】(解答例)

○題材名：「大切な思い出～私だけのステキな写真立て～」(第3学年)

○材料：紙粘土，水彩絵具など。

○学習活動：紙粘土を使い，思い出の写真を飾る写真立てを製作する。

○学習のめあて：「カラフル紙ねん土を使って，形や色の組み合わせを工夫して，楽しく使える『私だけの写真立て』を楽しく作ろう。」

○指導：子どもたちにとって大切な一枚の写真を入れる写真立てを製作する活動を通して，「思考力，判断力，表現力等」と「技能」に関する事項を指導する。第一に，自分の大切な一枚の写真を部屋に飾るという題材設定で，子どもたちの興味・関心を高める。写真を自分の部屋に飾ることをイメージさせ，意欲を高めさせる。第二に，「思考力，判断力，表現力等」と「技能」に関する指導を関連づけて行うことで，「表したい」ものやことの発想を広げることができる。例えば，紙粘土に絵の具を混ぜ込むことで，カラフルな紙粘土ができる。また，紙粘土を紐状にしてひねったり，紙粘土に何かをスタンプのように押し付けて模様をつけたりすることで，自分だけの形を思いつくことができる。さらに，友だちの工夫を参考にするなどして，自分なりの考えで完成させる。その後，自分や友達の考えたこと・工夫したことを発表し合い，自分や友達の発想の面白さや工夫を見付けることができる。

〈解説〉学習指導要領に示された目標や内容を正しく理解し，その理解に基づいて記述することが重要である。「自分の部屋を飾るための小物の製作」と示されていることから，「A表現」のイ「絵や立体，工作に表す活動」の指導内容である。この設問では学年が示されていないので，対象となる学年を想定し，学習指導要領の目標と照らし合わせながらめあてを設定する。学習のめあては，「思考力，判断力，表現力等」，「技能」，「主体的に学ぶ力」の3つの視点から作成する。指導に関しては，一人一人の「表したいこと」の発想や工夫して表していることを認める指導とともに，技能に関する事項も合わせて指導することが，発想を広げ，学習への興味・関心を高めることになる。公開解答では，評価の観点として次の6点を示している。(1)語句の表現や記述が適切であり，論理的でわかりやすい構成になっている。(2)自分の考えを具体的に述べ，教師としての資質(熱意，誠実さ，向上心，柔軟性，協調性，発想力など)が窺える。(3)図画工作科の教材や指導方法等についての正しい知識をもっている。(4)図画工作科に関する正しい知識を基に，児童の確かな学力を育もうとする意欲が窺える。(5)提示された課題の意図を正確に捉えて論述している。(6)図画工作科の基本的知識を基盤として独自性や創意工夫がある。これらの観点にふれながら指導法について述べている解答が求められる。

【7】(解答例)　中学年の表現の学習においては，その行い方を知るとともに，身近な生活などの題材から主な特徴や感じを捉え，表したい感

じをひと流れの動きで即興的に踊ることができるように指導することが求められている。身近な生活などの題材は，具体的な生活からの題材や，それと対比する空想の世界からの題材など，ダイナミックで変化にとんだ多様な表現に取り組みやすい題材として示されている。ここでは，具体的な生活からの題材の指導に際しての留意点について3点述べるとともに，苦手意識をもつ児童に対する配慮についても併せて述べていきたい。まず，1点目として，題材の変化する様子をその特徴としてしっかりと捉えさせていくことである。これは，具体的な生活からの題材である「料理づくり」を例とすれば，魚や野菜が焼かれたり煮込まれたりする中で，その質感や形状が変わっていく様子を題材の特徴として，児童が捉えることができるようにすることである。その際，苦手意識を持つ児童に対しては，題材の特徴を捉えることのできる様々な場面について絵や文字で書いたカードを作成し，それを見ながら学習を進めていくといった配慮を行い活動の意欲付けを行いたい。2点目として，児童に動きの誇張や変化の付け方を理解させていくことがある。これは，表したい感じを，硬く・柔らかく，大きく・小さく，速く・遅くといった対比によって質感や形状に変化を付けて誇張したり，二人で対応する動きを繰り返したりしてひと流れの動きで踊ることができるようにすることである。その際の配慮としては，動きに差を付けて誇張したり，急変する動きで変化を付けたりして踊っている児童の動きを互いに見合い，その良い動きを真似させるなどして体感をとおして理解を深めさせるといった手立てを行いたい。そして3点目として，児童にひと流れの動きへの工夫の仕方を理解させていくことがある。これは，表したい感じを中心に，感じの異なる動きや急に変わる場面などの変化のある動きをつなげて，メリハリのあるひと流れの動きに工夫して感じを込めて踊ることが出来るようにすることである。その際の配慮としては，気に入った様子を中心に，動きが急に変わる場面の例を複数挙げて動いてみせたり，場合によっては一緒に動いたりするなどの手立てを行いたい。こうした点に留意しながら学習を進める中で，自分に合った課題を選んだり，友達の良い動きを自分の動きに取り入れたりして，より良い動きづくりを行わせるとともに，見合ったり，良い点を伝え合ったりする活動を十分に取り入れ，思考力，判断力，表現力の育成を養っていきたい。

〈解説〉中学年では，表現運動の楽しさや喜びに触れ，その行い方を知るとともに，題材の特徴を捉えた多様な感じの表現と全身でリズムに乗って踊る学習を通して，即興的に表現する能力やリズムに乗って踊る能力，友達と豊かに関わり合うコミュニケーション能力などを培えるようにし，高学年の「表現運動」の学習につなげていくことが求められる。公開解答では，評価の観点として次の6点を示している。(1)語句の表現や記述が適切であり，論理的でわかりやすい構成になっている。(2)自分の考えを具体的に述べ，教師としての資質(熱意，誠実さ，向上心，柔軟性，協調性，発想力など)が窺える。(3)学習指導要領に示された例について述べている。(4)学習指導要領に沿った動きやその行い方について適切な内容を述べている。(5)運動が苦手な児童や，運動に意欲的でない児童に対する配慮について述べている。(6)思考力・判断力・表現力等を育成するための手立てについて述べている。これらの観点にふれながら指導法について述べている解答が求められる。学習指導要領解説を十分に読み込み，理解を深めておくことが求められている。特に，(3)運動が苦手な児童や，運動に意欲的でない児童に対する配慮に関する記述は，今回の学習指導要領解説から全領域において示されているものであり，指導の留意点とともに理解しておく必要がある。

【8】(解答例)「日常着の手入れ，ボタン付け及び洗濯の仕方」では，衣服を大切に扱い，気持ちよく着るために，日常の手入れが必要であることが分かり，ボタン付けや洗濯の仕方を理解し，適切にできるようにすることをねらいとしている。日常着の手入れについては，ボタンが取れる前に付け直したり，衣服の汚れを落とすために洗濯したりすることが，日常の身だしなみのために必要であることに気付かせるようにする。ボタンの付け方については，衣服の打ち合わせをとめるた

めに必要であり，繰り返し使うために丈夫につける必要があることを理解したうえで，適切にできるようにする。上前の布の厚み分だけボタンを浮かせないといけないが，児童にはその加減がよく分からないので，玉結びをして布の裏から針を刺し，二つのボタンの穴に一度糸を通して，上前の布の厚さ分だけ，ボタンが布から浮くようにしたら，糸と糸の間に爪楊枝を刺して，刺したままもう2回ボタンの穴に糸を通す。穴に3回糸を通したら，爪楊枝を引き抜いて，糸と糸の間に針を出し，糸足に3，4回固く巻いたら，布の裏に出して玉結びをする。こうすると，うまく二つ穴ボタンを付けることができる。洗濯の仕方については，靴下や体操服など身近な衣服を持って来させて，日常着の洗濯に必要な洗剤，用具及び洗い方などを理解させたり，洗濯には，洗う，すすぐ，絞る，干すなどの手順があることを理解させたりして，適切にできるようにする。例えば，靴下の片方を手洗いさせ，クラス全員のもう片方の靴下を洗濯機で洗って，手洗いと洗濯機の汚れの落ち具合を比べさせたり，洗剤の量を考えさせるために，半足の靴下を洗うために，水1リットルに対してどのくらいの洗剤が必要かを考えさせて洗わせたりすることによって，水1リットルに対して1.3gの洗剤が適量で，それ以上洗剤を使用しても汚れの落ちには関係がないことが分かる。多量に洗剤を使用すると河川の汚染に繋がったり，水を多量に使用したりすることになり，環境に悪影響を与えることになる。洗濯に必要な水の量は，手洗いの場合は，洗濯物の重さの10倍～15倍，洗濯機の場合は，洗濯物の重さの10倍～20倍である。また，下着にニンヒドリンという薬剤(たんぱく質に反応する)を吹きかけてアイロンをかけると，きれいに見える下着も脇や首回りが紫色に変色して，体から皮脂や汗が出て下着が汚れていることが目で見て確かめられ，下着は毎日取り替えないといけないことが分かる。衣服の汚れには，外から付く汚れ(ほこり，食べこぼし，泥など)と体から付く汚れ(皮脂，あか，汗など)があり，指導に当たっては，上記のような実験，実習を通して，実感を伴って理解できるようにすると洗濯の必要性や洗剤の量を正しく量らないといけないことがよく分かる。

〈解説〉小学校家庭科の教科書や中学校家庭科の教科書を熟読することと，実際に洗濯の工程を実践したり，二つ穴ボタンのボタン付けを教科書に沿って実際に行ったりすると，それぞれのポイントや細かな配慮点，どのような作業を行わないといけないのかなどが分かってくる。教科書や問題集だけで理解しようとしないで，実際に実践することが必要である。特に，令和2年度は，中学校の家庭科の教科書からの出題が多くあった。それぞれの県で採用されている中学校家庭科の教科書も勉強する事を強く推奨する。公開解答では，評価の観点として次の6点を示している。(1)語句の表現や記述が適切であり，論理的でわかりやすい構成になっている。(2)自分の考えを具体的に述べ，教師としての資質(熱意，誠実さ，向上心，柔軟性，協調性，発想力など)が窺える。(3)日常着の手入れの必要性についておさえているか。(4)ボタンの付け方，洗濯の仕方について指導すべき内容が具体的に述べられているか。(5)実験・実習などを通して，実感を伴った理解につながるような指導方法の工夫が具体的に述べられているか。(6)家庭との連携，ICTの活用，他教科等との連携などの指導の工夫が図られているか。これらの観点にふれながら指導法について述べている解答が求められる。

熊本市

【1】問1　(1)　②　　(2)　③　　(3)　⑤　　問2　⑤

〈解説〉問1　(1)　挿入する段落の冒頭や末尾に位置する指示語や接続詞から，段落を挿入するのに適切な箇所を判断することができる。

(2)　空欄の語句と対比されている語句，あるいは似た意味で用いられている語句から，空欄部に適切な語句を類推することができる。

(3)　選択肢の内容を本文と照らし合わせ，消去法で解けばよい。本文と食い違う選択肢ばかりではなく，本文の内容を過剰に一般化している選択肢も誤りである。　問2　イ・エ・オは第5学年及び第6学年に関する記述である。また，アとエは，構造と内容の把握，精査・解釈，考えの形成，共有(聞くこと)，イとカは，話合いの進め方の検討，考えの形成，共有(話し合うこと)，ウとオは，構成の検討，考えの形成(話すこと)に関する指導内容となっている。学習指導要領は，学年毎の記述の違いが持つ意味を捉えておくことが重要である。

【2】問1　⑤　　問2　④　　問3　②　　問4　⑤

〈解説〉問1　ア　社会科の教科の目標で知識及び技能に関する(1)には，その冒頭に「地域や我が国の国土の地理的環境」について理解することが示されている。　イ　地域の産業と消費生活の様子について理解するとは，地域に見られる生産や販売の仕事の様子などについての理解を図ることがねらいである。生産する側の活動と消費する生活の様子を併せて学習することで理解を促進することがねらいである。
ウ　各種の具体的資料の筆頭に置かれているので，第3学年から第6学年まで活用される「地図帳」が該当する。　エ・オ　目標(3)は学びに向かう力，人間性等に関するものである。エは直前に「よりよい社会を考え」とあるので，「社会生活」が相応しい。オは地域社会のメンバーの一人としての自覚を養う，ということと考えられるので，「一員」が相応しい。　問2　表の数字を一つ一つ丁寧に見ていけば，答えを見つけることができる。なお，平成26年以降の衆議院議員選挙を見ると，70歳以上のところを70歳代と80歳以上に分けると，70歳代は60歳代と同程度の高い投票率となっている。　問3　最初の国は，人口が12億人以上でヒンドゥー教徒が多く，情報技術産業が成長していることから，インドと判断できる。2番目は，1万3000余りの島々，赤道をまたぐ，えびの養殖場から，インドネシアと判断できる。3番目は，経済特区，「世界の工場」から，中華人民共和国と判断できる。最後は，竹島を不法に占拠から，大韓民国と判断できる。
問4　ア　北里柴三郎が破傷風菌の純粋培養に成功したのは，1889年で，明治時代の出来事である。　イ　加藤清正は，豊臣秀吉に仕え，賤ヶ岳の戦いにおける七本槍の一人として有名である。活躍したのは安土・桃山時代から江戸時代の初期である。熊本改称は，1607年のことである。　ウ　横井小楠が，沼山津に転居したのは1855年のことである。勝海舟との往来から，幕末から明治初期に活躍した人物と判断できる。　エ　島原・天草一揆が起こったのは，1637年から1638年にかけてのことで，江戸時代初期の出来事である。　オ　文永の役は，1274年の出来事である。蒙古襲来は，鎌倉時代の出来事である。年代順に並べると，オ→イ→エ→ウ→アとなる。

【3】問1　⑤　　問2　④　　問3　①　　問4　②

〈解説〉問1　ア　数学的活動は，小・中・高等学校教育を通じて資質・能力の育成を目指す際に行われるものであることから，従前の小学校における算数的活動が数学的活動とされた。　イ　数学的な見方・考え方は，今回の学習指導要領においては，育成を目指す資質・能力の三つの柱が明確化されたことにより，物事の特徴や本質をとらえる視点や，思考の進め方や方向性を意味することとなった。数学的な考え方は，従前の学習指導要領において評価の観点名として用いられていた。　ウ　数学的活動とは，事象を数理的に捉えて，算数の問題を見出し，問題を自立的，協働的に解決する過程を遂行することである。問2　長方形の紙の縦の長さを$x$cmとすると，横の長さは$(x+3)$cmだから，直方体の容器の底面の縦の長さは$x-3\times2=x-6$〔cm〕，横の長さは$(x+3)-3\times2=x-3$〔cm〕，高さは3cmで，その容積は$(x-6)\times(x-3)\times3=3(x-3)(x-6)$〔$cm^3$〕　これが120$cm^3$に等しいから，$3(x-3)(x-6)=120$　⇔　$x^2-9x-22=0$　⇔　$(x+2)(x-11)=0$　$x>0$より，$x=11$で，11cmである。　問3　$\angle B=60^\circ$，$\angle C=45^\circ$，$\angle AHB=\angle AHC=90^\circ$より，△ABHは30°，60°，90°の直角三角形で，3辺の比は$2:1:\sqrt{3}$であり，△ACHは直角二等辺三角形で，3辺の比は$1:1:\sqrt{2}$だから，$CH=AH=BH\times\sqrt{3}=2\sqrt{3}$〔cm〕　以上より，$\triangle ABC=\frac{1}{2}\times BC\times AH=\frac{1}{2}\times(BH+CH)\times AH=\frac{1}{2}\times(2+2\sqrt{3})\times2\sqrt{3}=6+2\sqrt{3}$〔$cm^2$〕　問4　2つのさいころを投げるとき，全ての目の出方は　$6\times6=36$〔通り〕。このうち，出た目の数の和が7となるのは，一つ目のさいころの出た目の数をa，二つ目のさいころの出た目の数をbとしたとき，$(a,\ b)$＝(1，6)，(2，5)，(3，4)，(4，3)，(5，2)，(6，1)の6通り。よって，求める確率は　$\frac{6}{36}=\frac{1}{6}$

【4】問1　③　　問2　④　　問3　②　　問4　①

〈解説〉問1「指導計画の作成と内容の取扱い」のうち，①は「(2)コンピュータや情報通信ネットワークなどの活用」，②は「(3)体験的な学習活動の充実」，④は「(5)主体的な問題解決の活動の充実，日常生活や他教科等との関連など」，⑤は「(6)博物館や科学学習センターなどとの連携」の内容に該当する。　問2　浮力は物体が押しのけた流体の重さに等しく，(空気中でのばねばかりの値)－(水中でのばねばかりの値)と考えることができるから，物体Aにはたらいた浮力は，1.8－1.2＝0.6〔N〕である。また，物体Aと物体Bを全て水中に沈めた場合，物体Bのほうが体積が小さいため，物体Bにはたらく浮力は物体Aに比べて小さくなり，ばねばかりが示す値は物体Aのときに比べて大きくなる。　問3　電流が生じるためには，水溶液は電解質溶液であり，負極はイオン化傾向が大きい金属，正極はイオン化傾向が小さい金属である必要がある。まず電解質溶液かどうかについては，塩酸と食塩水は電解質溶液であるが，砂糖水は非電解質溶液である。次に，イオン化傾向が大きい金属が負極(金属A)に，小さい金属が正極(金属B)にある選択肢を選ぶ。Zn(亜鉛)，Cu(銅)，Al(アルミニウム)，Mg(マグネシウム)のイオン化傾向は大きい順にMg＞Al＞Zn＞Cuであり，両極とも同じ金属はイオン化傾向に差がないため，当てはまらない。それらの条件から最も適切な選択肢を選ぶ。　問4　②　地震の揺れが発生した場所が震源で，その真上の地点が震央である。　③　通常地震の揺れは震央を中心に同心円状に広がりながら小さくなるが，震央から離れていても地盤が弱い場所などでは，大きい震度が観測される場合もある。　④　マグニチュードは1増えると，地震のエネルギーは約32倍になる。　⑤　日本列島はユーラシアプレートと北米プレートという2つのプレートに乗っているほか，太平洋プレートとフィリピン海プレートが日本列島の太平洋側を西や北西方向に押したり，もぐりこんだりしている。日本で起こる地震には，断層が動いて起こるものやプレートの境目で発生するものがある。

【5】問1　③　　問2　②

〈解説〉問1　今回の学習指導要領の改訂における基本的な考え方の一つとして，音楽に対する感性を働かせ，他者と協働しながら，音楽表現を生み出したり音楽を聴いてそのよさなどを見いだしたりすることができるよう，内容の改善を図ることが挙げられていた。「音楽に対する感性」とは，音楽的な刺激に対する反応，すなわち，音楽的感受性と捉えることができる。　問2　第3学年歌唱共通教材　文部省唱歌「茶つみ」からの出題である。第3学年の歌唱共通教材はそのほかに「うさぎ」,「春の小川」,「ふじ山」がある。歌唱共通教材は各学年4曲ずつ24曲あるが，該当学年，歌詞，階名，作曲者，作詞者，音符や休符，リコーダーや鍵盤ハーモニカの運指，音楽記号の読み方や意味など楽譜全体について確認しておく必要がある。

【6】問1　③　　問2　②

〈解説〉問1　①〔共通事項〕は表現及び活動の中で共通に必要となる資質・能力であり，造形活動や鑑賞活動を豊かにするための指導事項として示されている。　②　大まかな内容は，自分の感覚や行為を通して形や色などを理解すること，及び，自分のイメージをもつことである。　④「造形遊びをする」と「絵や立体，工作に表す」との二つの側面に分けて捉えることができるのは，「A表現」についてのことである。　⑤〔共通事項〕は,〔共通事項〕だけを題材にしたり，どの時間でも〔共通事項〕を教えてから授業を始めたりするなどの硬直的な指導を意図したものではないことに，十分に配慮して指導することが大切である。　問2　②　万力は，強い圧力により素材を締め付けて固定する。強い力が加わるため，薄い板の固定には適していない。

【7】問1　④　　問2　③

〈解説〉問1　今回の学習指導要領改訂において，「A家族・家庭生活」の(4)については，実践的な活動を家庭や地域などで行うことができるよう配慮し，2学年間で一つ又は二つの課題を設定して履修させることとされた。　問2　イ　煮干しのだしは，頭とはらわたをとって(身を半分に割き)，水に入れて30分以上置いたあと火にかけ，沸騰してきたら火を弱めてあくを取り，煮干しだけを5分ほど煮出す。　エ　野菜や果物，きのこに多く含まれる栄養素はビタミン類で，主に体の調子を整えるもとになる食品である。

【8】問1　②　　問2　⑤

〈解説〉問1　ア「ボールを持ったときの動き」ではなく，「ボールを持たないときの動き」である。　ウ「打つ，捕る，投げるなど」ではなく，「蹴る，打つ，捕る，投げるなど」である。　問2　⑤「保健を除く」の後の学年表示が「第2学年以上」ではなく，「第3学年以上」である。この項目は，保健領域の内容と運動領域の内容及び学校給食に関する指導との密接な関連を図った指導への配慮事項であり，保健は第3学年以上の指導事項である。

【9】問1　④　　問2　②　　問3　③

〈解説〉問1　目標(3)は，学びに向かう力，人間性等に関するものである。他者に「配慮しながら」とは，例えば「話すこと」や「聞くこと」の活動であれば，相手の理解を確かめながら話したり，相手が言ったことを共感的に受け止める言葉を返しながら聞いたりすることが表されている。　問2　客が「暑くて喉が渇いている」と話していて，店員が注文を聞いている場面なので，空欄は注文内容となる。グレープジュースを注文している②が適切である。　問3　問題文ではパスワードが何かが聞かれているので，そこに注意する。大文字，小文字の違いや，パスワードを述べている部分と，パスワードを間違えず伝えるための部分を区別する。

【10】問1　②　　問2　②

〈解説〉問1　小学校学習指導要領(平成29年告示)の「第1章　総則　第1　小学校教育の基本と教育課程の役割　2　(2)」からの出題である。特別の教科として位置付けられた道徳科は，道徳性を養うことを目指すものとして，その中核的な役割を果たす。道徳科の指導において，各教科等で行われる道徳教育を補ったり，それを深めたり，相互の関連を考えて発展させ，統合させたりすることで，学校における道徳教育は一層充実する。こうした考え方に立って，道徳教育は道徳科を要として学校の教育活動全体を通じて行うものと規定されている。

問2　②　学習指導要領解説(平成29年7月)の該当箇所には，「個々の内容項目ごとではなく，大くくりなまとまりを踏まえた評価とする」と記述されている。なお，①の「観点別評価」については，同解説において明確に「妥当ではない」と断定しており，③で示している「記述式の個人内評価」を行うことが必要であると示していることに留意しておく必要がある。

【11】問1　⑤　　問2　③

〈解説〉問1　小学校学習指導要領(平成29年告示)に示されている「生活」の内容は9項目あり，(5)の「季節の変化と生活」は，〔身近な人々，社会及び自然と関わる活動に関する内容〕の中の1項目である。(5)の内容から，動植物や人，生き物という具体的なもののみを題材として取り上げることを示しているのではないことが分かる。また一般的には，「身近な環境を観察したり」や「環境の様子」という文言も使わないことから，⑤の「自然」が当てはまる語句になる。なお，ここでの「身近な自然」とは，児童にとっての身近な動植物や水，土，砂，石や風などの自然や雨や四季などにおける自然現象などであり，場所として校庭や公園，道路，川，田畑，野山などを指している。

問2　自己の生き方を考えることは，人や社会，自然との関わりにおいて，自らの生活や行動について考えていくことや，自分にとっての学ぶことの意味や価値を考えていくことであり，これら二つを生かしながら，学んだことを現在及び将来の自己の生き方につなげて考えることである。

●書籍内容の訂正等について

弊社では教員採用試験対策シリーズ（参考書，過去問，全国まるごと過去問題集），公務員試験対策シリーズ，公立幼稚園・保育士試験対策シリーズ，会社別就職試験対策シリーズについて，正誤表をホームページ（https://www.kyodo-s.jp）に掲載いたします。内容に訂正等，疑問点がございましたら，まずホームページをご確認ください。もし，正誤表に掲載されていない訂正等，疑問点がございましたら，下記項目をご記入の上，以下の送付先までお送りいただくようお願いいたします。

① **書籍名，都道府県（学校）名，年度**
（例：教員採用試験過去問シリーズ　小学校教諭 過去問　2025 年度版）
② **ページ数**（書籍に記載されているページ数をご記入ください。）
③ **訂正等，疑問点**（内容は具体的にご記入ください。）
（例：問題文では“ア～オの中から選べ”とあるが，選択肢はエまでしかない）

〔ご注意〕
○ 電話での質問や相談等につきましては，受付けておりません。ご注意ください。
○ 正誤表の更新は適宜行います。
○ いただいた疑問点につきましては，当社編集制作部で検討の上，正誤表への反映を決定させていただきます（個別回答は，原則行いませんのであしからずご了承ください）。

●情報提供のお願い

協同教育研究会では，これから教員採用試験を受験される方々に，より正確な問題を，より多くご提供できるよう情報の収集を行っております。つきましては，教員採用試験に関する次の項目の情報を，以下の送付先までお送りいただけますと幸いでございます。お送りいただきました方には謝礼を差し上げます。
（情報量があまりに少ない場合は，謝礼をご用意できかねる場合があります）。

◆あなたの受験された面接試験，論作文試験の実施方法や質問内容
◆教員採用試験の受験体験記

送付先
○電子メール：edit@kyodo-s.jp
○FAX：03-3233-1233（協同出版株式会社　編集制作部 行）
○郵送：〒101-0054　東京都千代田区神田錦町2-5
協同出版株式会社　編集制作部 行
○HP：https://kyodo-s.jp/provision（右記のQRコードからもアクセスできます）

※謝礼をお送りする関係から，いずれの方法でお送りいただく際にも，「お名前」「ご住所」は，必ず明記いただきますよう，よろしくお願い申し上げます。

教員採用試験「過去問」シリーズ

熊本県・熊本市の
小学校教諭 過去問

編　集	© 協同教育研究会
発　行	令和6年3月10日
発行者	小貫　輝雄
発行所	協同出版株式会社
	〒101-0054　東京都千代田区神田錦町2－5
	電話　03－3295－1341
	振替　東京00190－4－94061
印刷所	協同出版・POD工場

落丁・乱丁はお取り替えいたします。